KB253850

인적요인의 분석 및 모델

- 반도체 산업 중심으로 -

인적요인의 분석 및 모델

윤용구

KSi 한국학술정보㈜

한국의 경제 발전과 급속한 성장의 또 다른 이면에는 안전과 밀접한 관계로 이어져 왔다. 산업재해, 중대사고, 인적사고 및 물적사고는 급속하고도 안정적이지 못한 형태의 특성을 가지고 한국인의 특성과 연관된 의식, 자세와 태도로 원치 않은 지수를 증가시키게 되었다.

산업재해는 강도율이 2000년대 들어와 2.0의 지수에서 1.88지수로 하락 했고, 천인률은 V자 유형에서 U자형으로 7.0의 지수에서 하락하고 있으며 도수율은 1990년대 초의 6.0지수에서 2000년을 벗어나면서 2.89지수로 이르고 있다.

또한 산업재해 및 사고들은 우리나라의 무재해의 심벌에서처럼 기계, 토목, 전기, 화공, 보건, 일반으로 나눌 수 있는데 이로 인해 대기업, 중소기업, 영세기업에도 재해 및 사고를 원하던, 원치 않던 사고로 한국의 산업재해 및 사고유형은 불안전한 상태와 불안전한 행동의 지나친 형태로 많은 사건/사고로 경제, 사회, 문화, 발전에도 영향을 미치고 있다. 특히 한국의 수출산업의 효자 역할을 하고 있는 자동차, 반도체, 조선업은 제조업에 해당되고 산업재해 및 인적사고 발생에 재해되는 중요한 요인들이 내재되고 있다. 흔히 반도체산업에서의 재해 요소는 불안전한 형태의 하드웨어적인 부분과 소프트웨어적인 운영과 수명주기와 같은 4M+1E에 해당되는 부분과 또한 불안전한 행동의 자세, 동작, 준수, 실수, 인지, 및 부주의, 조작이 주요인으로 나타나고 있다. 또한 불안전한 행동으로 해서 이어지는 인적요인과 인적오류는 여러 요인으로 발생되어지고 있다.

전 세계 한국의 반도체는 1990년대 중반에 제조생산비율이 38%를 이루어 내고 있고, 중국과 미국과 일본과 기타유럽이 크게는 21%·~ 작게는 9.4%를 차지했다. 반도체산업은 타이밍산업이고 장치산업의 주요 미션으로 첨단설비이고 시간싸움이고, 설비 싸움이고 설계능력싸움이고 생산능력의 전쟁터이다. 이런 가운데 광의적인 표현은 재해 및 안전사고로 협의적인 표현은 잠재요소, 니어미스로 운영되고 있지만 현장에서는 불합리발생(불.발), 이상발생(이.발), 변경점발생(변.발) 등으로 나타나고 있다. 이러한 원인/결과는 휴먼웨어적인 측면으로는 RCA, CA, HMI, HEMS, HFS 등의 분석TOOL과 프로그램 등의 여러 가지 방법 등으로 운영되고 있다고 보면 된다.

작업의 현장에는 어느 누구도 안전한 사람과 안전한 곳이 없다. 다만 여러 가지의 시스템과 INFRA와 관리 및 MONITORING에 의해 운영되면서 보완되고 있다. 반도체는 24시간 운영해야 되는 업종의 특수성으로 그만큼 반도체의 현장은 계획과 실행으로 시스템과 네트워크를 통해 이루어지고 있다. 그 예를 보면 설비, 각종 전기, UTILITY의 공급, 화학장치, 온/습도, 공조 조건, 각종 GAS의 공급, 운영 등을 통해서 나온 결과물과 제품은 최근 우리 삶을 디지털 세계와 유비쿼터스 세계로 가는 원동력과 디지털컨텐츠의 시발점이 되어 IT강국의 원초력이 되고 있다.

이 책은 반도체의 산업재해 및 불안전한 행동으로 인한 원인을 왜! 왜! 왜! 라는 개념으로 1차, 2차, 3차 요인까지 분석함으로 모델을 제시한 안전의 인적오류 분석이다. 인적오류에 대한 시스템 구축은 기존에 원자력발전소나, 항공기산업이나, 선박산업에 국한되어 있어 구축되었던 이론과 현장 실무자의 경험으로 존재하던 프로그램과 운영 방법을 적용하여 일부 도입 및 적용시키려는 분야이다.

인적오류에 대한 인적요인의 분야는 광범위하게 적용되어야 하지만 기간산업을 중심으로 한 사회간접 부분에 대한 철도, 댐, 전력, 가스에 관한 종사자들에 대한 인적오류의 프로그램 및 시스템 구축의 적용되고 있지만 일부 민간기업의 인적오류에 대한 적용은 아직 미비한 부분이어서 이 책을 근간으로 첨단산업의 인적 관련된 행동, 요인을 분석하여 원인 접근 및 결과 분석에 대한 가이드 역할을 한 것이 이 책의 주요 내용이다. 사실 이 책은 필자의 석, 박사 논문을 가감 없이 출판 형태를 빌어 발간하는 것으로 지난 7년간의 반도체산업 중심의 산업재해 및 인적오류에 대한 분석을 통해 이 시점에서 발간하는 것에 대하여 중요한 전환점이 되는지는 의문점이 있는 것은 사실이다.

그러나 반도체 공정과 제조운영의 현장가동과 시스템운영의 산업재해로 인한 인적요소의 인적행동-요인-오류는 변화 없이 발생하고 있어 유사점에서 분석/접근이 되어야 되겠다.

반도체산업은 최근 기술 개발 속도에 대한 "무어의 법칙"을 대체하는 "메모리 반도체의 용량을 1년 내 두 배씩 증가할 것"이라고 말한 황의 법칙처럼 설비와 인력과 기술에 대한 부분이 고도화되고 있지 않는가? 이처럼 굳이 출판하고자 한 것은 반도체산업의 재해 및 인적 사고에 대한 사전예방 관점에서 향후 대응 방안을 추진하고자 하는 시발점의 의미를 가지며, 이러한 시발점을 시사하는 계기가 되었으면 하는 판단이 들었다. 사실 데이터의 한계, 분석의 편중, 표현의 부족 등이 있지만 이럼에도 불구하고 학위 논문을 출판하게 된 것도 이런 이유이다. 이 책의 구성은 다음과 같다.

먼저 산업재해의 분석을 다룬 장에서는

산업재해의 개요와 종류 및 재해에 따른 연구를 고찰해서 반도체 제조산업에서의 재해연구를 다룬다. 이를 통해 재해 발생의 현황 파악을 통해 산업재해와 반도체 재해와의 비교와 유형별, 세부내용별, 발생시간대별, 월별 분석을 한다. 반도체의 산업은 우리 산업에 큰 변화를 조성했다. 반도체의 모든 여건을 24시간 가동 체계로 모든 운영, 시스템은 자동, 수동과 반자동으로 환경에 따라 가동된다.

이와 같이 반도체의 재해에 따른 불안전한 행동은 중요한 안전의 요소인자 인자이고 시발점의 임펙터이다. 우리나라의 산업재해의 인적, 물적요소의 비율은 85:15 이고 반도체의 제조산업의 인적, 물적의 비율은 전자의 30:70의 비중을 가지고 있다. 산업재해의 인적재해 비율은 다소 낮지만 행동에 대한 역할이 중요한 요소로 반도체산업의 중요한 항목으로 분석한다.

또한 재해 문제의 해결 방안은 그 모델로 제시함으로 산업재해에서와 반도체산업에서의 사람과 역할, 범위, 정보공유 체계에서의 다이어그램을 적용함으로 안전운영의 ZD(Zero Defect:무결점) 역할을 한 것으로 보인다. 이로 인한 경영층과 작업자의 관계를 재해예방 Z모델로 제시한 영역에 대한 요소별 정의를 내리고 적용효과를 가시화 했다. 이로 인한 협력업체의 재해를 통한 1,2차 분석으로 병행함으로 대기업의 특성을 밝힌다. 안전중시의 인적요소에 대한 특성을 분석한 결과, 반도체산업에서의 산업안전 관련 사람중시의 불안전한 행동, 인적요인, 인적오류를 모델로 3개를 제시한다. 불안전한 행동 중심으로 사고원인 예방모델(ACPM), 인적요인 예방모델(HFPM), 그리고 인적오류 예방모델(HEPM)를 기존 모델인 GEMS, S.R.K, SHEL, 과오 유형(Error Type)을 근거로 반도체의 사례요인과 설문지를 통해 요인을 1,2,3차 요인을 찾아냄으로 최적 프로세스 모델을 대안 제시한다. 이처럼 인적요인은 장치산업뿐만 아니라 철도, 선박, 항공, 교통, 원자력/

수자력 등을 근간으로 전체 산업군으로 인지적 사용성 평가를 차지하고 있다.

이러한 인적요소에 대한 분석을 통해 인적 관련된 사고는 사람의 행동으로 시각한 분석을 36 요인으로 시각한 분석이 2차 요인을 112개 분석하고 3차 요인을 252개로 상관관계로 분석을 실시했다. 이러한 분석으로 요인 도출기법을 분석하고 요인 추출로 인한 상관관계 분석을 통해 각 모델의 연계성과 평가 및 검토를 실시할 수 있었다.

반도체산업은 일부 나라에만 국한 생산하고 있고, 인적 관련된 사고 요인 및 재조명할 능력이 없다. 지금까지의 인적오류에 대한 단순요인 분석을 차수원인 분석함으로써 모델과 요인에 대하여 수평적 관계, 수직적 관계를 통합하고 세분화해서 사용자들이 쉽게 시이컨스 및 프로세스화해서 의사결정을 할 수 있게 하고 차후 발생할 수 있는 사고요인을 최소화하고 산업재해 예방에 사용할 수 있는 기반을 구축하는 기회가 되었으면 한다.

이처럼 가트너 데이터 퀘스트에 의하면 2005년 대비 전체 반도체 매출은 2627억 달러로 2005년 2383억 달러에 비해 10.2% 증가 했다. 2006년도 시장점유율은 보면 백만 달러 기준으로 해서 1위인 인텔은 30,437억 달러로 성장은 -12.%,2위인 삼성은 20,138억 달러로 성장은 9.8%,3위인 TI는 10,533억 달러로 성장은 18.4%등으로 인피니언, ST마이크로, 도시바, 하이닉스, 르네상스, AMD, 프리스케일등의 기업 등이 매출과 성장을 기록함을 볼 수 있다. 반도체 종합전문기관의 조사처럼 한국의 매출능력은 반도체 전 세계의 12%를 기반으로 조성되어 있다.

한국의 반도체의 매출과 제조생산력은 가히 주목할 만한 현재의 상황이다. 그러나 안전의 운영은 단순하지가 않고, 복잡하고 인적인 부분이 중요한 요소로 작용하고 있다. 이러한 가운데 네트워크구성 및 사전인적요소의 대응없이는 발생에 대한 재발을 수없이 반복할 수 있는 상황이라 이 영역은 외형과 내부역량의 많은 인적요소의 문제가 경쟁사간에 달린 경쟁으로 내부적으로 운영되고 있으며 ISESH(국제 반도체 환경안전보건협회)에서도 물적/인적의 사고내역도 부분적으로 운영되고 있어 좀 더 이론적인 분석으로 접근해서 인위적인 안전중시의 휴먼요소를 분석/대책을 학문적으로 정립코자 한다.

반도체 산업에서의 안전의 중요성은 그 어느 안전학자의 이론적인 부분보다 가중치 적인 리스크와 잠재적인 요소가 크다. 이로 인한 사람의 중요성은 작업현장에서의 핵심성공요소(KSF: KEY SUCCESS FACTOR) 일만큼 필요한 비중을 차지한다.

안전중시의 인적요인에 대한 시스템을 지속적인 발전과 핵심 역량으로 목표와 비전을 가지고 외부/내부적인 요인과 인프라요인의 구축으로 휴먼에러에 대한 현실의 문제점을 시스템화 하자는 것도 이유가 있다.

앞으로 지속적인 연구를 통해 이론과 문제의식을 발전시켜 나가도록 하겠다.

2007년 6월

윤용구

안전중시 휴먼웨어 시스템의 분석 및 예방 모델 개발

반도체 산업재해분석 및 예방 Model 개발

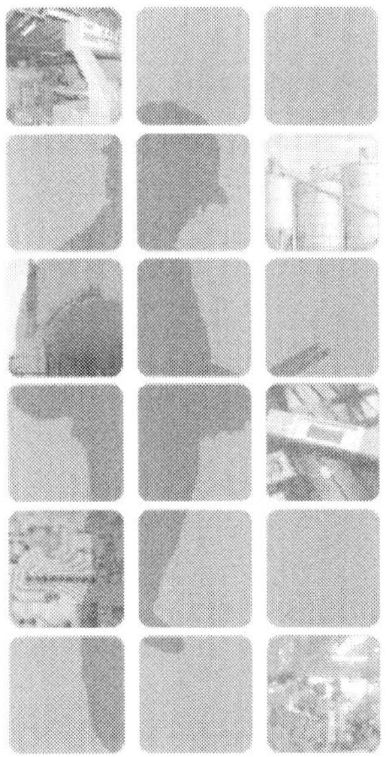

제1장 **산업재해**

1·1 재해에 대한 정의

환경 안전관련 불합리한 포인트(Point)를 잠재재해라 하고 여기에 포함되는 내용은 안전, 가스, 케미칼, 방재, 전기, 각종 기계 유틸리티(utility) 등이며 이러한 재해 원인들에 대하여 누구나 경험하거나 예상할 수 있는 것이며, 모두가 조금만 더 잘못되거나 늦게 발견되었다면 재해로 연결되는 위험인자들이고 안전 활동 중에서 특히 재해를 사전에 찾아내 관리하는 예방관리, 공격적인 관리를 하는 데 가장 중요한 정보로 사고 직전에 끝나버린 앗차사고에서부터 예상되는 위험, 기준이나 수칙을 안 지키는 불안전한 행동, 태도까지를 잠재재해라 정의한다.[1] 또한 기업의 생산 활동은 일정한 작업환경 속에서 이루어지며, 그 생산 활동에서 위험요인은 산재하고 사고, 재해라는 사이클(Cycle)의 원리에 인적, 물적, 손실을 가져오는 것이 재해라고 정의한다.

하인리히의 재해구성비율(하인리히 법칙)에 따른 1:29:300의 법칙에서처럼 330회의 사고, 가운데 중상 또는 사망 1회, 경상 29회, 무상해 사고 300회의 비율로 사고가 발생하고 재해의 발생을 물적 불안전 상태＋인적불안전한 행동＋α ＝ 설비적 결함과 관리적 결함＋α 로 나

---

[1] 안국화재 해상보험 주식회사, 살아서 움직이는 잠재요소 발굴운동, pp.10, 1989.

타나고 있다.

1 : 29 : 300은 0.3% : 0.8% : 90.9%로 중대재해, 경상재해, 무상해 사고인 것이다. 이처럼 α는 1과 29와 300을 분모로 해서 1로 나눈 것이고 잠재재해이고 산업재해는 안전보건 관리상의 결함(간접원인)과 물적, 인적 요인(직접원인)으로 불안전한 상태는 기인물을 거쳐 가해물로 갖는 사고의 형태와[2] 불안전한 행동으로 제3자를 포함해서 사람의 접촉에 의해 사고의 형태를 갖는 것이라 한다.

1·2 재해의 분류

반도체 제조공장에서의 재해는 환경, 안전과 연관된 상황으로 장치산업 측면에서 볼 수 있는 형태와 최근 사례를 근거로 우리나라 제조업과의 비교해 보고, 사례를 파레토그래프(Pareto-graph), 피에스엠(PSM) 관점으로 분석 및 연구하고 협력업체의 상주업무에 임하면서 안전사고 및 재해의 예방관련 운영실태를 설문조사와 환경안전 관리자 면담을 통하여, 분석하고 구체적인 방법을 제시하고, 방법은 아래와 같다.

가. 반도체 제조산업 재해현상 데이터: 1998~2001년 Data

나. 협력업체 설문지 조사기간: 2001. 12. 1~2002. 28

다. 설문대상업체: 서울, 경기 일원 내의 100인 이하의 근로자를 고용한 반도체 협력업체

라. 안전관리자와의 면담 사업장: 25개 회사

마. 설문조사에 응한 근로자 수: 318명

---

2) 신용하, 정재수 공저, 산업안전 공학, 도서출판 남양문화, 서울 pp.25, 1996.

바. 설문조사에 응한 안전관리자 수: 13명

사. 재해별 수립한 사업장: 13개 회사

〈표 1·1〉 설문지 조사대상 업체

업　종	대　상　업	업체 수	발송(배포) 수	응답 수	응답률(%)
설　비	기계 분야	1	50	39	78%
	조립 분야	1	15	8	53.3%
GAS	운송업체	1	40	33	82.5%
	1차 시공	1	30	27	90%
Chemical	운송업체	2	30	24	80%
	유지/보수업체	1	30	27	90%
utility(배관업체)	시공업체	1	80	36	45%
전　기	시공업체	1	80	60	75%
세정업체	장비Clean	2	90	24	26.6%
	방진복	1	35	30	85.7%
방　재	점검/유지보수	1	20	10	50%
합　계		13	500	318	63.6%

설문조사 업체: 반도체 회사(모기업) 협력업체로 규정함.

본 연구는 현장에서의 반도체 제조공장에서의 재해에 대한 원인을 분석하고, 유형별 실태를 조사하고, 문제점을 분석해서, 반도체 제조산업과 협력업체의 대책을 제시하는 데 연구의 범위를 선정하였다.

1·3 재해조사에 대한 개요

1) 응답회사의 개요

응답 수는 13개 업체의 응답률(63.6%)이였으며 업종별 응답 수 및 응답률은 〈표 1·1〉과 같다.

제2장 산업재해 분석에 대한 이론적 고찰

2·1 산업재해의 개요

2·1·1 산업재해의 개념

인간이 생활 활동을 진행할 때에는 그 활동에 수반되어 각종의 사고가 발생하고, 그 사고에 의해서 물적, 인적 손해가 발생한다. 이러한 부분을 산업재해라 하지만, 현재 우리나라에서 사용하고 있는 산업재해라는 정의를 산업안전보건법에서는 산업재해의 발생을 방지하고 노동자의 안전과 보건을 확보한다는 것으로 정의한다. 결국 이 정의는 위험한 기계나 유해한 가스에 기인하는 재해와 노동자의 기능이나 지식의 부족에 기인하는 재해를 전형으로 하고 있으나 이외에도 업무에 기인하는 것도 포함된다고 볼 수 있다.[3]

한편 국제노동기구(ILO)의 국제노동 통계가 의회에서의 정의는 "사람이 물체, 물질 혹은 타인과 접촉하였거나 각종의 물체 및 작업조건에 놓임으로써 또는 사람의 동작으로 인하여 사람의 상해를 동반하는 사건이 일어나는 것과 직업병도 포함된다"고 표현하고 있다.

또 미국의 안전기사 하인리히(H. W. Heinrich)는 산업재해를 "물체,

---

3) 박필수, 산업안전관리론, 중앙경제사, 서울, pp.47, 1986.

물질, 사람 또는 폭사의 작용 혹은 반작용 때문에 사람에게 상해를 가져오는 계획을 하지 않는 제어의 범위 외의 사건이 일어나는 것"을 말한다. 또한 베이커(R. P. Baker)는 "관계하는 산업 활동의 정상적인 진행을 억지하고 또는 방해하는 사건이 일어나는 것"으로 표현하고 있다.

이처럼 산업재해는 광의적 표현과 협의적 표현을 병행하고 사용해서 정의하고 있고, 또한 우리나라에서는 산업재해가 생산 활동에 수반하여 발생하는 사고로 인적, 물적 손해를 낳게 하는 것으로 지칭한다면 노동재해는 단순한 목적재해를 포함하지 않고 노동자의 생명 및 신체에 관계되는 재해를 국한하고 있고, 또한 구별하지 않고 다만 광의적인 산업재해와 협의적인 노동재해를 사용하고 있다고 볼 수 있다.

또한 국제노동기구(ILO)에서는 이와 같은 형태의 재해를 산업재해와 구분하여, 중대산업사고(Major – Industrial – Accident : MIA)라고 하는데 이것은 산업 활동을 하는 과정에서 비정상적인 상태의 결과로 인한 위험물질의 누출(Release), 화재(Fire), 폭발(Explosion) 등의 발생으로 단기간 또는 장기간에 걸쳐 그 영향이 사업장 내의 근로자뿐만 아니라, 인근 지역이나 환경에까지 중대하게 미치는 사고라 규정하고 있다. 즉 중대산업사고는 사고빈도는 비록 낮으나, 사고결과나 영향이 큰 것을 말하고, 반면에 사고빈도가 낮고, 그 영향이 미미한 것은 재해예방대상에서 제외시키는 것이다. 이것은 잠재재해 측면에서 체계적이고 구체적인 활동이 필요한 것이라 〈그림 2·1〉에서 보여주고 있다.

사고의 결과 (영향) 대	중대산업사고	예방불가
소	예방불필요	산업재해 대

사고의 빈도

〈그림 2·1〉 중대산업사고의 정의

2·2 산업재해의 종류

일반적으로 재해라는 말은 천재(자연재해)와 인재(인위재해)의 두 가지로 나누어 생각을 한다. 이 개념을 필요하며 재해의 종류를 〈표 2·1〉과 같이 된다.

〈표 2·1〉 재해의 종류와 체계[4]

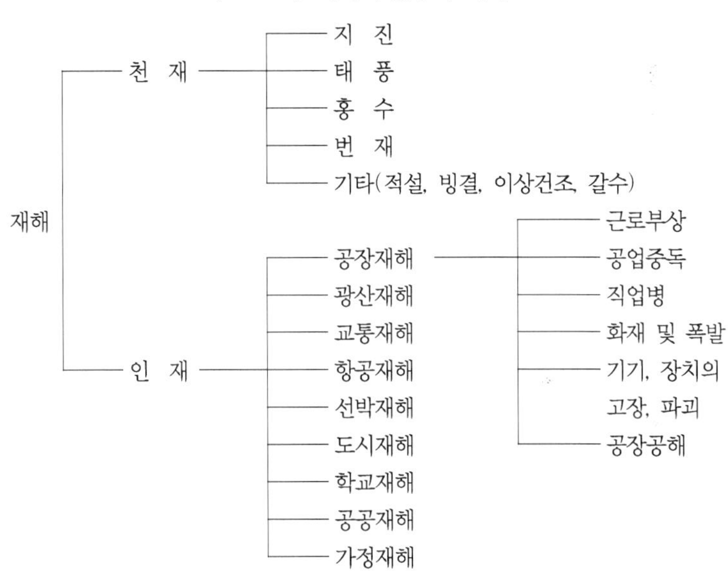

원칙적으로 인재는 예방될 수 있으나, 천재는 현재의 기술로 발생을 미연에 방지하거나 재활용할 수 있는 기술은 아직 미비하다. 따라서 최소화하거나 빨리 예견할 수밖에 없다.

그러나 산업재해는 거의 대부분이 인재에 속하고 있으며, 이 특징은 사전에 예방하고자 했을 때, 미연에 방지할 수 있고, 이것은 예방가능

4) 박필수, 전게서(前揭書), pp.47~48, 1986.

이라고 볼 수 있다.

이제는 그것이 생긴 후의 대책만을 생각하는 것이 아니라 그것이 생기기 전의 대책을 고려하지 않으면 안 된다. 또한 예방을 첫째로 하고 병행해 피해의 감소에 역점을 두고자 한다.[5]

실제로는 자연재해가 가해요인이 되고, 인위적으로 대책을 시행해서 미리 방지할 수 있는 재해로 있다. 예를 들면 지진에 의한 석유탱크나 석유정제공장의 화재 등에서는 자연의 힘에 의한 직접적 피해와 인위적으로 방지가 가능한 간접적 피해와를 구분하여 안전공학의 대상으로 하는 인재의 범위에 포함될 수도 있다.

또한 재해의 발생의 예지의 가능성에서 본 분류를 개념적으로 분류하기도 한다.

사고의 대다수는 3급재해에 속하나 기술혁신에 수반되는 새로운 공업에서는 외국의 예로 볼 때 1급 및 2급의 재해가 증가하는 경향이 〈표 2·2〉에서 볼 수 있다. 화재 등에서는 자연의 힘에 의한 직접적 피해와 인위적으로 방지가 가능한 이와 같은 것은 공업화를 행하는 연구, 개발 단계에서 재해예방대책을 중시하여 실시할 필요성을 시사하는 것이다.

일반적으로 산업에서의 재해는 실태를 재해 통계만으로가 아닌 구체적으로 재해가 어떠한 요인에 의해서 발생하고 어떠한 경과를 거쳐 확대할 것인가에 대한 올바른 분석과 재해를 방지하기 위한 확실한 지식과 더불어 분석은 종합적이고 계통적인 체계를 파악되어야 한다.

---

5) 삼성전자, 공정안전보고서 작성 및 평가, pp.6, 1999.

〈표 2-2〉 재해발생예지의 가능성에서 본 재해의 종류

1급재해	물질의 물성 및 위험이 일어나는 쌍방이 공히 기준지식의 자료 및 시험연구에서 얻어진 정보로는 전혀 예측할 수 없는 미지의 현상에 의하여 일어나는 재해
2급재해	물질의 성질은 이미 알고 있으나 위험이 일어나는 조건이 기존지식의 자료 및 시험, 연구에서 얻어진 자료로는 거의 예측할 수 없는 현장에 의하여 일어나는 재해
3급재해	물질의 물성, 위험이 일어나는 조건의 양쪽을 이미 알고 있으면서 대책을 누락하거나 관리 불충분으로 일어난 재해

2·3 재해에 따른 연구

2·3·1 피해의 종류

산업에 관계된 재해 분류에 따른 피해의 종류로 일반적인 재해의 분류는 발생 장소에 따라 공장, 광산, 교통, 해난, 도시재해 및 공해, 학교 및 공공재해 및 가정재해로 불수 있다. 여기서 공장 및 광산재해가 산업재해로 볼 수 있으며 교통 및 해난의 재해에 대한 피해의 종류를 분류하여 본다.[6]

1) 화재 및 폭발피해

인화성 기체, 가연성 가스, 폭발성 물질 및 기타 여러 가지의 위험성 물질의 연소, 분해, 또는 폭발 등에 의하여 발생하는 산업화재 및 폭발재해로서 주로 석유정제 및 석유화학공장 및 일반 화학공장, 반도체 제조산업에서 많이 발생한다.

---

6) 박필수, 전게서(前揭書), pp.53-54, 1986.

2) 공업중독 및 직업병

유해가스, 증기, 흄(Fume), 미스트(Mist), 분진 등의 흡입 또는 피부, 점막과 독극물과의 접촉 등에 의해서 일으킨 중독, 직업성암, 규례, 피부염 등의 유해물질에 의한 것 이외에 방사선에 의한 방사선장애, 소음환경에 의한 난청, 고온환경에 의한 열중증, 인스펙트(Inspector)에 대한 시력장애, 물건의 하역 및 무거운 짐에 대한 요통증 등이 이것에 포함된다.

산소결핍에 의한 질식 등은 최근에 많이 발생하고 있으며, 이것에 따라 급성, 만성과 전신장애 및 국부장애 등으로 나누어진다. 암, 폐, 난청 등은 치유하기 어려운 부분도 있다.

3) 파괴, 균열재해

보일러 또는 고압가스설비의 파열, 케미칼-배관 및 탱크의 크랙(crack) 및 파열, 터널의 붕괴 등과 같이 시설, 구조물, 기계, 장치의 파괴나 균열이 원인이 되어 발생하는 재해로서 구조, 재료, 토질, 조작미스 등에 관계가 깊다. 고압 가스공업, 건설공업, 화학공업, 광업 등에도 종종 발생되며, 폭발재해와 마찬가지로 인원의 사상률이 높고, 2차 발생원인의 근원이 된다.

또한 압력에 의한 관리, 노후화로 인한 유틸리티(utility)의 크랙(crack) 및 파열도 여기에 속하며 반도체 제조공장의 재해도 여기에 속한다고 볼 수 있다.

4) 근로(노동)상해

높은 곳에서의 추락, 중량물 및 설비의 인터럭(interlock) 해지 후에 발생되는 압착, 협착, 전류에 의한 감전, 단순한 전도 등에 의해서 생기는 골절, 좌상, 창상과 화상 등의 재해와 정지물에 부딪친 경우의 충돌과 부자연한 자세 또는 동작의 반동으로 상해를 입는 무리한 동작 및 유해물의 접촉 등이 해당된다고 볼 수 있다. 또한 근골격계에 대한 문제, 임산부에 대한 모성보호법, 스트레스로 인한 산업재해도 여기 항목에 포함된다고 볼 수 있다.[7]

5) 산업공해

산업 활동에 수반하여 발생하는 상당히 광범위에 걸친 대기, 수질, 토양의 오염, 소음, 진동, 지반의 침강 및 악취에 의하여 사람의 건강이나 안전생활과 밀접한 관계가 있는 재산, 음식물, 및 생산 환경에 피해가 생길 때 산업공해라고 정의하듯이 공장 내의 재해인 것에 대하여는 공장 주변의 지역 사회에 피해를 끼치는 것으로 주민에 대한 생활저해 또는 어업 등 다른 산업에 대한 손해가 되어 나타난다.

때로는 폭발, 파괴 등의 사고나 설비의 고장 등이 원인이 되어 공해 문제가 생기는 일도 생기지만, 이것은 산업의 생산 저해인자가 되며, 동시에 인간에 대한 건강 저해인자라고 생각할 수 있는 것이다.

이들의 각종 재해나 공해는 현실에 있어서, 그 원인이 서로 겹치거나 또는 연쇄적인 인과관계가 있어서 원인의 탐구나 방지대책을 세우는 데에서도 개별적인 문제의 해결책보다 상호간의 연관성을 중요시하면서 종합적인 시스템이 되어야 한다.

또한 국가 대 국가로 인한 대응해야 하는 사항도 산업공해와 연관시켜 보면, 계절성 황사도 이 항목에 포함된다고 볼 수 있다.

---

7) M. A. Sinclair, 「Future AMT and Ergonomics; Knowledge, Organizational issues and Human Roles」, Applied Ergonomics, 19, 1, pp.49, 1988.

2·3·2 발생위험의 종류

산업재해의 분류를 발생위험 종류에 따라 구분하면, 6종으로 분류한다. 이 분류를 산업재해의 분류와 비교해 보아도 피해와 위험의 종류는 일단 개별의 문제이기 때문에 양쪽이 엄밀하게 대응하는 것이라고는 한정 지을 수는 없지만, 〈표 2·3〉에 있어서 기계적 위험에 따른 재해는 그 발생빈도로서는 가장 높은 것이다. 따라서 산업재해의 통계에 있어서는 도수율[8)]에 가장 크게 영향을 주고 있는 것이다.

〈표 2·3〉에 있어서, 특히 사망률이 높고, 또 동시에 많은 인원의 피해자를 발생케 하는 재해는 화재, 폭발, 파멸, 충돌, 추락, 감전, 낙반, 붕괴 등이다. 이들은 중대한 재해가 될 수 있는 경향성이 강한 재해로서 산업재해통계에 있어서는 강도율[9)]에 큰 영향을 주는 것이라고 할 수 있다.

최근 공업기술의 발전과 최첨단의 제조공정의 다양성으로 고압, 고속, 고온, 극저온 등의 극한 조건이 도입되고, 생산규모의 증대에 따라서 위험, 유해물질의 생산과 생산에 따른 위험요소 가중과 수송 및 수출이 격증하고, 설비가 극대화되었다. 이로 인해 전문지식과 체계적인 시스템(system)이 선행되어야 한다. 〈표 2·3〉에 대한 발생위험의 종류는 에너지 형태의 차이로 분류했지만 위험의 종류는 재해의 상호 연관성에 따라 재해, 사고의 종류가 좀더 다양화될 것이라고 판단된다.

이 분류는 일반적으로 사고 발생의 모티브(Motive)가 되는 에너지 형태 및 형상의 차이로 나눈 것이고, 설비의 위험은 추가적으로 반도체에서 나타날 수 있는 부분을 추가한 부분이고, 여기에 화학적, 물리적, 기계적, 전기적 및 토목시설과 설비위험에 대하여 상호 연관성으로

---

8) 도수율: 연간 재해발생 건수를 노동연시간수로 나누어 1,000,000을 곱해서 산정.

9) 강도율: 연간노동손실일수를 노동연시간수로 나누어 1,000을 곱해서 산정.

복합재해의 종합적인 부분은 더욱더 연구 검토가 되어야 한다고 본다.

〈표 2 · 3〉 발생위험의 종류

위험의 종류	재해, 사고의 종류(예)	위험물질(예)
화학적 위험	화재, 폭발	가연성가스, 액체, 분체 자연발화성 가스 및 물질 폭발성 물질 유기성 액체, 분체 혼합 위험성 물질
	공업중독 위해물질에 의한 직업병	질식성가스 자극성 가스 전신 중독성 가스 흄(Fume), 미스트(Mist), 더스트(Dust) 발암성 물질 부식성 가스 및 액체 독극물
	대기오염	매연, 분진 매출가스, 악취, 냄새 파우더(Powder)
물리적 위험	눈(시력)장애	자외선 적외선 인스펙션(Inspection)
	방사선 장애	α, β선 중성자선 δ, x선
	열중증, 화상, 동상	고온 저온
	잠수병 고산증	고기압 저기압
	난청 및 소음공해	음파
	신경증, 진동공해	진동
	호흡곤란, 질식	산소결핍
기계적 위험	파열, 분출	압축기, 고압장치, 배관, 탱크
	낙하, 절단, 비래	기중기, Lifter, 호이스트(hoist)

위험의 종류	재해, 사고의 종류(예)	위험물질(예)
기계적 위험	진동, 절삭	고속 회전기, 펌프, 스크리버
	충돌, 탈선, 익사	차륜, 운반기, 지게차/운송차/
	압사	중량물
	전동, 추락, 실족	통로, 계단, 사다리, 발판대, 작업바닥
	격돌, 협착, 절상	모터, 동력전동장치, 제조, 공작기계
전기적 위험	감전	전기기계, 전기배전반, 히터, 변압기, 배선
	발화	누전 전기불꽃(발열) 정전기 방전 접촉저항
토목 시설적 위험	낙반, 붕괴 도양, 침강, 침하	터널, 항도 흙모래, 지반, 설비하중
설비적 위험	협착, 압착, 찰과 창상 골절	설비의 콘트롤러(Controller) 인터럭(interlock)/센서(sensor) 설비의 하중, 공간문제 설비의 고정축 신뢰성 없는 파트(part)

2·3·3 발생추이 및 원인분석

1) 발생추이

최근 들어 각 기업들은 점차 산업재해의 중요성을 인식하여 환경, 안전에 많은 관심과 노력을 기울이고 있으나 재해의 발생률과 재해수는 80년대 중반까지 증가하는 추세를 보이다 감소하면서 90년대 후반 들어 상승추세를 보이고 있다.

이러한 재해의 추이를 보면 〈그림 2·2〉와 같이 지난 91년부터 2000년까지의 사업장 수와 근로자 수 및 재해의 변화추이가 91년을 기준 연도로 하여 지수 100으로 할 때 2000년도에는 사업장이 483, 근로자 수는 120, 재해자 수는 54로서 사업장근로자 및 재해자는 99년도에 비해서 증가하였다.

그러나 재해율의 편차를 보면 〈그림 2·3〉에서 91년부터 도수율과 천인율은 기울기의 변화가 낮게 감소한 반면 강도율은 불안하게 높고, 낮음의 편차를 보이고 있다.

도수율이 낮게 감소추세를 보이고 강도율이 불안한 Slope을 보이고 있으면서 감소한다는 것은 재해의 정도, 즉 총 근로손실일수는 안정치 못하게 재해적인 성향을 보이고 있다고 본다.[10]

$$재해율 = \frac{재해자\ 수}{근로자\ 수} \times 100$$

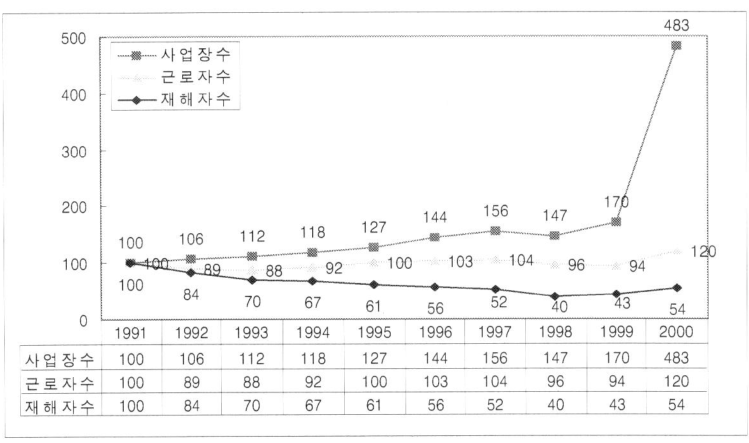

	1991	1992	1993	1994	1995	1996	1997	1998	1999	2000
사 업 장 수	100	106	112	118	127	144	156	147	170	483
근 로 자 수	100	89	88	92	100	103	104	96	94	120
재 해 자 수	100	84	70	67	61	56	52	40	43	54

〈그림 2·2〉 산업재해추이 지수비교

지난 91년부터 2000년까지의 〈그림 2·3〉에서 보듯이 2000년의 강도율은 1.88로 99년 2.11에 비하여 0.23 감소하였고 도수율은 2000년도 2.89로 99년 2.92에 비해 0.03 감소하였으며 재해자 1,000명당 재해자

10) 노동부, 2000년 산업재해분석, 서울, 노동부, pp.17, 2000.

의 비율인 천인율은 2000년도 7.27로 99년에 비해 7.45로 0.18 감소하였다.

2) 원인분석

재해로 보면 반도체 제조산업은 업종이 반도체이고 업체가 제조업이라 〈그림 2·4〉에서 나타나듯이 제조업의 재해율 측면에서 보면 전체에서 우리나라 산업재해 지표를 보았듯이 제조업과 2000년도 비교를 해 보면 천인율은 전체 산업재해 지표 7.27에 비해 제조업은 12.13으로 4.86 높고 10년간의 전체 산업재해 지표 평균 10.25에 비해 제조업은 12.38로 2.13 높다. 또한 도수율은 전체 산업재해 지표 2.89에 비해 제조업은 4.64로 1.75 높고 강도율은 전체 산업재해 지표 1.88에 비해 제조업은 2.46으로 0.58 높다.

이처럼 제조업은 전체 산업별 기준보다 높은 지표로 나타나고 있으며 천인율, 도수율, 강도율의 높은 지수는 다른 광업, 건설업, 전기가스 수도업, 운수창고업, 기타 산업보다 재해율이 높다는 것을 알 수 있다.[11]

$$*도수율 = \frac{재해\ 건수}{연근로시간} \times 1{,}000{,}000$$

$$*강도율 = \frac{총\ 근로손실일수}{연근로시간수} \times 1000$$

$$*천인율 = \frac{재해자\ 수}{근로자\ 수} \times 1000$$

---

11) 노동부, 2000년 산업재해분석, 서울, 노동부, pp.18, 2000.

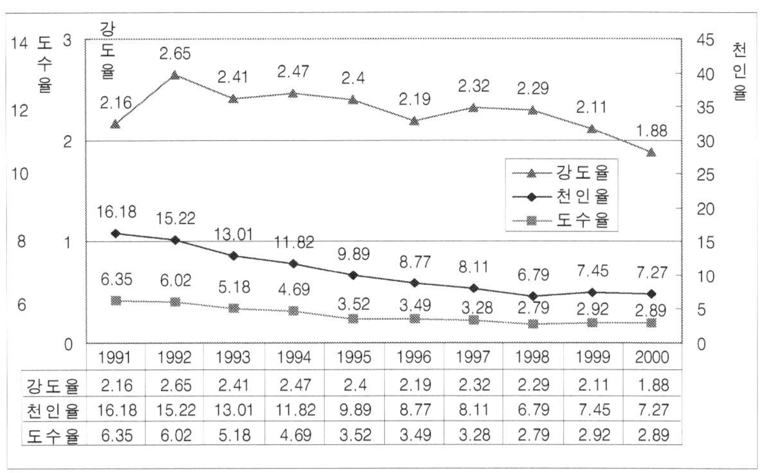

	1991	1992	1993	1994	1995	1996	1997	1998	1999	2000
강도율	2.16	2.65	2.41	2.47	2.4	2.19	2.32	2.29	2.11	1.88
천인율	16.18	15.22	13.01	11.82	9.89	8.77	8.11	6.79	7.45	7.27
도수율	6.35	6.02	5.18	4.69	3.52	3.49	3.28	2.79	2.92	2.89

〈그림 2·3〉 연도별 재해 도수율, 강도율, 천인율 추이

산업재해 분석의 통계자료에 의하면 제조업에 대한 사업의 종류는 28개로 분류하고 있으며, 반도체는 전자부품 제조업으로 편재되어 있다.

제조업의 2000년도 천인율을 보면, 시멘트원료 채굴 및 제조업과 비금속광물제품 제조업이 상당히 높은 지표이고, 전자제품제조업 및 광학기계 정밀기구 제조업이 낮은 지표를 나타내고 있다.

아울러 산업별 재해현황을 살펴보면, 제조업이 전체 재해의 48.35%가 발생하였으며, 기타 산업 22.48%, 건설업 19.57%, 운수, 창고, 통신업 8.08%, 광업 1.33%, 전기, 가스, 수도업 0.19% 순으로 나타났다.

이상과 같이 산업재해자료 통계를 살펴볼 때, 산업의 급진적인 발전과 제조업의 증가 및 설비 현대화로 인하여 산업재해가 비례적으로 증가하고 있다. 특히 제조업의 재해감소를 위한 기업의 합리적이고, 과학적이고 체계적인 시스템(system)이 우선되어야 하고, 더불어 생산성, 품질성, 안정적인 기업운영이 필요하다고 본다.[12]

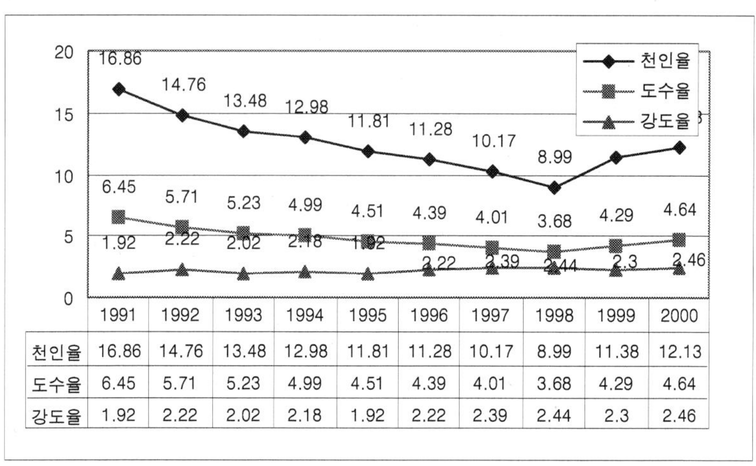

	1991	1992	1993	1994	1995	1996	1997	1998	1999	2000
천인율	16.86	14.76	13.48	12.98	11.81	11.28	10.17	8.99	11.38	12.13
도수율	6.45	5.71	5.23	4.99	4.51	4.39	4.01	3.68	4.29	4.64
강도율	1.92	2.22	2.02	2.18	1.92	2.22	2.39	2.44	2.3	2.46

〈그림 2·4〉 연도별 제조업 재해도수율, 강도율, 천인율 추이

2·3·4 재해발생 원인분석 모델(Model)

안전을 위한 법령이나 규칙이 아무리 잘 정비되어 있다고 할지라도 그것을 준수하려는 의지가 없으면 재해는 방지할 수 없다. 더욱이 산업의 고도화와 다양화로 제조 및 생산현장에 사용되는 에너지의 대형화로 인하여 안전도 자연과학에 기인하는 합리성이 있는 에너지 제어이다.[13] 이처럼 재해의 본질을 사고발생의 시간성, 우연성 중의 법칙성, 필연성 중의 우연성, 사고의 재현 불가능성이라고 한다.

산업안전에 관한 여러 학자들의 사고에 대한 발생과정의 형태를 보면 하인리히(H. W. Heinrich)는 ① 사회환경 및 유전적 요인→② 개인적 결함→③ 불안전한 행동, 상태→④ 사고→⑤ 상해로 골패의

---

12) 노동부, 2000년 산업재해분석, 서울, 노동부, pp.18, 2000.

13) 이진규, 작업안전 대책에 관한 조사연구, 동국대 행정대학원 석사논문, p.17, 1986.

도미노(Domino)이론을 1930년대 발표를 했고 프랭크버드(Framk Bird)는 수정도미노(Domino)이론으로 경영자 책임이론을 주장했는데 ① 통제부족(관리부재) → ② 기초원인(기원) → ③ 직접원인(징후) → ④ 사고(접촉) → ⑤ 손실(상해)을 주장했고 에드워드 아담스(Edward-Adams) 또한 수정도미노이론 역시 경영 시스템의 사고요인을 주된 내용 ① 경영구조(관리구조) → ② 운영실수 → ③ 관리실수 → ④ 사고 → 상해로 발생과정을 이론화했고, 또한 웨버(Waver)의 수정도미노이론도 운영실수의 징조로 주창했고, 또한 미카엘 자베타키스(Michael Zabetakis)의 이론도 ① 인적·환경적 요소 → ② 불안전한 행동, 상태 → ③ 직접원인 → ④ 사고(인물손실) → ⑤ 응급처치, 검사와 마컴(Marcum)의 수정도미노이론도 사고원인으로 잘못된 행위순서라는 개념을 7단계로 제창했는데 이 이론도 작업자의 실수와 경영진의 실수로 분류하고 있으며, 허(Huh)의 재해이론도 5가지 요인(심리적, 기계적, 환경적, 기술적, 인위적)으로 재해방지를 주창했고, 샌더스(Sanders)와 쇼(Shaw)는 사고원인(인과관계)의 기여인자(Contributing Factors in Accident Causaltion: CFAC)라는 모델로 6개 인자(경영관리, 물리적 환경, 도구설계, 작업, 사회적-심리적, 작업자-보조작업자)로 사고인자를 이론화했고, 위험분석으로 그로스(Grose)의 다중요인이론(Man, Machine, Media, Management)으로 발생과정을 이론화시켰다.

서술한 바와 같이 하인리히의 불안전한 행동, 상태, 프랭크 버드의 직접원인, 에드워드 아담스의 관리실수, 미카엘 자베타키스의 불안전한 행동, 상태 및 직접원인, 그로스의 Man은 1차적인 원인으로 직접원인이라 볼 수 있으며, 이 부분을 불안전한 행동, 행위인 인적인 원인과 불안전한 상태인 물적인 원인으로 재해의 대부분이 업종에 따라 다소 차이는 있으나 양자의 원인에 의해 재해가 발생된다고 볼 수 있다.

2차적인 원인의 간접원인은 작업자가 작업방법의 과정을 통하여 실수를 하게 된다. 이러면, 발행원인에 있어 발생시점보다 먼저 있는 것으로 분류상으로 기술적, 교육적, 신체적, 정신적, 관리적 원인 등이 있으며,[14] 추가한다면 교육적 원인도 포함된다고 볼 수 있다.

---

14) 박필수, 전게서(前揭書), pp.66, 1986.

제3장 # 재해 현상과 분석

3 · 1 반도체 제조산업에서의 재해연구

3 · 1 · 1 재해연구의 배경

최근 3년에서 5년 사이에 반도체 제조공장은 현저하게 화학공업, 석유산업과 함께 변해 왔다.

반도체 제조산업은 가스, 케미칼, 유틸리티(utility)(정수, 냉각수, 중수, 스팀, DI, 전기) 방재설비 안전의 모든 조건이 압력, 온도, 배기, 정격용량, 인터록(interlock)이 엄격하게 컨트롤(Control)되고 있다.

이에 대한 프랜트는 점점 커지고 복잡, 다양화함에 따라 공정의 변경이 빈번해지고 빨라졌다. 이로 인해 제조산업은 안전의 위험성과 환경과 더불어 화재, 폭발, 유해성 물질의 누출이 확대되어 산재의 위험성과 잠재요소가 내재된다. 이로 인해 반도체의 제조산업은 업태가 반도체이고 업종이 제조업으로 특히 제조업은 업종별 산업재해를 2000년도를 기준으로 하면 천인율, 도수율, 강도율은 광업 다음으로 제조업이 높아 대책이 시급히 강구되어야 한다.

또한 제조업 중에서도 사업의 종류 측면에서 볼 때 전자제품 제조업은 낮은 측면이지만 반도체의 제조공장은 장치산업이라 여기에 잠재요인이 많아지고 있다.

이에 따라 반도체 제조공장에서의 최근 4년간 재해에 대한 현황을 재해원인별, 발생유형별, 재해발생월, 시간대별로 분석했으며 반도체 제조공장에서의 산업재해의 발생에 대한 자료를 재해분석 자료와 비교 분석하여 반도체 제조공장에서 어느 정도의 비중을 차지하고 있는지를 도출했으며, 특히 재해에 대한 문제를 분류하여 산업재해의 대책방안과 관리의 활성화 방안을 도출하는 데 역점을 두었다.

3·2 재해발생의 현황파악

반도체 제조공장에서 수집한 자료를 가지고(최근 4년간) 제조산업에서의 재해발생을 원인별, 발생유형별, 재해발생월, 시간대별로 비교분석하여 보면 다음과 같다.

3·2·1 반도체 제조산업 재해비교

산업재해를 불안전한 행동(인적 요인)과 불안전한 상태(물적 요인)로 분석하여 보면 불안전한 상태에 의한 재해가 전체 재해의 68.5%를 차지하고 있고 불안전한 행동은 전체 재해의 31.5%를 차지하고 있다.

불안전한 상태의 재해 중에는 기계, 기구의 안전장치의 결여, 부품에 대한 열화, 노후화, 유틸리티재질에 대한 재질불량 등으로 시설하자에 의한 부분뿐만 아니라 협의의 간접요인인 기술적, 관리적, 교육적인 재해가 68.5%이다. 또한 불안전한 행동에 의한 재해 중에는 〈그림 3·1〉에서와 같이 기계, 전기, 화학설비 및 유해, 위험물질인 고압

가스 등에 방법, 취급부주의 보호장구류 미착용 등과 같이 안전수칙 미준수가 10%를 차지한다. 기계, 전기 측면에서는 반도체 설비의 요소 중에 가동부, 반송부, 진공계, 챔버류, 고온부, 냉각부의 유니트(unit)와 가스, 케미칼 측면에서는 박막형성장치, 도핑장치, 아닐장치, 레지스터 처리장치, 에칭장치, 세정장치, 설비환경, 세정건조 장치 측면에서의 설비, 작업표준 미준수로 인한 재해가 7.5%를 차지하고 눈관리(Eye-Marking) 및 눈관리 불량과 설비의 안전지식 부족으로 인한 조작(판단)실수가 6%를 차지하며, 안전수칙에 대한 오해 및 경험 부족 및 점검에 대한 준수사항 미비 등으로 인한 교육 미비가 5%를 차지하며, 기타 간접적인 부분에 3%를 나타내고 있다.

한편 노동부 통계에 의한 2000년 산업재해분석에 대한 재해 원인별 산업재해 발생보험법 적용사업장 706,231개의 데이터를 보면 불안전한 상태에 의한 재해가 13.1%를 차지하고 있고 불안전한 행동에 의한 재해가 86.9%를 차지하고 있다.

불안전한 행동 중에는 자세, 동작의 불량이 31.1%이고, 기계장치에 대한 안전수칙 미준수 및 기능제거 및 조작실수가 26.5%이고, 위험장소의 접근 및 복장 보호장구에 의한 재해가 12.8%이고 감독, 불충분 및 유해 위험물 취급 부주의 재해가 6.1%이고 기타 10.4%로 나타나고 있다.

〈그림 3·1〉에서는 반도체 제조공장에서의 실사기업과 노동부 산업재해원인과는 다소 다른 차이를 보이고 있다.

불안전한 상태인 시설하자의 문제가 불안전한 행동의 비율보다 앞서고 24시간 가동하는 공장체제에서는 장치산업의 시설과 직접연관이 있다고 본다.

또한 불안전한 행동으로 보인 안전수칙 미준수는 현장의 설비 기술자들의 작업 전에 툴-박스-미팅(Tool-Box Meeting)이나 행동강령 및 리더(Leader)의 사전 중요 요소에 대한 숙지 및 터치-앤-콜(Touch-and-call) 의식화로 작업에 임해야겠으며 조작(판단)미스는 반도체 제조공장에서의 색깔 표준 및 눈관리기준에 대한 기준 및 지침에 의거해 운영 및 보완토록 하고, 작업표준 미준수는 작업자, 기술자이다. 자기가 맡은 공정 및 설비에 대한 기초 프로그램 교육을 통해 인증을 함으로 좀더 확고하고 표준이행률이 높게 실행할 수 있을 거라 생각되며, 결국 교육은 일반적인 산업안전 교육뿐만 아니라 업무별 특화된 영역에 따른 전문가 육성과 더불어 연간 교육플랜에 의거 철저한 시행 및 활성화가 선행되어야 하며, 여기에 대한 회사 나름대로 안전교육 시스템구축이 연구되어야 하겠다.

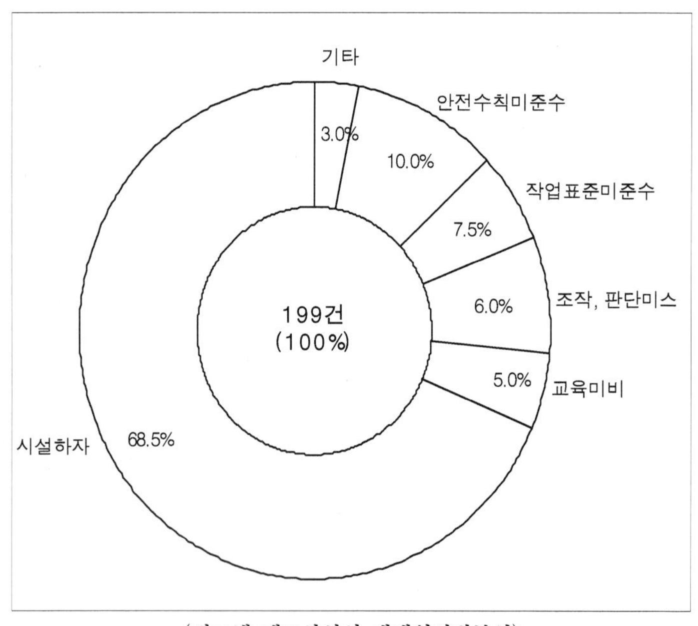

(반도체 제조산업의 재해원인별분석)

〈그림 3·1〉 재해 원인별분석

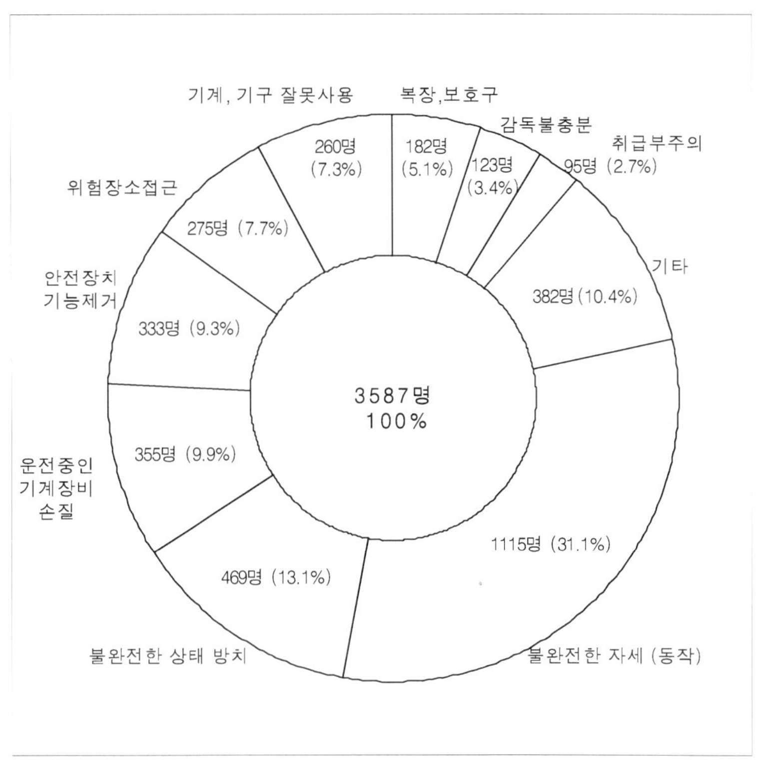

(노동부 산업재해원인별 분석)

〈그림 3 · 1〉 재해 원인별분석

3 · 2 · 2 유형별 재해현황

반도체 제조산업에서의 재해 및 D급에 대한 발생 유형별로 7가지이고 분류, 구분하여 보면, 첫째는 가스에 대한 원인으로 주로 가스를 공급해 주는 유니트(Unit)에 관련된 사항으로 가스케비넷(GAS−Cabinet)에 관련된 부속장치에 대한 레귤레타(Regulator), 밸브(Valve), 퍼지 셋(purge−Set)에 대한것과 가스에 연관된 연결부, 이음매, 인터럭(Inter−Lock) 성능저하와 부식, 리크(Leck), 체결, 인폼(inform)부재와 배기에 연관된 파우더(powder)의 문제 및 작업자 임의의 조작 및 휴먼에러(Human-Error)가 발생되고 있다. 전체 재해 및 이상 발생의 9%에 해당되는 18건이 〈그림 3·2〉에서 보여주고 있다.

　이러한 재해는 반도체 제조산업에서의 미세관리 및 메인(Main)설비뿐만 아니라 부대설비 파트(Part)에 대한 신뢰성관리, 즉 수명에 대한 관리가 철저히 되어야 하고, 반도체 공장에서의 가스는 중요한 요소(factor)로 가스에 대한 육안점검에서 기능점검으로 한 단계 진보되어야 하며, 이 부분을 다루는 작업자는 작업에 대한 철저한 숙지 및 인증이 되어 안전수칙 및 작업, 설비표준 이행률을 준수해야 줄일 수 있을 것이라 판단된다.

　특히 가스 부분에 리크(Leak)가 많은 부분은 유틸리티(utility)에 대한 노후화 및 핀-홀(pin-hole)에 대한 교체주기가 주기적으로 운영되어야 된다고 본다.

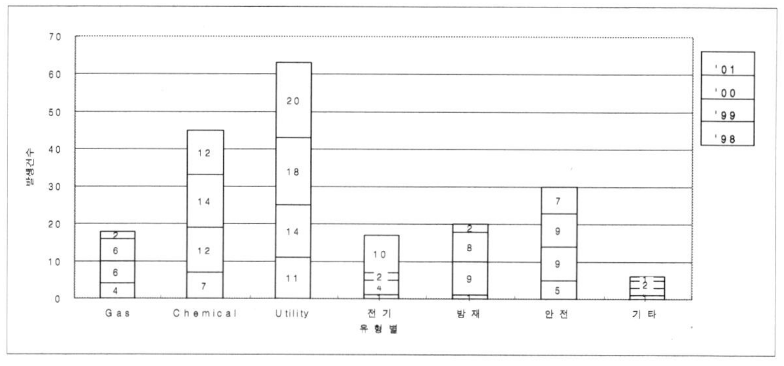

〈그림 3·2〉 반도체 제조산업 유형별 재해현황

　둘째, 케미칼에 대한 건으로 주로 식각 설비, 케미칼중앙공급장치에 대한 유니트(unit) 및 탱크, 재질에 대한 노후와 및 파트(part) 식각,

케미칼운반 중 바틀리크(Bottle Leak) 및 작업 및 설비피엠(P/M) 시 케미칼 튀는 현상으로 불안전한 행동과 상태가 모두 포함된다. 반도체의 케미칼취급은 산 종류, 알칼리 종류, 유기성 종류를 포함해 100여 개의 종류를 다루고 있다.

특히 〈그림 3·2〉에서와 같이 전체 재해의 22.6%를 차지하고 있으며, 그중에 케미칼로 인한 재질 노후화로 인해 리크(Leak)재해가 많은 비중을 차지하고 있으며, 그 다음에 작업 중에 케미칼이 튀는 현상이 많이 발생하고 있다. 그리고 케미칼은 드레인포트(Drain port), 앤드-캡(End-Cap)관리, 센서(sensor) 오동작과 유니트(unit)의 프로그램으로 인한 실제 문제가 세부원인이 되어 있으며, 케미칼 재질에 대한 사용상의 기준이 좀더 세분화되어야 하고 용접관리 포인트에 대한 기능점검이 활성화하도록 하고, 보호구를 착용하도록 관리 감독과 작업안전수칙 준수가 절실히 요구된다.

셋째, 유틸리티(utility)에 대한 건으로 전체 199건 중에 63건으로 31.7%를 차지하고 있고, 반도체 전 설비의 쿨링(cooling)역할을 해 주는 공정용 냉각수, 설비마다 특화되어 있는 저온, 고온, 냉각수, 현장의 온도 및 습도를 맞추기 위한 공조, 외조기 및 스팀(steam) 등에 대한 유틸리티(utility)에 대한 리크(Leak), 핀-홀(pin-hole), 압력문제, 이음새문제, 크랙(crack) 각종 작업이 각종 배기류(산, 알칼리, 열, 가연, 유기)에 대한 펩(Fab)의 변경점으로 인해 2차 복합적인 사고를 가져올 수 있고 재수대책과 더불어 유틸리티(utility)재질에 대한 기능과 유틸리티(utility)용 자재에 대한 인증 및 즉각적인 대책능력이 시급하게 강구되어야 한다.

반도체 제조공장에서의 유틸리티(utility) 문제는 라인당 전체 공급에 대한 사항으로 문제 시 주기적인 쉣-다운(Shut-down)으로 잠재재해에 대한 돌발 로스(Loss)를 제거해야 하는 요소가 주류를 이루고 있다.

이 유틸리티(utility)에 대한 건은 리크(Leak)가 주관점으로 이력관리가 철저히 되어야 하고 요소 부분마다 눈관리를 철저히 해서 부분교체보다 전체 개선으로 문제가 동일시에 발생치 않도록 사전예방에 계획을 철저히 해야 한다.

넷째, 전기에 대한 건은 전체 199건 중에 17건으로 8.5%를 차지하고 있으며, 반도체 제조공장에서 전기에 대한 문제는 사람의 인명과 화재로 영향을 미칠 수 있으며, 그 원인에는 반도체 설비 내부의 접속단자 및 자재의 열화로 인한 발열 문제가 대부분을 차지하고 있으며, 또한 설비 안전장치의 미비와 이설 및 폐기처분 시 배전반 관리에 대한 눈관리 미흡으로 휴먼에러(Human-Error)가 발생하고 있다. 여기서 발생한 부분은 물성에 대한 리크(Leak), 2차 문제로 전원박스(Box), 배전반에 유입되는 사항으로 전기설비에 대한 개폐 및 시건장치 및 실링(Sealing)미비가 발생하고 있다.

또한 협력업체의 전기배선 설치로 인한 작업 시 재해도 추가되어 있다. 전기에 대한 설비의 전원부의 접촉단자 관리 및 인터럭(inter-lock)의 보완 및 2차 전기작업에 대한 안전교육을 철저히 시행하고 배전반의 눈관리를 분류체계화해서 휴먼에러(Human-Error)를 사전 방지해야 한다.

다섯째, 방재에 대한 건은 전체 199건 중에 20건으로 10.1%를 차지하고 있으며, 반도체 제조공장에서의 화재관점의 펙터(Factor)는 도포설비와 식각설비의 케미칼성 유기성 설비와 확산, 저압침적 설비와 건식, 식각인 가연성, 자연 발화성, 폭발성가스의 부대설비인 가스-서플라이-시스템(supply-system)과 배기 스팀에 대한 가연배기, 유기배기와 펩(FAB)제조 라인(Line)의 각종 감지기에 대한 부분들이 방재의 관점으로 발생하고 있다.

재해 및 이상 발생의 원인은 불안전한 상태의 직접원인으로 주로 방재는 거의 가스에 대한 문제와 동일하게 강도율이 놓고 방재는 확산속도 및 피해 정도가 클 수 있으며, 고압가스류와 케미칼위험물과 고온설비에 대한 열 및 케미칼에 대한 문제의 건으로 발생하며 현장에서의 감지기에 대한 설정치로 인해 오동작에 대한 문제도 일어나고 있다.

사용자 원칙에 의해 안전수칙에 대한 미비 및 작업 방법에 대한 미숙과 좀더 안전한 이중 인터럭(interlock) 시스템의 보완으로 조기에 모니터링(Monitoring)운영과 감지기에 대한 설계측정이 유기적으로 운영되어야 바람직하다고 본다.

여섯째, 안전에 대한 건은 전체 199건 중 30건으로 15.1%를 〈그림 3·2〉에서와 같이 나타나고 있으며 설비 관련 부분은 설비의 인터럭(interlock) 해체 및 유압 및 모터(Motor)의 가동 및 예방점검 및 트러블슈팅(trouble-shooting)시 재해가 발생하고 유틸리티의 공간 및 장소로 인한 미확보 및 사전부주의로 발생하며 또한 배관설치, 철거 중에 작업의 난이도에 따라 신체의 상해가 발생하거나, 가해물이 되며, 작업자는 작업장소 내, 작업의 표준 불이행과 작업 미준수로 인해 재해가 발생하고 있다.

기타의 재해로는 작업환경과 교통안전과 일반 조경작업과 사무실 일반 작업으로 구체적 세부 분류하기 어려운 작업은 전체 재해 및 이상 발생이 총 199건 중 6건인 3%를 차지하고 있다.

3·2·3 세부 내용별 재해현황

반도체 제조공장에서의 발생 내용별로 보면 전체에서 7개로 분류한 것같이 각 내용별로 재해 분석을 해보면 1998~2001년까지의 우선 가스를 보면 〈그림 3·3〉에서와 같이 전체 18건 중 33%에 해당되는 크랙(crack), 마모 등이 유틸리티 배관에 발생하고 있고, 22%에 해당되는 각각 4건 등이 자재에 대한 신뢰성 인증이 사전검수 및 인증이 되어 발생하고 또한 작업표준 미준수가 발생으로 이어지고 있다. 특히 1차 배관 및 메인(Main)배관 등은 협력업체등이 작업하고 여기에 대하여 협력업체에 대한 교육 및 작업의 특별관리가 되어야 한다.

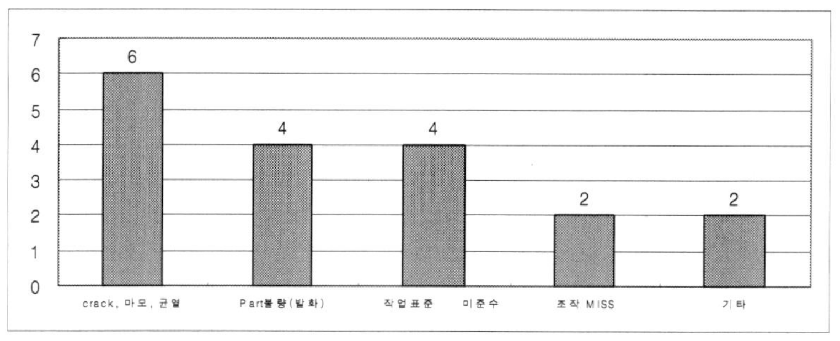

〈그림 3·3〉 가스(GAS) 내용물 분석

케미칼에 대한 재해에 대해 내용은 〈그림 3·4〉에서와 같이 분석을 해보면 케미칼 사용으로 인한 재질에 대한 수명의 주기가 미선정됨으로 부식, 열화 성능, 재질불량으로 인한 전체 45건 중 29%에 해당하는 13건이 발생하고 있다. 작업표준 및 조작미스와 보호구 미착용이 각각 17.7%를 차지하고 있다. 케미칼 내용별 분석을 보면, 불안전한 상태가 29건으로 64.5%를 불안전한 행동이 16건으로 35.5%를 차지하고 있는 것으로 볼 때 케미칼에 대한 재해대책은 자재와 유틸리티(utility)에 대한 육안점검에서 기능점검과 인증이 적용되는 개선과 보호구 미착용에 대한 교육과 철저한 감독자의 관리가 되어야 하고 구역별로 착용에 대한 영역을 시스템으로 보완이 필요하다.

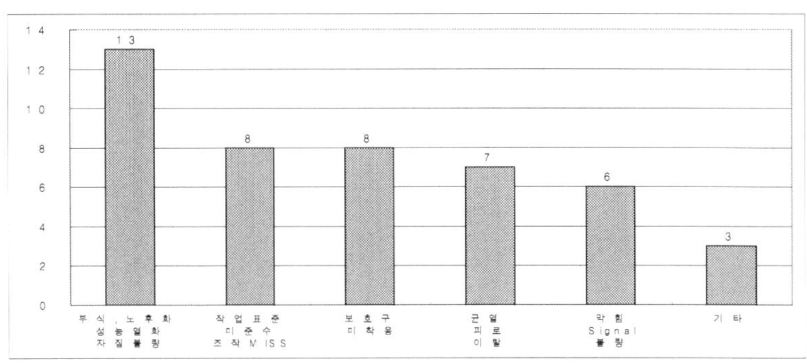

〈그림 3 · 4〉 케미칼(CHEMICAL) 내용별 분석

유틸리티(utility)에 대한 재해에 대해 내용분석하면 〈그림 3 · 5〉에서 보듯이 유틸리티 사용으로 인한 리크(Leak), 균열, 파손, 노후화로 전체 63건의 26.9%인 17건이, 재질불량에 관련된 사항이 20.6%로 13건이, 성능열화로 인한 탈락, 불량이 9건인 14.3%로 발생하고 있다. 기타로 인한 신호불량, 넘침으로 인한 발생 건수를 포함해 43건인 68.2%가 불안전한 상태로 발생하고 있으며, 불안전한 행동으로는 관리감독, 작업표준조작미스로 전체 63건 중에 20건으로 31.8%를 나타내고 있다.

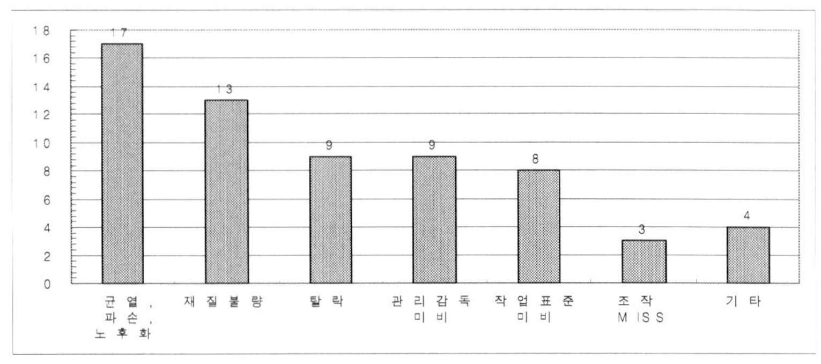

〈그림 3 · 5〉 유틸리티(Utility) 내용별 분석

전기에 대한 재해분석을 〈그림 3·6〉에서 보듯이 전체 17건 중 접속발열이 6건으로 35.4%, 성능열화로 인한 과부하 쇼트(short)가 4건으로 23.5%, 기타 1건까지 5.8%로 불안전한 상태가 11건으로 64.7%를 차지하고 불안전한 행동은 작업표준 미시행, 눈관리, 데드라인(dead-line) 미철거로 인한 6건으로 35.3%를 나타내고 있다.

펩(FAB) 설비의 잦은 이설 및 신설로 인한 전원부에 대한 피로율이 접속단자 및 전원부에 접속 발열과 성능열화 및 자재에 대한 수명을 짧게 한다고 본다. 여기에 대한 신설 및 훅-업(Hook-Up)에 필요한 설비 인증제를 도입해 기준화에 의해 설비에 대한 재해 건수를 사전제거 및 예방을 실시해야 한다.

방재에 대한 재해분석을 〈그림 3·7〉에서 보듯이 전체 20건 중 과열, 발열이 6건으로 30%를 차지하고 발화가 4건으로 20%, 자재열화가 3건으로 15%를 차지함으로 불안전한 상태가 13건으로 65% 보이고 있고 불안전한 행동은 전자파, 작업표준, 기타 눈관리로 7건으로 35%를 나타내고 있다.

가스의 바이-프로덕(By-Product)에 대한 대책이 수립되어야 한다고 본다. 안전의 내용별 재해분석은 〈그림 3·8〉에서 보듯이 전체 30건 중 부딪힘이 11건으로 36.7%를 차지하고, 협착, 압착은 7건으로 23.3%를 나타내고, 특히 불안전한 상태는 부딪힘, 협착, 압착, 낙하, 추락은 21건으로 70%를 차지하고 있고 불안전한 행동은 미끄러짐, 창상, 기타 (찰과상)도 9건으로 30%를 보이고 있다.

공조로 인한 지하 영역의 각종 유틸리티로 인한 신체상해를 개선하기 위한 안전장구류에 대한 철저한 착용과 교육이 필요하며 특히 설비의 인터럭(interlock) 해체로 인한 협착, 압착은 우선 안전장치가 선행되어야 한다.

또한 펩(Fab)출입자에 대한 철저한 교육이 수반되어 행동지침을 규정화가 필요하다.

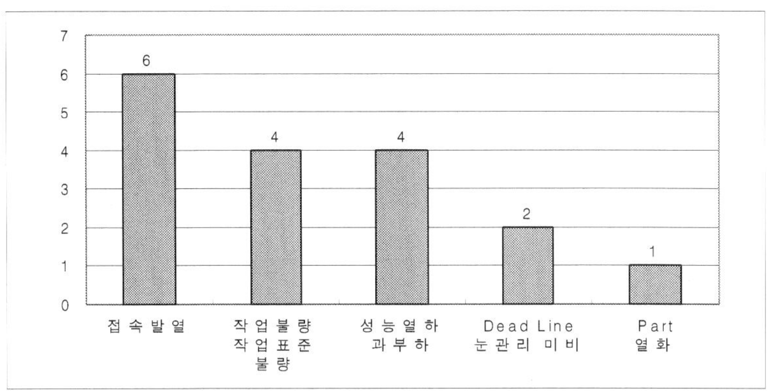

〈그림 3·6〉 전기내용별 분석

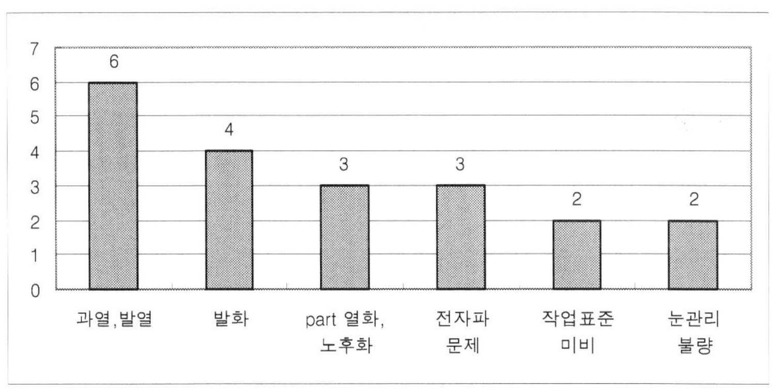

〈그림 3·7〉 방재 내용별 분석

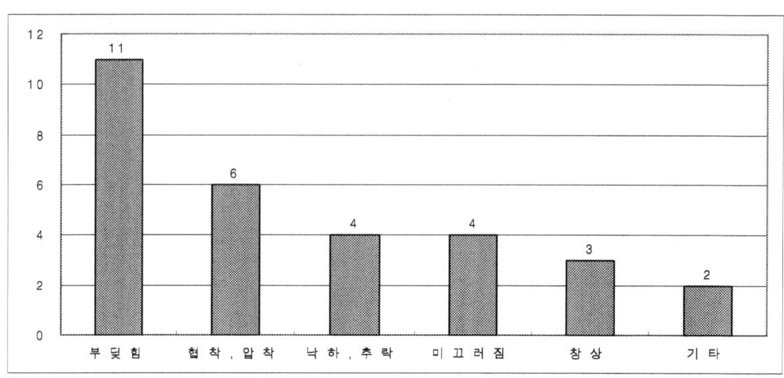

〈그림 3 · 8〉 안전의 내용별 분석

기타 부분의 〈그림 3 · 9〉에서 보듯이 사내의 교통사고에 대한 규정
도 속도와 용도에 맞는 운행거리를 기준으로 설정하고, 주 · 정차에 대
한 시설 보강이 필요하며, 협력업체의 사내의 건물 외 작업 후 뒷마무
리 부실로 인한 폐액, 페인트관리, 폐기물에 대한 사전 유출 예방 차
원에서 사전 교육과 관리 감독이 철저히 되어야 한다.

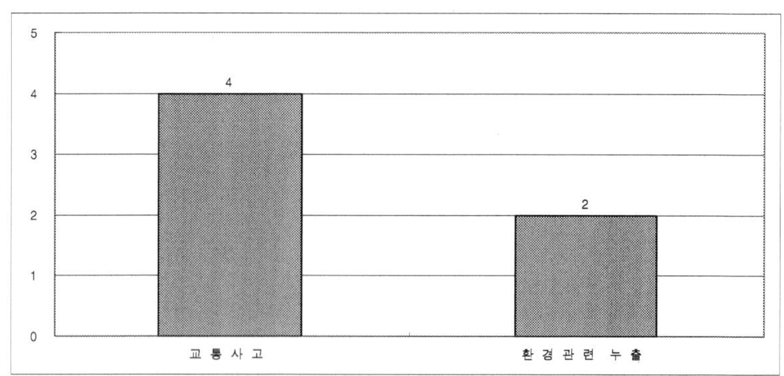

〈그림 3 · 9〉 기타 내용별 분석

3·2·4 발생 시간대별 재해현황

작업시간대별 변화에 따른 7가지 유형으로 4년간 재해 발생 현황은 〈그림 3·10〉에서와 같이 10~12와 16~18 사이의 재해가 각각 46건으로 23.1%, 32건으로 16.1%로 전체 재해의 39.2%를 차지하고 재해건수는 78건으로 나타나고 있다. 반도체 제조공장은 24시간 가동체재로 운영됨으로 업무상 특수성을 가지고 있지만, 모든 공사성 작업은 통상 오피스(office)시간(08:00~18:00)에 이루어진다고 볼 수 있다.

10~12시 사이에 16~18시 사이에 재해가 많은 이유는 모든 작업 및 협력업체에 대한 작업시작이 이루어지고 오후엔 작업마무리 및 작업종류가 되는 시간에 발생하고 있어 작업에 대한 철저한 감독과 작업에 대한 명확한 표준 및 지침을 적용해서 조급함에 빨리빨리 병으로 사고 발생가능성을 높이고 있어 다만 점검 및 심사 및 인증으로 개선책을 찾아야 할 것이다.[15]

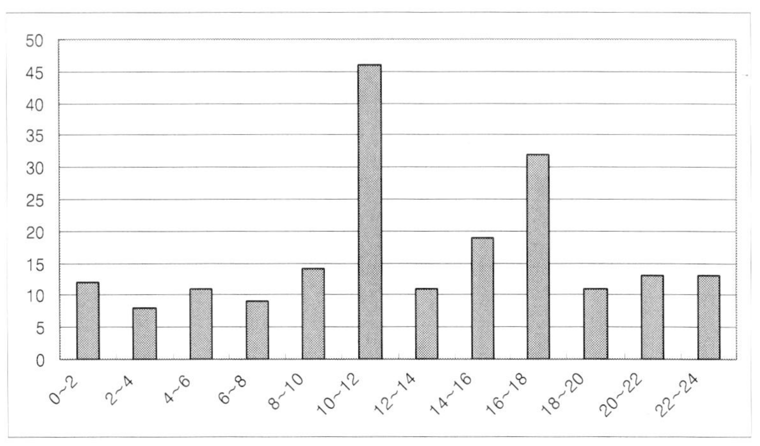

〈그림 3·10〉 시간대별 재해분석

---

15) 산업기술연구원, 사례분석과 예방대책, 서울, pp.69, 1992.

3·2·5 월별 재해현황

월별로 보면 〈그림 3·11〉처럼 전체 199건 중에 3M, 7M, 11M이 64건으로 전체의 32.2%를 차지하고 있으며, 3월, 7월, 11월의 발생재해의 공통점은 계절에 대한 환절기로 근무자와 작업자의 불안전한 행동을 유발하는 계기가 되고 있다고 본다. 더욱이 3월은 회사의 조직변경과 인사이동으로 안정화되지 않은 마음에서 작업에 임하게 되고, 7월은 불쾌지수와 여름휴가 전월이라 작업자의 마음을 들뜨게 한다고 보며, 11월은 동절기에 접어들면서, 근무자세를 위축시키는 사항이 되고 있다고 본다.

내용별로 보면 3월은 설비 관련된 재해가 7월은 유틸리티 관련 재해가 11월은 방재로 인한 재해가 도출되고 있다. 이러한 대책으로는 불안전한 행동 및 상태를 작업자의 바이오리듬과 워크숍(Work/shop)을 통해 교육적인 분위기와 근무자의 리플래쉬(Reflash) 측면에서 연간 휴가계획을 운영하는 차원에서 활성화가 되어야 한다고 판단된다.

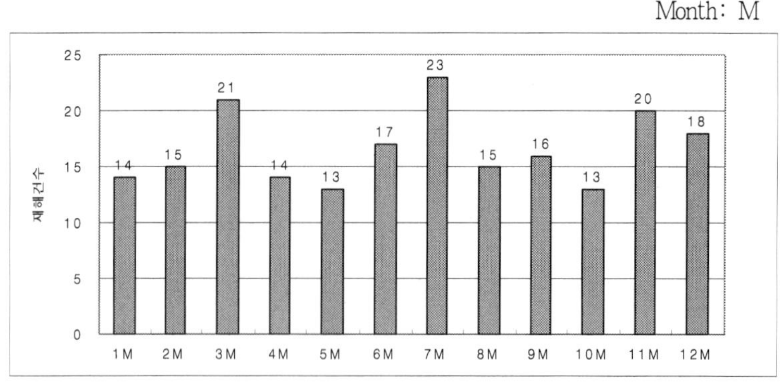

〈그림 3·11〉 월별 재해분석

3·3 재해문제점 요소도출

3·3·1 재해의 인적·물적 요소

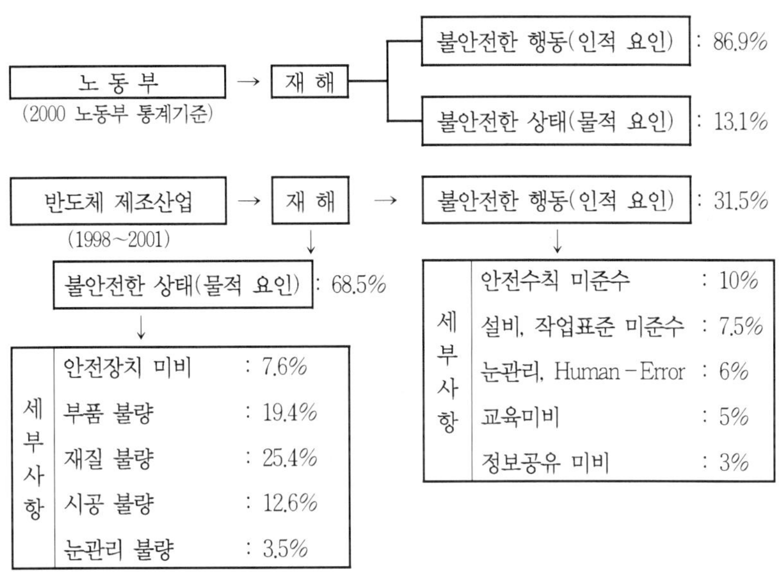

〈그림 3·12〉 인적·물적 재해요소

3·3·2 재해 유형별 요인 펙터(Factor)

반도체 산업 재해유형을 6개 요인으로 나누어 보고 여기에 따른 재해 세부요인에 대한 인자를 구체화시켜 본다.

가 스	: 연결부, 인터럭(Interlock), 바이프로덕(By-product), 휴먼에러(Human-Error) 노후화, 기능저하로 리크(Leak)
케미칼	: 눈관리(Eye-Marking), 리크(Leak), 자재수명 미설정, 피팅(Fitting) 연결부, 혼합액에 대한 반응, 배관기능저하, 안전보호구미착용, 재질불량, 넘침(Over-Flow)
유틸리티 (Utility)	: 눈관리, 리크(leak), 핀홀(Pinhole), 압력변화, 이음새 샘, 온, 습도 헌팅(Hunting), 재질, 부품불량, 기능저하, 배기불량
전 기	: 발열, 과열, 눈관리, 재질, 부품에 대한 열화/ 규격미달 안전장치, 부품불량, 정전(순간정전), 과전류, 감전
방 재	: 유기성소화설비, 설비부 부속설비의 모니터링(Monitoring)유무, 소화설비 기능, 배기불량, 가연성에 대한 인터럭(Interlock)
안 전	: 유압관리, 부속설비, 설비의 인터럭(Interlock) 미비, 작업공간미확보, 작업 미숙지, 정보공유 미비, 눈관리 미비, 리프터(Lifter), 호이스트(Hoist)에 대한 동작불능 설비이설, 셋-업(Set-Up)시 위해요소

3·4 재해문제의 해결방안

3·4·1 재해예방 Model 검토

1) 허(Huh)의 재해이론

허(Huh)의 모델(Model)은 오늘날 자동화 설비의 시스템 발전으로 생산 및 작업환경의 변화로 통합 인간과 환경과 기계 및 컴퓨터로 변화하고 있다. 특히 생산환경에 대하여 허(Huh)의 5가지 재해요인을 검토해 본다.

이 모델(Model)은 산업체의 추세가 소품종 다량에서 다품종 소량생산으로 옮겨가면서 자동화가 범용화됨으로 어느 한 요인에 의해서도 재해가 발생할 수도 있고, 다른 요인들과 복합되어서도 재해가 발생한다는 이론이다.

심리적 요인	: 직무분석, 근로자의 배회, 교육, 훈련, 작업내용, 공정편성, 감독자의 재교육, 직주수행의 질적 향상→작업자 심리요인
기계적 요인	: 기계의 고장, 리크-시스템(Leak System)의 미흡, 제동장치, 비상정지 고장, 표시기의 미흡→기계의 System요인
환경적 요인	: 조명, 환기시설, 4S, 온, 습도 작업환경, VDT, 소음, 분진→직무 환경적 요인
기술적 요인	: 기계설계의 오류, 안전장치 미부착, 기계배치의 위험성, 동작순서의 복잡성, 조작미숙, 보수, 수리의 난이, 안전성 미흡→기계 중심의 요인
인위적 요인	: 무리한 행동, 불균형, 보호구미착용, 지시명령의 위반, 안전작업 소홀, 태도, 사후평가, 작업에 대한 변화→작업자의 생체기능변화, stress변화[16]

허(Huh)의 재해이론도 5가지 요인으로 〈그림 3·13〉처럼 규정하였지만 경영층의 방향과 정책 및 중간관리자의 역할 등 내부적인 운영 시스템에 대하여 좀 더 보완이 요구되고, 반도체 제조산업의 재해예방에 대하여 적용 시 업무특성별로 감안해서 활용하는 것도 필요하다.

---

16) 권영국, 산업안전공학, 형설출판사, 서울, pp.79~80, 2000.

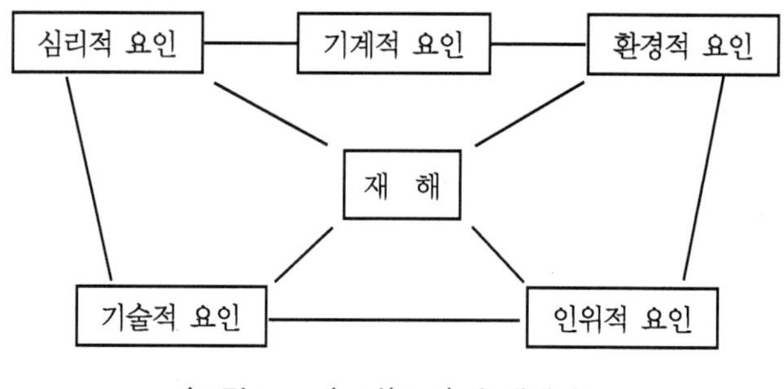

〈그림 3·13〉 허(Huh)의 재해이론

3·4·2 반도체 제조산업에서의 재해대책

1) PSM 반도체 적용에 대한 배경

반도체 제조산업은 기술집약적 장치산업으로서 특히 화학 물질의 여러 종류를 원료제품의 형태로 사용, 취급 및 저장하고 있으며, 그 보유량이 많고, 시스템이 복잡하여, 위험물의 누출 또는 화재, 폭발과 같은 사고가 발생할 경우에는 공장 내의 근로자뿐만 아니라 공장 인근의 주민 또한 설비파손에 따른 재산상의 손실이 막대하고 설비의 복구 기간이 길고 생산에 백업(Back-up) 시간이 차질이 생기고, 산업의 원재료 사용에 대한 차질을 가져와 사고 영향이 크게 확대되어 국가 전체의 경제에까지 미치게 된다.

따라서 반도체 전 제조공정 및 모든 부분에 체계적이고 구체적 활동이 필요하다. 즉 여러 분야의 기술자들이 함께 위험을 찾아 대처한다는 공통목표를 가지고, 적절한 평가방법, 도구를 이용한 위험평가, 피해 예측에 대한 대책을 세운 종합안전체제의 공정안전 관리제도(Process Safety-Management: PSM)를 이용해 환경안전재해를 접근해 보자.

2) PSM에 대한 국제적, 국내적 현황

국제적으로는 위험물질의 누출이나 폭발 등으로 인한 중대 산업사고는 1940년 이후 전 세계적으로 선·후진국에 관계없이 발생하고 있고, PSM은 이를 예방하기 위하여 선진 외국에서 활발하게 전개되고 있는 예방제도이다.

① 유럽 공동체(EN)국가들은 '76년 이탈리아 쎄베소(Seveso)에서 독성물질 누출사고로 가맹국들이 예방과 피해감소를 위한 쎄베소 지침을 시행했고

② 미국에서는 '85년 환경보호청(EPM[17])에서 특성물질 누출사고 예방을 위한 법안 후 '92년 2월에 산업안전보건청(OSHA)에서 위험물질 취급공장의 안전관리에 관한 내용을 산업안전 보건법에 국가 시행했으며

③ 일본은 석유화학공장의 안전성 확보와 효율적인 법 집행을 위해 '76년 특별법으로 콤비나트법을 제정하여, 지역에 대한 석유화학 콤비나트 특별방제구역을 지정하여 시행하고[18]

④ 국제노동기구(ILO)는 '84년 인도보팔 메틸이소시아 나이트 (Methyl-Iso-Cyanate: MIC) 누출을 계기로 '85년 중대 산업사고 예방결의 '93년 6월 80차 총회에서 중대 산업사고예방을 위한 협약을 ILO협약 제174호 채택되었다.

국내현황은 1960년 이후 우리나라의 산업은 중화학공업을 중심으로 크게 발전하였으나 각종 공장 설비를 대형화시키고, 복잡하게 함은 물

---

17) EPM (Environmental Protection Agency)

18) 삼성전자, 공정안전보고서 작성 및 평가, pp.29, 1999.

론 사용하는 화학물질도 다양화하여 인체에 보다 유해한 화학물질의 사용량을 크게 증가시킴으로 화재 폭발 및 유해, 위험물질 누출사고 등으로 발생가능성이 증대되고 있다.

국내 산업사고의 예로 '89년 10월 전남여천공단 ABS 압축기 폭발, '91년 9월 전남 군산 티디에(TDA) 누출, '94년 7월 인천 농약원료 폭발, '94년 9월 전남 여천공단 유독가스 누출사고로 피해와 타격을 주었다. 또한 정부관련 부처별로 따로 운영되고 있는 사항에서 업무제·재정이 시급하고, 관련 부처, 사업장, 일반 국민들이 용이하게 관련 정보를 이용할 수 있도록 보완이 필요하다.

3) PSM 제도의 내용

우리나라에서도 '95년 산업안전 보건법을 개정하여 공정안전관리(PSM)제도를 도입하게 되었으며, '96년 1월 1일부터 시행하고 있으며, 반도체 제조산업에서는 '97년부터 시행하고 산업안전보건법 제49조의 2제1항에서는 원유, 정제처리업 등 7개 업종의 보유설비 및 포스겐(150Kg) 등 21종의 유해, 위험물질을 취급하는 설비 및 일체의 공정에 대하여 〈그림 3·14〉같이 정기적으로 공정 안전 보고서를 작성하여 제출할 것을 의무화하고 있다.

4) 위험성 평가기법 선정기준

공정 안전관리제도에서 위험성 평가가 가장 중요한 부분이며, 본 자료를 바탕으로 위험성 평가 기법을 선택하여 위험성을 분석하고, 대책을 수립 시행하는 데 보통 13종류의 평가기법이 사용되나, 반도체 제조공장에서는 Check-list, what-it, HAZOP, FMEA, FTA를 주로 사용하는데 〈그림 3·15〉에서와 같이 주요 인가의 상관관계는 다음과 같다.

　반도체 제조산업에서 설비, 환경, 유해물질(가스, 케미칼), 전기, 방재 등의 평가 및 검토는 주로 공정 위험성 평가로 시작해 공정, 시설변경 시 관리를 하고 안전운전 절차를 통해 설비성능 확보를 거쳐 비상조치계획을 통해 공장 시설절차 개선 시 피이드백(feed-back)을 한다.

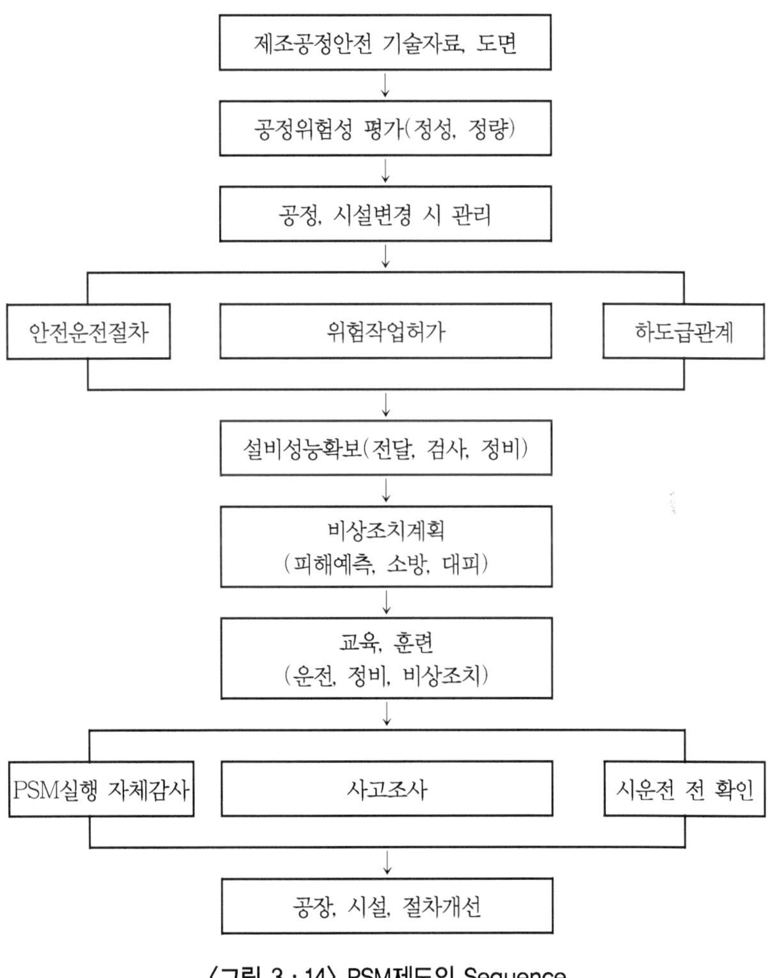

〈그림 3·14〉 PSM제도의 Sequence

<표 3 · 1> 위험성 평가기법 선정기준

구 분		체크리스트 cheak-list	사고예방 전문분석 (what-if)	위험과 운전분석 (HAZOP)	이상 위험도 분석(FMEA)	결함수분석 (FTA)
사 업 단 계	사업초기	●	●			
	상세설계					
목 적	위험의 일반적 이해	●	●			
	위험의 철저한 분석			●	●	●
	정량적 분석					●
공 정 형 태	간단, 알려진 기술	●	●	●		●
	복잡, 신기술			●	●	
	제어, 연동				●	
	세부공정, 운전절차 비공정조작				●	

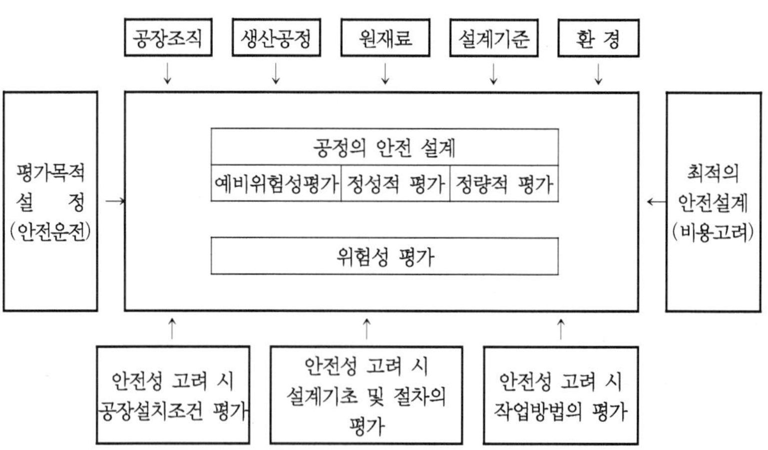

* HAZOP (Hazard And Operability Studies)
* FMEA (Failure Mode, Effects and Analysis)
* FTA (Fault Tree Analysis)

<그림 3 · 15> 주요 인자의 상관관계도

5) HAZOP적용 진행

반도체 제조산업에서 특히 케미칼과 설비와 안전과 연관이 있는 공정을 위험성 평가 기법의 하나인 하잡(HAZOP)으로 분석해 보고 타당성을 검토해 보자.

하잡(HAZOP)은 위험과 운전성 분석법으로 설계의도에서 벗어나는 이탈현상을 찾아내어 공정의 위험요소와 운전상의 문제점을 도출하는 방법으로 여러 분야의 경험을 가진 전문가들의 토론에 의해 잠재적 이탈을 도출하는데 스터디노드(Study Node) → 가이드노드(Guide words) (more, less, none, reverse) → 공정변수 프로세스 파라미터(Process Parameter : Temperature, Composition, Time)를 순서대로 결합 제시하여, 각 분야 전문가의 의견으로 하는 기법으로 연구 검토의 플로우시퀀스(Flow-Sequence)는 다음과 같이 진행하였다.

공정의 한 부분을 분석한 결과 위험성 평가에 대한 수행절차는 키스코-코드(KISCO Code)에 준해 실시해 보았으나, 위험성 평가, 설계전문 분야, 공정운전에 대한 전문가 참여가 미흡했고 평가기법에 대한 선정에 대한 부분에 대하여 일률적이진 못하지만 최적에 평가 기준에 대하여 재선정이 필요하며, 잠재위험에 대한 리스크(Risk)순위에 대한 사고빈도 및 사고결과의 곱이 큰 것부터 정하는 데 많은 어려움이 있었다. 또한 대상설비가 여러 개의 단위공정으로 구성된 경우에는 각 단위 공정별로 특성에 따라 별도의 평가기법이 필요하다고 분석했다.

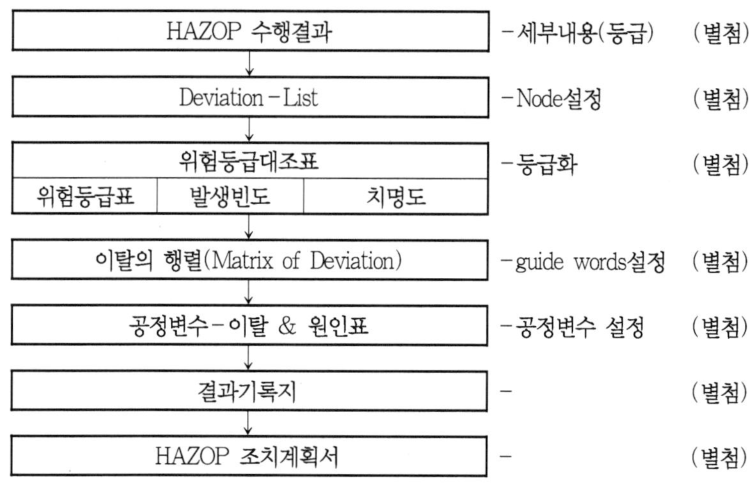

〈그림 3·16〉 HAZOP 실행 순서

3·4·3 반도체 제조산업의 재해 예방모델(Model) 제시

1) 선정배경

재해방지를 위한 재해이론과 모델링(Modeling)은 1920년 중반부터 1990년 현재까지 불안전한 행동, 상태를 제어하기 위한 종합프로그램(Program)으로 여러 학자에 걸쳐 하인리히 도미노이론부터 그로스의 다중요인이론까지 재해방지 및 사고, 원인에 대한 10개 이상의 이론 및 모델(Model) 및 바이오리듬 활용까지 정립되고, 적용하고 있지만, 아직도 많은 로스(LOSS) 및 언세이프티(Unsafety) 측면에서 많은 연구가 되어야 한다.

실제 재해조사, 위험예지훈련, 재해방지를 위한 대책 및 원칙 및 각 기업체마다 산재의 활성화 방안을 위한 여러 이론들이 적용되고 있지만, 이론 부분을 좀 더 보완해서 반도체 제조산업에 도움이 되고자 모델링(Modeling)을 제시한다.

2) 모델(Model) 제시

① 재해예방 모델(Model) 제시

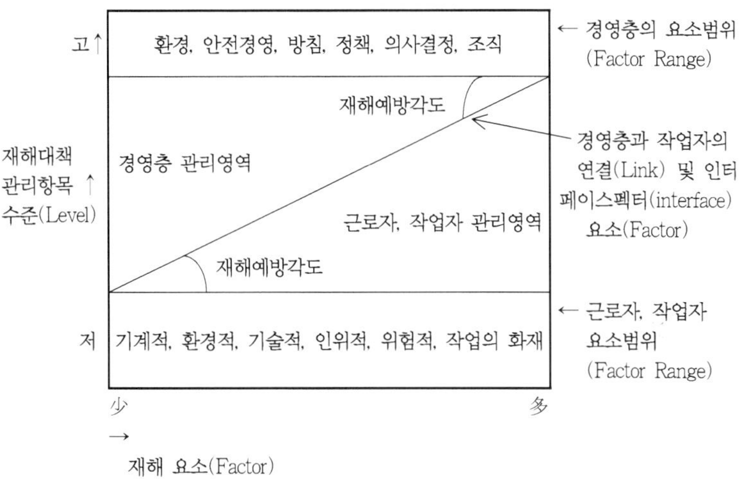

〈그림 3 · 17〉 재해예방 Z-Model

② 모델(Model)에 대한 다이어그램(Diagram)

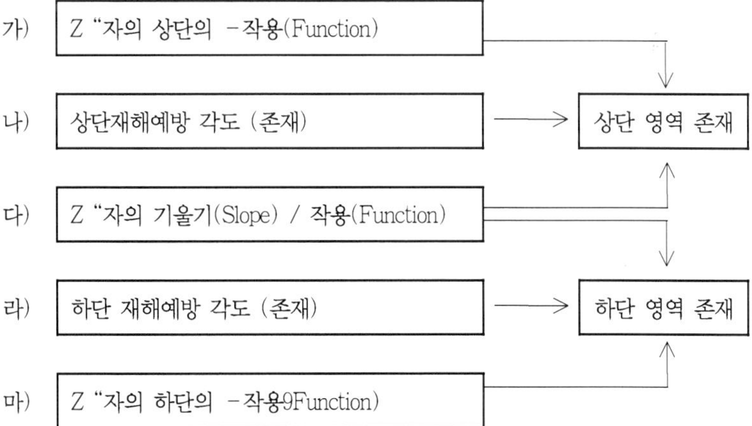

〈그림 3 · 18〉 Z-Model에 대한 다이어그램(Digram)

③ Z-Model에 대한 펑숀(Function)

가) Z "자의 상단 -

경영층에서 관리, 정책, 시스템, 비전(Vision), 의사결정, 관리, 조직구조

(결정, 운영, 관리, 의지의 펑숀(Function))

나) Z "자의 Slop

간접, 지원부서, 현장의 System, 경영자의 시스템을 인터페이스링크(Interface Link)하는 부서, 조직, 항목

(Top→Down, Bottom→Up의 펑숀(Function))

다) Z "자의 하단 -

현장에서 기계적, 작업환경, 위험요소, 재해의 인자 운영, 관리

(현장의 1차적 관리의 펑숀(Function))

라) Z "자의 상단의 ◥ 영역

경영층의 관리영역

마) Z "자의 하단의 ◢ 영역

작업자, 근로자의 관리영역

바) Z "자의 Z 상, 하단의 앵글(Angel)

재해 예방 각도

④ Model에 대한 펑숀(Function)별 해석

현장에서 1차적으로 관리해야 할 사항으로 경영층의 재해예방 사항을 잘 수행하거나, 개선해야 할 재해인자를 경영층에 반영시키는 부분이다.

또한 재해예방 각도는 가장 이상적인 적은 상단, 하단의 각도가 90도이어야 하나, 이렇게 되면 간접, 지원부서 없이 직접현장에서 반영되는 사항이 되지만, 중간층에서 무재해를 위해 많은 관리, 개선, 운영 시스템이 필요하기 때문에 링크(Link)는 필요하다.

또한 상단, 하단의 재해예방인자, 시스템을 구축해 나감으로써 상단, 하단의 영역이 커지면서 예방각도는 커지게 된다. 그리고 영역은 관리 상단(경영자층)의 영역과 하단(작업자, 근로자)의 영역은 중간부서 및 중간층과 연결되어야 할 부분으로 관리영역을 의미하며 중간층의 역할이 중요하다.

〈표 3 · 2〉 Z-Model Function 특성

	상 단	기울기	하 단
신체비유	머리	허리	팔, 다리
계 층	경영자	중간관리자	작업자, 근로자
업무 영역	방향, 정책제시	링크(Link)역할	현장 활동
항목 수준	고	중	저
영역과 각도관계	비례관계(상단, 하단)		

3 · 4 · 4 재해예방 모델 적용 효과

1) 연도별 재해예방

반도체 제조산업의 실증사례 및 추진은 재해발생 시 Z-Model에 적용해서 점차적으로 횡전개를 추진함으로 재해예방의 활동에 대한 적응 및 실증이 되고 있으며, 〈그림 3 · 19〉에서와 같이 재해 건수가 줄어드는 양상을 보이고 있으며, 재해예방책에 대한 방향은 항상 3가지 축으로 진행을 실시했다. 경영자의 펙터(Factor), 중간관리자의 펙터(Factor), 작업자의 펙터(Factor) 측면에서 재해예방 3펙터(Factor)를 추진했다. 그래프상으로 재해 건수는 반도체 세계경기와 생산과도 상관관계를 가지고 있음을 볼 수 있다.

'01년부터 재해예방을 하기 위한 실제 액션아이템(Action Item)을 선행과제로 신속하게 진행했으며 경영자의 펙터(Factor)는 중간 관리자를 통해 작업자까지 연계하고 작업자의 재해예방 활동 및 추진사항은 보텀-업(Bottom-Up)으로 전달되어, 의사결정을 하게 했다.

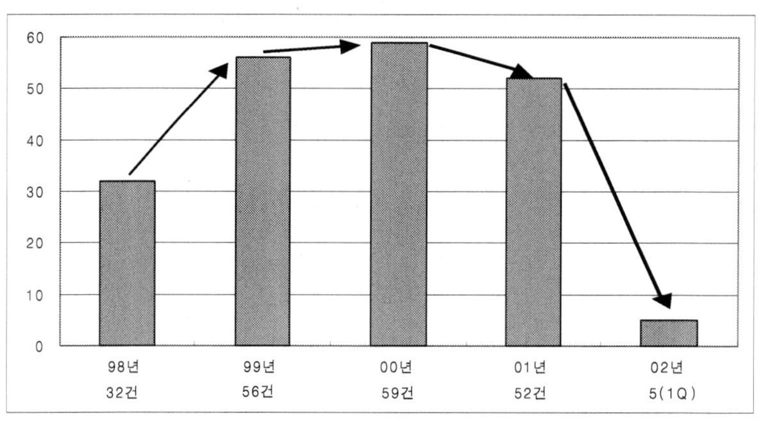

〈그림 3·19〉 연도별 재해발생현황

2) 추진사항

〈표 3-3〉 재해예방 펙터(Factor)

* 기존: ―　신설: ∨

경영자의 Factor	▫ 경영층 환경안전 위원회 신설	―
	▫ 환경안전 선집행 및 투자 우선 시행	―
	▫ 환경안전 문제 선 현장적용 개념 시행	∨
	▫ 학습조직 운영	∨
	▫ Expert 과정 추진	∨
	▫ 협력업체 Win-Win 상호 공존 체계수립	∨
	▫ 인증체계 System 수립	∨
	▫ 정보공유 System 운영	∨
중간 관리자 Factor	▫ 관련 부서 간의 지식/정보 회의체 운영	∨
	▫ 지침의 표준화	∨
	▫ 업무특성화 교육 계획 및 교안 운영	―
	▫ 중간관리자 현장체험 운영	∨
	▫ 심사, 내부평가제 운영	―
	▫ 인증체계에 따른 (사람, 작업, 부대설비)운영	∨
	▫ 영역별 등급제 평가 운영	∨
	▫ 업무특성 전문가 육성, 운영	―
작업자 Factor	▫ 테마별 안전점검 체계운영	∨
	▫ 체크리스트(Check-List) 책자화	∨
	▫ 불합리, 이상 발생, 잠재재해 요소 프로그램화	∨
	▫ 눈관리에 따른 색채기준활동	―
	▫ 육안에서 계측기 활용 및 적용 활동 (전기, 환경, utility관점)	∨
	▫ 안전의 마이머신(My-Machine) 운영	∨
	▫ 사고기념비 운영	―
	▫ 기본 지키기 활동	∨

3) 평 가

재해 감소 및 예방활동을 하기 위해서는 〈표 3·3〉에서 보는 바와 같이 경영자, 중간관리자, 작업자의 혼연일체가 필요하고, 추진사항도 3개의 재해예방 펙터(Factor) 공히 8개 아이템(ITEM) 중에 경영자의 펙터(Factor)가 6개, 중간관리자의 펙터(Factor)가 5개, 작업자의 펙터(Factor)가 6개로 새로운 재해예방의 아이템(ITEM)으로 탑(Top)과 바톰(Bottom) 간의 갭(Gap)이 없이 추진되고 있음을 알 수 있고 중간관리자 측면에서 좀 더 활성화가 되어야 된다고 판단된다.

또한 단순복원 차원과 반복적인 테마로 현장의 일차적인 개선도 중요하지만, 좀더 육안검사에서 기능검사로 장치산업의 안전기술문제를 시스템적으로 현장 위주의 활동과 더불어 지속적인 유지관리가 필요하다고 본다.

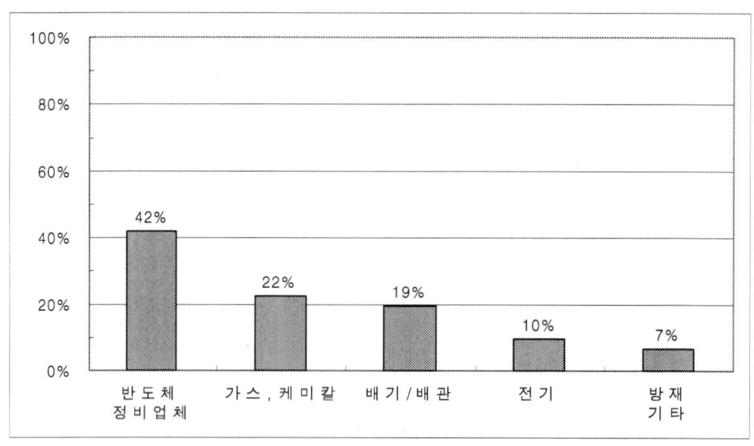

〈그림 3·20〉 업종의 형태

3·5 협력업체 재해연구

3·5·1 자료조사의 배경

반도체 제조공장에서의 협력업체는 직접 상주하면서 공장 내에서의 현장의 작업을 수행하고 있는데 반도체 제조산업의 가스, 케미칼, 유틸리티, 전기, 방재, 안전, 기타 사항들에 재해가 설계, 시공, 감리의 차원에서 협력업체의 작업성에 많은 비중을 두고 있다. 공장의 사원대비 협력업체의 인원이 거의 25%에 해당되는 유동인구에 달하고 있다.

이러한 유형별 종류에 대한 협력업체의 작업에 관련된 재해유형도 다양해서 설문지를 통하여 문제점을 도출하고자 했으며, 아울러 13개 업체 318명을 설문조사와 면담을 통하여 운영실태를 분석했다.

3·5·2 자료 조사에 대한 분석

1) 근무의 업종형태

반도체 제조산업 내의 상주협력업체의 업종은 〈그림 3·20〉에서와 같이 장비업체, 가스, 케미칼, 유틸리티(utility), 전기, 방재, 기타 순으로 업무에 종사하고 있음을 알 수 있고, 협력업체 종사자의 자체 부서는 기술부서 61%, 기타 20%, 지원부서 11%, 제조부서 8% 순이었다.

반도체 장비관련 업체가 거의 과반수에 해당되는 것은 반도체는 타이밍(timing)산업이고, 장비의 다운(down)으로 인한 생산 병목(Bottle-Neck)을 신속하게 조치하기 위한 목표에 연관되어 있다고 본다.

2) 근무연수 정도

산업재해 통계에 의하면 1년 미만이 전체 재해의 59.7%를 차지하고 있고, 근무연수가 길어질수록 재해발생의 빈도는 감소하고 있다. 1년 ~5년 내는 23.3%, 5년~10년 내는 9%, 10년 이상은 8%이다.[19]

다만 〈표 3·4〉협력업체의 근무연수는 1년 미만이 24.5%를 차지하고 있는데 신규 근무자에 대한 안전교육과 작업자의 경험부족으로 미숙련과 작업수칙 미준수가 재해발생의 원인이 되고 있다.

반도체 제조산업에서 불안전한 상태가 70%에 준하고 불안전한 행동이 30%에 거의 준하고 있어 신규 채용자에 대한 철저한 작업방법과 작업지도를 강화해야 하고, 또한 장기근속자에 대한 기능의존도에 따른 숙련자의 업무 자만심을 배제하여야 하는 것이 필요하다.

〈표 3·4〉 협력업체의 근무연수

근 무 년 수	인원(명)	비율(%)
1년 미만	78	24.5
1년~5년 미만	117	36.8
5년~10년 미만	102	32.1
10년 이상	21	6.6
합 계	318	100

3) 작업 안전수칙 제정건

안전보건관리규정 제23조에 의하면 작업부서별로 작업 안전수칙을 작성하고 과거의 재해를 분석하여, 원인을 분석하고 대책을 수립하여 안전수칙화하여야 하며 산업안전보건법에서는 유해위험물 취급부서, 위험기계기구 사용작업 및 법이 정한 작업부서에는 유해 위험물의 안전한 취급방법, 안전한 사용방법과 기타 작업수행상 재해 위험을 발휘

---

19) 김중규, 건설재해의 예방대책에 관한 연구, 동아대학교·경영대학원 석사학위논문, pp.41, 1986.

하여 안전수칙화해야 한다고 되어 있다.[20]

협력업체의 작업안전수칙의 제정은 〈표 3·5〉처럼 반도체 제조산업의 규정 및 지침에 의해 수동적인 상태가 70% 이상이고, 반도체 제조산업은 협력업체 관련 유해물질, 기계기구, 전기, 화학설비, 가스, 차량 및 기타 안전수칙에 대한 표준 매뉴얼(Manual) 수립이 우선되어야 한다. 작업 안전 수칙에 대한 산업재해의 기여도는 총 318명 중에 '많이 기여'가 207명(65.1%), '조금 기여'가 88명(27.6%), '잘 모르겠다'가 21명(6.7%), '기여하지 않는다'가 2명(0.6%)으로 나타났다. 이로 인한 협력업체의 교육은 재해사고의 연관성은 93%가 인식하고 있는 것으로 나타났다.

〈표 3·5〉 작업안전수칙

항　　목	인원(명)	비율(%)
안전관리부서	225	70.8
자 체 부 서	66	20.7
총 무 부 서	21	6.6
전 문 위 탁	6	1.9
계	318	100

4) 작업안전 교육실행·내용

작업안전 교육실행은 〈표 3·6〉처럼 68% 이상이 정기적으로 실시하고 있었으며 교육실행방법은 이론과 현장 교육을 병행한 12개 업체(48%)에서, 강당에서 이론 교육을 7개 업체(28%), 현장 교육은 5개 업체(20%)에서 실시하고 있었으며 1개 업체는 무응답이었다. 복잡, 다양해진 현장의 생산시설과 작업여건 등으로 인해 보다 전문적인 업

---

20) 노동부, 안전수칙제정 및 활용기준안, pp.16, 1986.

무특화가 요구되고 있는 데 비하여, 이론과 현장의 병행교육이 더 효율적으로 운영되게끔 할 수 있는 방안이 요구된다.

또한 교육 내용은 〈표 3·7〉에서처럼 기존 사고경험과 일반 작업의 안전수칙으로 48%가 실시되었고, 기타는 업무특성상으로 고소작업, 비상시 대응방안툴(Tool[21])의 안전적합성 및 인증 및 편의성, 설비 중량물에 대한 안전 건과 청정수칙으로 운영되고 있었고, 협력업체에 대한 교육자료 및 연간 교육에 의해 실질적인 방법이 추진되어야 하고, 협력업체에 대한 안전관리자의 눈높이, 질높이에 대한 향상 방안이 필요하다고 본다.

〈표 3·6〉 작업안전 교육실행

항 목	안전관리자면담(명)	비율(%)
아침회의 시	9	36
수 시 로	7	28
작 업 전	4	16
월례회의서	2	8
분임토의서	2	8
기 타	1	4
계	25	100

〈표 3·7〉 교육내용

항 목	사업장 수	비율(%)
사고사례 관련	7	28
일반 작업 관련	5	20
케미칼 관련	3	12
방재 및 화재관련	2	8

---

21) Daniel S, Goldin 「Tool of the Future」 Engineering Education, Vol.88, No.1, pp.31, Jan, 1999.

항　목	사업장 수	비육(%)
보건, 가스, 전기관련	3	12
기　타	5	20
계	25	100

5) 작업(설비)의 안전숙지 여부

　실제 조사한 대부분의 협력업체의 근로자들은 작업 안전수칙의 내용을 알고 있었다. 그러나 〈표 3·8〉에서처럼 외우고 있는 근로자가 41.8%로, 그 나머지 58.2%는 조금 알고 있거나, 거의 숙지하고 있지 않음을 알 수 있다.

　협력업체의 안전수칙에 대한 주지 방법에 대하여 반도체 제조산업에 편중되어 있고, 자체 교육은 상당히 낙후된 상태로 운영되고 있다. 반도체 제조산업에서도 안전수첩을 각 개인에게 지급하여 적극적으로 활용화했으나, 작업 영역별, 특성별, 세분화됨으로 효과가 최소화됨으로 기본과 전문을 분류화하고 인증 교육으로 체계화해서 주지시킬 수 있는 방법을 모색해야 한다.

〈표 3·8〉 안전수칙의 숙지 여부

항　목	인 원	비율(%)
외우고 있다	133	41.8
조금 알고 있다	162	50.9
모르고 있다	23	7.3
계	318	100

6) 작업 시 안전사고에 대한 경험

　협력업체의 안전사고의 경험은 〈표 3·9〉에서 같이 불안전한 행동으로 24.5%와 경험 없음이 35.8%로 주로 행동에 의한 비율이 60.4% 이고, 불안전한 상태로 기인되는 것이 39.6%로 협력업체 중에도 반도체 제조산업과 함께 일해 온 업체일수록 사고경험이 상대적으로 적었고, 근로자의 근무연수가 5년 이상일수록 안전사고의 경험이 적었다.

다만 업체별로 작업종에 대한 안전사고의 경험은 니어-미스(Near-Miss) 포함해 64.2%를 차지하였고, 산업재해분석 자료에 의하여 담당직종별 재해는 우선 크기순으로 달리 보류되지 않은 노무자, 기타 생산 및 관련 종사자로 업체별 공통점은 가스와 케미칼에 취약점으로 나타난다.

산업재해 분석자료에 의하면 담당직종별 재해는 우선 크기순으로 달리 분류되지 않는 노무과, 기타 생산 및 관련 종사자, 기계설비, 조립, 정밀기계, 용접공, 금속가공, 기계공구/공구제작, 과학기술자 및 수송, 사무적, 화학취급 및 관련 장비 조작공으로 80개의 직종 분류에서 나타난다.

이처럼 반도체 제조산업에서도 산업안전 보건법의 제29조 〈도급사업에 있어서의 안전 보건, 조치〉에 준해 협력업체에 대한 환경안전 관련 협의체, 점검에 차별화, 안전, 보건에 대한 지도와 지원을 적극 활성화가 필요하다.

<표 3·9> 작업 시 안전사고에 대한 경험

항 목	인 원	비율(%)
경험 없음	114	35.8
인적 사고	78	24.5
가스/ 케미칼	51	16.1
각종 유틸리티	45	14.1
전 기	18	5.7
기 타	12	3.8
계	318	100

4 · 1 반도체 제조산업에서의 대책연구

사회안전에 대한 인식도에 의하면 건축 및 건설, 환경에 대하여 전국적으로 안전하다(4.5~5.4%), 보통이다(30~30.4%), 불안하다(64.7~65.1%)로 표출되고 있다.[22] 이처럼 인식되는 가운데 반도체 제조산업과 협력업체 간의 반도체 제조산업은 사례와 협력업체는 설문지와 면담을 통해서 재해발생에 대한 원인을 분석한 결과 반도체 제조산업의 불안전한 상태와 불안전한 행동이 7:3 비율로 나타나고 있고 그중에 시설하자, 안전수칙 미준수, 작업표준 미숙지, 조작 미스(Miss)로 인한 휴먼에러(Human－Error)가 나타나고 있어 재해와 연관성이 있다. 협력업체의 경우는 반도체 제조산업과의 수평관계가 아니라 주종관계로 아직도 안전제일이 아닌 생산제일로 형성이 되고 100인 이하로 회사운영으로 환경안전에 대한 근무연수가 짧고 작업안전수칙미비, 교육실행의 반도체 제조산업의 의존과 내용이 빈약하게 운영하고 있고 반도체 제조산업과 협력업체의 재해율도 53.5:36.5로 협력업체의 재해율도 반도체 제조산업에서는 상당한 비중이 높다.

이러한 재해를 반도체 제조산업과 협력업체 간의 효율적이고, 합리

---

22) 통계청 「한국의 사회지표」, pp.452~453, 1998.

적으로 운용하기 위해서는 안전과 생산의 일원화와 안전기반 조성의 차원에서 작업자, 환경, 설비의 안전화가 우선 시행되어야 하고 안전보건의 확보 측면에서 작업방법의 개선, 작업표준, 더 나아가 작업에 대한 품질(Quality)이 확립되어야 한다. 이러한 제반 요건을 보다 표준화, 인증화, 시스템화, 교육화, 눈높이화해서 반도체 제조산업의 근로자와 협력업체의 근로자가 안전한 작업현장을 구현하기 위해 상호관계가 시스템적으로 유기적인 관계가 선행되어야 됨을 제시한다.

반도체 제조공장 반도체 제조산업에서의 최근 4년간의 재해에 대한 원인별, 발생유형별, 내용별, 시간대별, 월별의 재해 요인과 반도체 제조산업 내의 협력업체의 실태 및 문제점을 분석한바 제조공장에서의 재해는 거의 70%가 불안전한 상태로 재해의 원인이 되고 있는 것과 같이 반도체에서, 즉 제조산업에서의 협력업체의 역할 및 업무는 재해와 깊은 상관관계를 있음을 알 수 있다.

이러한 반도체 제조산업에서의 재해는 설비와 부대설비와의 부속품에 대한 신뢰성과 협력업체의 작업성으로 효율적인 재해의 대책을 세워 근로자들이 안전하게 생산에 임함으로써 생산 및 품질 향상에 많은 기여를 할 수 있을 것이다.

이와 같은 견지에서 볼 때 재해의 안전대책을 위해서는 반도체 제조산업 자체의 적극적인 시스템구축과 CEO[23], CTO[24] 등의 최고 경영자의 재해 예방에 대한 관심과 노력이 재해예방에 대하여 강화되어야 함은 물론이고, 협력업체에 대한 지도, 지원을 좀더 체계적인 관리를 함으로써 효과적인 성과를 기대할 수 있을 것이다.

본 반도체 제조산업의 1,000명 이상의 근로자가 고용된 사업장에서

---

23) CEO (Chief Executive Officer)
24) CTO (Chief Technical Officer)

는 대체적으로 안전의식이 점차적으로 확산되고, 인식되어서 안전에 대한 중요성을 표방하는 경영관리층이 많아지고, 매트릭스(Matrix)된 안전관리 기구 및 조직을 라인-스텝(Line-staff)형의 장단점을 이용, 업무를 강력히 추진하고, 안전에는 타협이 없다는 기본정신과 생산 위주에서 안전 위주의 기본 패턴(pattern)을 작업표준 지침 규정에 표방하여 실행을 하고 있으나, 설비와 연관된 협력업체 반도체 제조산업 내의 협력업체에는 아직도 낮은 안전의식이고 반도체 제조산업의 설비에 대한 근로자들의 부품 및 단위 파트(Part)에 대한 교육 및 낮은 신뢰성에 대한 인식과 협력업체들의 공사성 및 펩(FAB)에서의 작업환경 및 불안전한 상태의 기준 및 표준에 대한 미비로 제반 여건상 빈약성으로 인해 불안전한 상태 및 행동으로 재해의 반복성은 근본적인 해결책에 못 미치고 있다.

이와 같은 재해 예방 및 대책을 위해서 반도체 제조산업의 시스템적인 개선대책과 현장에서의 개선대책과 협력업체에 대한 개선대책을 나누어 살펴보도록 하자.

4·1·1 제도상 재해 대책방안

1) 경영층의 안전경영요소 구축

각 기업마다 경영층의 안전경영 방침 및 목표와 비전(vision)이 제시되어 근로자에게 공표하고, 이에 대한 확고한 경영안전의식을 가지고 가야 할 만큼 재해예방에 대한 경영층의 중추적 역할 및 비중을 가지고 있어야 한다. 또한 인간존중이라는 기업 자체의 안전문화 의식이 선행되어야 한다는 경영층의 의식 변화가 근로자의 안전문화를 사업장에 기반구축을 하는 시발점이 될 수도 있다.[25] 사실 재해의 예방

에 경영층을 비롯해 안전 관리자, 현장 감독자 등 기업 조직에 핵심이
되는 구성요소 나름대로의 위치에서 안전 및 재해예방에 임무를 다하
기 위해서는 경영층의 확고한 안전경영요소 구축을 위한 구성요소가
절실히 요구된다. 이에 따른 안전경영요소가 다음과 같이 사업장에 먼
저 반영 및 활성화가 되어야 한다.

첫째, 기업의 안전경영을 위한 경영층의 안전심의 결정위원회가 형
　　　식적이 아닌 실질적으로 운영되어야 한다.

둘째, 경영층의 재해예방의 관심과 노력과 투자가 선행되어야 한다.

셋째, 생산 위주의 경영이 안전 위주의 경영 차원에서 정기적인 안
　　　전 활동의 라인(Line) 및 쉿-다운(Shut-Down) 및 현장의
　　　예방보전(Preventive Maintenance) 및 오버홀(Over Haul)을
　　　할 수 있도록 한다.

넷째, 안전수칙 및 지침을 현장 근로자 및 안전책임자와 함께 현장
　　　위주로 규정화하며 현장 표준서(작업, 설비, 공정)에 생산라인
　　　(Line)단위요소마다 업무 영역별 안전표준을 시행토록 한다.

다섯째, 교육은 업종별 차별화하도록 하며(사무직, 생산직근로자, 엔
　　　지니어) 작업특성별로 세분화시켜, 월, 분기, 반기, 연간 교
　　　육으로 계획에 의해 실행하는 시스템을 구축하고 인증제를
　　　도입 적용한다.

여섯째, 협력업체의 안전에 대한 지원, 지도, 운영체계가 구축한다.

일곱째, 경영층의 안전 인센티브(inventive)를 부여하고, 안전 전문
　　　요원의 양성체계를 구축한다.[26]

---

25) 한국산업안전공단, 산업사회 안전문화 조성을 위한 학술토론회 결과 보
고서, pp.23, 1995. 5.

2) 인증적용에 부분별 확대

반도체 제조산업의 재해원인별에 의한 불안전한 상태의 재해는 68.5%를 차지하고 있고, 이에 대한 구체적인 원인별로 보면 기계기구의 안전장치의 결여 부품에 대한 열화, 노후화, 유틸리티(utility)재질에 대한 불량으로 인한 나타나 있다.

이러한 사항에 대한 재해의 예방 측면에서 인증에 대한 시스템적인 구축이 선행되어야 한다. 이러기 위해 설비에 대한 인증, 부품에 대한 인증 및 유틸리티(utility)재질에 대한 인증이 제정되어야 한다. 이러기 위해서는 여러 관련 부서들의, 즉 기획, 구매, 설비 관리부서, 공무부서, Q.C[27] 부서, 생산관리부서, 환경 안전부서들의 유기적인 아이템(Item) 및 대안을 대놓고 현장 위주의 지원체제가 되어야 한다.

인증적용에 대한 부분별 확대 중에 설비에 대한 인증시스템을 확대한다면 설비의 경우 투자 발생하여 품의서 작성 시, 투자발생부서에서는 세이프티 – 스펙(safety – spec)사양을 첨부하되, 비용(Cost) 측면에서 상승 요인이 없는 한도 내에서 제작국가별로 적용하는 세이프티(safety)규정을 관련 부서에 통보해서 미국은 SEMI S2-93, 유럽은 CE, 일본은 Requirement, 국내는 SMARK를 적용한다.

이렇게 해서 설비가 사업장에 입고하면 현장입고 전 체크리스크(Check – List)에 의해 점검하고, 설비가 현장에 입고하면 항목별 점검을 실시하고, 모든 전기, 각종 유틸리티 공사 후 턴온(Turn – on)과 함께 가스/케미칼공사도 병행하되 관련 부서가 점검하고 훅업(Hook – up)이 완료되는 시점에서 관련 부서가 합의 후 설비인증, 마크(Mark)

---

26) 송대영, 한국의 산업재해 원인분석과 예상대책에 관한 연구, 동국대학교·경영대학원 석사학위논문, pp.21, 1987.

27) Q.C(Quality Control)

를 부착하되 사업장 세이프티-스펙시피케이션(Satety-specification)에 의해 시행할 수 있도록 한다. 이처럼 부분별 인증은 횡전개 측면으로 활성화해야 한다.

설비의 발열은 배전반에서 설비의 전원부의 서말-건(Thermal-gun)에 의해 점검을 해서 인증스티커부착, 운영하고, 또한 반도체 현장은 모든 환경의 변경점에 민감하기 때문에 작업수칙 준수 측면에서 협력업체의 현장 작업 시 출입에 대한 사람인증을 시험을 보고, 합격을 부여해서 현장에서의 작업안전사고에 사전 예방할 수 있는 시스템을 구축 운영한다. 설비에 대한 엔지니어 인증, 가스/케미칼에 대한 관리, 운영, 동작에 비상조치 능력에 대한 인증 시스템이 필요하고 부품에 대한 신뢰성 측면에서 재해에 대한 발생원을 제거키 위해 수명에 대한 베스-튜브-커브(bath-tub-curve)운영을 실시함으로 중요한 가스, 케미칼, 방재부품에 사용되는 국가공인 및 공신력 있는 협회에서 인증을 해서 규정 및 표준으로 시행을 함으로 좀더 재해예방에 대한 구축이 필요하다고 판단된다.

3) 정보공유 시스템 구축

환경안전의 업무처리는 자주, 먼저, 제때, 빨리의 개념으로 시행을 함에 관련 부서 간에 업무연계를 원활히 하지 않으면 반도체 제조산업의 사업장으로서의 필수 불가결한 사항이다. 특히 반도체는 업무특성과 작업여건상 장치산업 및 타이밍(Timing)산업이고, 작업환경상 많은 크로스-체크(cross-check)가 되지 않으면 불가피한 사항이고, Line(한 개의 생산현장)당 재해문제가 발생되면 생산공정이 중단되어야 하는 사항이 발생됨으로 이런 부분을 개선키 위한 정보공유 차원의 홈페이지(Home-page)구축이나 프로그램-셋-업(Program-set-up)이 되어

교육자료 작업현황에 대한 건, 사고사례, 일반 작업수칙, 작업표준, 비상연락망, 레이아웃(Lay-out) 및 필요한 현황들에 대하여 수시로 필요한 사항들을 근로자 모든 사람들이 사용하고자 모니터링 할 수 있게 하는 구축이 선행되어야 한다.

이렇게 함으로 유틸리티부서, 생산부서, 기술부서, Q.C부서, 환경안전 담당부서 간에 업무에 대한 역할직무가 오버랩(over-lap)되어 로스 포인트(Loss-point)를 최소화할 수 있고 생산 감독자와 현장감독자 간에도 사전예지로 충분한 의사전달과 이로 인한 사전대응과 의견불일치를 없앨 수 있다. 이렇게 시스템을 관리, 유지하고 리비젼(Revision)을 해 나감으로써 재해에 대한 재발방지 및 신속한 대처 및 환경안전에 대한 펙터(Factor)들을 공유하게 되고 타 사업장에도 정보공유가 되어 사업장 나름대로의 활용구축이 되어야 할 것 같다.

4·1·2 작업상 재해 대책방안

재해는 생산하고 연관된 작업성으로 해서 현장에서 발생하고 있다. 또한 생산의 현장은 수시로 변화하고 있고 이로 인해 돌발사고, 즉 예기치 못한 불안전한 행동 및 상태로 위험요소가 되는데 이러한 재해에 대한 부분에 안전을 유지하고, 작업을 하고 있는 근로자와 생산현장의 재해예방과 생산 활동을 영위하기 위해서는 생산 설비와의 본질적인 안전에 근로자가 가장 효율적으로 근무하기 위해서는 재해원인을 찾아 개선, 대책을 세우고 거기에 따른 안전지침을 작성하고 교육과 현장훈련을 실시해 근로자가 습관화된 상태에서 강제적, 의무적으로 안전하게 생산에 참여할 수 있도록 해야 하겠다.[28]

---

28) 김의노, 작업안전대책에 관한 조사, 동국대학교 행정대학원, 석사학위논문, pp.8, 1986.

1) 안전작업방법의 구축

작업장에서는 기계와 인간, 즉 설비와 근로자 간에 공정에 의해 생산 활동이 이루어지게 된다. 기계에서는 판단력이 없고, 작업동선에 의해 자유행동이 불가능한 상태에서 안전기준 설정에 의해 동작하게 되고, 그러나 인간계는 행동의 자유성과 자유로운 단독판단에 의해서 동선을 갖기 때문에 인간의 신뢰성과 재해가 수반되게 된다.

이러한 안전작업을 이룩하기 위해서는 근로자의 행동에 대한 규제 및 행동지침을 작업표준에 안전지침과 안전수칙과 표준을 삽입해 근로자가 안전하게 작업을 할 수 있는 모티브(Motive)가 되어야 하고, 안전작업표준을 확립해서 작업 전, 중, 후에 절차를 수립해서 근로자가 스스로의 재발방지에 임해야 한다.

근로자가 스스로 참여하고, 행동하고, 의식화됨으로 조직 전체 속으로 확대되고, 부담 없는 안전작업에 실시되어야 한다. 자율적 안전 활동으로 이어질 때와 개인에서 조직으로 직무가 실시될 때만이 안전의식과 안전기준과 사교예방 관계가 더욱더 심화되고, 확고하게 되는 계기가 된다.

2) 효율적인 안전교육의 방안 운영

기업이 행하는 교육은 현재 또는 장래기업이 필요로 하는 지식이나 기능을 근로자에게 부여하고 개인이 능력을 개발함으로써 기업의 조직이나 안전보건활동을 변천하는 사회환경 및 기업환경에 적응시킴과 동시에 개인에게도 자기실현의 길을 열어주는 데 있다. 안전관리는 (안전교육으로 시작하며, 안전교육으로 끝난다)라고 할 수 있을 정도로 중요성을 가지고 있다.[29]

이처럼 안전의 기본방향, 즉 사고사례 중심, 표준작업의 중심, 안전

---

29) 권영국, 전게서(前揭書) pp.191, 2000.

의식 향상 중심에 충실하고 안전교육을 일반화된 과정으로 철저하게 진행되어야 한다.

1단계의 안전지식교육은 안전의식, 책임감과 기초지식을 주입하고, 규정을 숙지해야 하고, 2단계의 안전기능 교육은 전문적 기술, 방호장치기술, 점검정비기술에 역점을 두고, 3단계는 안전태도교육은 표준작업 방법의 습관화, 공구 취급과 관리자세 점검의 습관화, 지시 전표의 습관화 및 정확화가 되어야 한다.

이처럼 사업장에서의 근로자(Engineer, 작업자)에게 신입사원채용 시, 잡(job)배치 시, 작업방법, 작업현장이 바뀔 때 계절성과 현장의 변경점에 있을 때를 안전교육을 체계화시키고 이 교육을 우선 연간계획으로 잡아 전체의 안전교육추진에 포함시켜야 하며, 잡(job)특성에 맞게 현장의 관리, 감독자에 대한 교육 또한 주기적인 반복교육이 필요로 하고, 작업자에게는 간단명료하게 이해하기 쉽게, 표준화시켜 교육내용으로 하고 설비의 근로자는 안전기능에 철저한 원인 분석을 추진해 에빙 하스(Ebbing haus)와 보레스(Boreas)의 망각곡선처럼 기억된 것은 시간이 지나면 망각됨으로 반복적으로 복습하고 표식을 해서 기억이 지속될 수 있도록 해서 안전교육의 의식 함양에 적극적인 방안이 구축되어야 한다.

3) 눈관리의 활성화 및 구축

눈관리의 목적은 안전관리 5요소의 하나인 휴먼웨어(human-ware) 측면과 하드웨어(hard ware) 측면에서 일어날 수 있는 근로자의 행동과 설비의 오동작을 사전에 예방키 위한 작업현장의 환경안전 실명제의 일정인 안전표식이다. 가장 일반적인 유틸리티에는 인풋(input), 아웃풋(output)에 흐름의 표식과 성상별로의 표식을 실시하고 설비별로는 마의머신(My-Machine)제라고 해서 설비의 문제시 긴급하게 호출할 수 있는 표식이고, 모든 유틸리티(utility), 가스, 케미칼류의 밸브(valve)는 용도와 설비명과, 개폐유무, 담당자가 표식이 되어 있고 중요한 메인(Main), 서브-메인(sub-main)의 중요한 부분의 밸브(Valve)는 세이프-록(safety-lock)으로 운영되어야 한다. 전기의 파워-라인(power-line)도 용도와 전압의 용량을 간격을 두고 실명제 스티커를 부착해서 눈관리를 운영되어야 한다.

이처럼 모든 배관류 활성화를 위해 표준화의 개념으로 용어, 신규등록, 특성별 색상의 분류, 스티커의 크기, 올바른 명칭, 부착방법 등의 환경안전 색체표준의 일환으로 눈관리를 해서 미숙지 및 조작 미스로 발생되는 재해를 사전에 예방할 수 있는 부분이고, 더 나아가 안전수칙의 부착물과 안전표식의 모든 불안전한 행동, 상태를 유발할 수 있는 요소에 사전인식을 주는 표식물은 관리 및 재해요소가 많은 사업장일수록 더 많은 항목으로 눈관리 구축이 되어야 한다.

또한 눈관리를 위해서 전문가를 통한 방법, 현장의 1차 자료에 의한 방법, 보고 그대로 따라하기 방법[30]으로 항상 벤치마킹(Bench-Marking)을 해서 재해예방을 좋은 시스템이 되어야 되겠다.

4·2 협력업체의 재해대책연구

4·2·1 종합적인 재해대책방안

반도체 사업장 내의 협력업체의 작업 및 업무 영역은 재해요소의

---

30) 백풍렬: 벤치마킹이 실패하는 13가지 이유, http://www.lgeri.com(주간
    경제665호)

근원적인 문제와 많은 근접성을 가지고 작업에 임하고 있는데, 그 부분은 설비의 에이전트(Agent), 가스, 케미칼배관, 전기, 설비의 장비 및 부속품 세정업체, 방재, 통신, 운송, 청소업체 등 현장 내의 영역에서 근무를 하다, 항상 재해예방에 대한 관리를 소홀히 할 수 있다. 그러면 협력업체의 개선대책의 사항으로는

1) 협력업체 안전관리지원 체재 구성

협력업체와 반도체 제조산업은 동반자로 인식해 동일한 수준으로 관리지원을 위한 환경안전부서, 업체관리부서, 참여부서, 협력업체의 유기적인 조직과 정기적인 협의체를 구성해 교육과 문제점에 대한 대책운영이 되어야 하며, 협력업체 환경안전 관련 지원부서 및 전담요원이 확보되어야 하며, 협력업체의 안전관리 평가를 해서 경영기여도 평가제를 도입하여 연간 계약 시 차등 인센티브를 주는 방향도 충분한 검토가 되어 반도체 제조산업의 생산성 향상에 기여한 업체에 대해서 적용기준과 평가항목 및 인센티브 금액도 오픈(open)경영으로 운영이 필요하다고 판단된다.

2) 환경안전 교육 시스템 구축

협력업체 근로자의 1년 미만이 24.5%에 해당되고, 반도체 제조산업의 환경안전의 교육 프로그램(program)에 의해 70%가 의존하고 있고, 협력업체의 교육내용도 사고사례 및 일반 작업 및 기타 의존도가 68%로 반복교육에 의해 운영되고 안전수칙에 대한 58.2%가 미숙지 및 일부 숙지로 작업에 임하고 있어 각 협력업체의 대표자 또는 관리감독자의 교육은 환경안전부서에서 연간 교육에 의해 업종별에 따라 교육을 하고, 반도체 제조산업이 사내안전강사를 적극 활용하여 협력

업체 근로자들을 위한 작업에 필요한 운영체계를 구축하고, 기본 수칙의 관리활동을 숙지 및 전개를 하고, 위험 시 수칙관련 위험 통제활동에 대한 교육을 적극 추진[31] 하고 여기에 필요한 각종 사례, 안전맵, 교재 등을 이용 근로자에 대한 교육이수 및 이력관리를 철저히 관리해서 교육에 대한 시스템 구축이 필요하다.

3) 인증 시스템 안전구축

여러 요소들의 집합에 의해 구성되고, 시스템 상호간의 관계를 유지하면서 정해진 조건 아래에서 어떤 목적을 위하여 작용하는 시스템을 기능, 시간, 코스트(cost) 등 제약조건하의 인원 및 설비에서 발생하는 상해 및 손상을 줄여보기 위하여 인증시스템 안전구축하기 위해서 계획, 설계, 제조, 운용이 전 단계[32]가 필요하다. 재해의 발생과정이 인적원인, 환경조건, 물적 원인에 의해 나타나고 있다.

근로자들이 현장 재해예방을 위한 인적 측면은 작업 기능에 대한 인증제도가 필요하고 작업 시 난이도에 대한 그래드(Grade)분류가 우선이 되어야 하며, 이로 인한 숙련공과 비숙련공과의 작업성에 대한 인증은 모기업과의 협동 체계로 개선이 시급하고, 환경 측면은 위험성에 대한 작업환경에 대한 에리어(Area)성 환경적 평가 인증이 되어야 하고 물적 원인은 여기에 사용하고 있는 툴(Tool), 안전장구류에 대한 인증 및 적합성 사용을 해 주는 시스템 구축이 우선 시급히 선행되어야 한다.

---

31) 노동부, 한국산업안전공단(안전보건11대 기본수칙), pp.19, 2001.
32) 김병석, 신산업재해 방지론, 형설출판사, 서울, pp.72, 1998.

1) 각 기업, 즉 반도체 제조산업에서는 근무자의 인간존중이라는 차원에서 기업 자체의 안전문화가 경영자의 확고한 기반 위에 안전경영 요소가 구축되어 있어야 하며 다음과 같은 요소가 선행되어야 한다.

① 안전 심의결정위원회
② 안전투자 선행
③ 정기적인 안전활동의 쉿-다운(Shut-Down) 및 오버홀(over-haul) 설비
④ 모든 설비, 공정, 작업 표준에 안전표준을 추가하였고 안전수칙 및 지침은 현장 위주로 규정화
⑤ 근무자 업종별 교육 차등화, 특성화
⑥ 협력업체 인증화 및 작업자 일의 난이도 그래드(Grade)화 시스템구축
⑦ 안전 인센티브 및 전문요원 양성화 및 환경 담당자 전 사원대비 1% 확보 유지
⑧ 사업장 사용하는 설비 파츠(part's)재질 인증도입 구축 필요
⑨ 각종 인증제도 시스템화

2) 인증적용에 대한 영역별 확대가 필요하다. 현장의 근무자는 설비

의 메인테넌스(Maintence)능력에 따라 그래드(Grade)인증을 실시하고, 대외적으로 설비 발주 후 입고되면 기술적 결함에 또한 문제해결 및 테스트(TEST)진행 합격이 되면 인증을 하듯 설비의 셋-업(Set-Up)과 유휴에 대한 설비인증을 해서 유틸리티(utility)의 혹-업(hook-up) 및 폐기의 이상유무 절차를 진행하는 전 단계 인증을 하고 재질에 대한 인증제, 점검에 대한 인증제, 작업인증제, 협력업체 부분도 관련 부서별로 협의해 인증에 대한 확대적용이 필요하다.(예를 들면, 규격인증관련 24개국 54종이 있는데 미국보험회사들이 세운 비영리 안전검사기구(UL)마크, 유럽연합 내 공동표준규격인(CE)마크, 독일 안전규격(VDE), 일본 공업표준(JIS), 중국(CCIB) 등이 있으며 유럽연합에서는[33] 기계류, 압력용기 등에 안전관련 품목이 인증(CE) 받지 못하면 유통조차 못하게 함)

3) 환경안전용 정보공유 인포메이션(information)시스템 일환으로 프로그램(program) 및 홈페이지(home-page)구축이 되어야 하며, 내용에는 사업장 내의 공사성 작업현황, 개선사례 및 사고사례, 각종 제원 및 현황, 안전수칙, 비상연락망, 체크리스트(Check-list) 필요에 의한 점검항목 및 유틸리티(utility) 사용량, 폐액, 폐수현황 레이아웃(Lay-out) 등이 있고, 근무자들이 공유할 수 있음으로 부서 간에 사전공유 및 현장의 업무속도화를 위해 필요하다.

4) 현장에서의 안전작업을 위해 작업방법이 표준화되어야 한다. 설비의 예방보전(P/M/)과 트러블-슈팅(Trouble-shooting), 공사성 작업, 일상적인 업무도 근로자들이 안전의식을 가지고 임해야 되지만, 안

---

33) 삼성전자, 설비사전 안전인증 가이드 북, pp.11, 1999.

전의 포인트에 관해서는 모든 프로세스(Process)에 표준화시켜 휴먼에러(Human-Error) 및 인적 사고를 사전에 미연방지함이 필요하다.

5) 효율적인 안전교육의 방안운영을 위해서는 안전지식, 기능, 태도에 역점을 두고, 직무별에 따른 내용차등화 엔지니어(Engineer)용, 작업자용(여사원), 협력업체와 업무특성화에 따른 철저한 교육이 진행되어야 한다. 엔지니어(Engineer)는 실무 위주의 사고 사례를 작업자에게는 기록하지 않는 그림 위주로, 협력업체는 협력업체의 작업내용에 맞는 반복 및 간단명료하고 이해하기 쉬운 내용으로 보완이 필요하다.

6) 눈관리(Eye-Marking)의 활성화 및 구축이 선행되어야 한다. 휴먼웨어(Humanware) 및 하드웨어(hard ware) 측면에서의 사전예방을 방지하기 위한 설비 부분, 위험 에리어(Area), 유틸리티요소, 전기 부분, 가스, 케미칼 부분에 환경색체를 개념에 두고 색체에 표준화가 되어야 하고, 사업장에 정착하기 위한 전문가를 통한 방법과 현장에 역점을 두는 방법을 좋은 선진 사례를 벤치마킹(Bench-Marking)해서 활용할 수 있도록 하고 정부 차원에서 안전표식에 대한 부착물도 쉽고, 간단하게 검토하는 방안도 필요하다.

7) 반도체 제조산업의 협력업체 안전관리 지원 체계구성을 지속적으로 유지 관리할 수 있는 시스템구축이 필요하다.

8) 협력업체의 교육실시도 5)번 항목에 준하여 추진하되 반도체 제조산업의 사내안전강사를 적극 활용하여 이력관리가 실시되어야 한다.

9) 협력업체의 인증시스템 안전구축도, 2)번 항목에 준하여 점차 확대해 추진하며 작업의 난이도 능력과 기술에 따라 그래드(Gracle)되고 안전의식이 선행될 수 있는 동기부여가 되어야 한다.

이상과 같이 산업재해에 관한 분석 및 예방대책을 반도체 제조산업을 중심으로 논하여 보았다. 향후 연구과제는 젯-모델(Z-Model)에 대한 구체적 이론정립을 좀더 세분화하고, 응용 분야에서 피에스엠(PSM) 측면과 협력업체의 인증 측면을 산업재해의 새로운 모델로 제시한다.

참고문헌

권영국, 산업안전공학, 형설 출판사, 서울, pp.108~191, 2000.

김병석, 신산업재해방지론, 형설출판사, 서울, pp.14/72, 1998.

김익노, 작업안전대책에 관한 조사, 동국대학교 행정대학원, 석사학위논문, pp.8, 1986.

김중규, 건설재해의 예방대책에 관한 연구, 동아대학교 경영대학원 석사학위논문, pp.41, 1986.

박필수, 산업안전관리론, 중앙경제사, 서울, pp.47~55, 1986.

송대영, 한국의 산업재해 원인분석과 예상대책에 관한 연구, 동국대학교 경영대학원 석사학위논문, pp.21, 1987.

신용하, 정재수, 산업안전공학, 도서출판 남양문화, pp.25, 1996.

염종권, 사고방지를 위한 한국의 안전관리, 대광서림, 서울, pp.86-88, 1977.

이근희, 산업재해방지론, 청문각, 서울, pp.9~11, 1995.

이병식, 사고방지를 위한 불안전한 행동에 관한 연구, 아주대학교 산업대학원 석사학위논문, pp.14, 1994.

이원훈, 건설공사의 재해예방에 관한 연구, 호남대학교 산업대학원, 석사학위논문, pp.23, 1998.

이진규, 작업안전대책에 관한 조사연구 동국대 행정대학원 석사학위논문, pp.17, 1986.

윤인섭, 사업장 내에서의 안전/환경 관리전략, 교육자료, 2000.

윤인섭, OHSA의 PSM Rule효과분석(3), 교육자료, 2000.

노동부, 안전수칙제정 및 활용기준안, pp.6, 1986.

노동부, 2000년 산업재해분석, pp.15~20, 2000.

노동부, 한국산업안전공단, 안전보건 11대 기본수칙, pp.19, 2001.

산업기술연구원, 산업재해 분석 총람, pp.25, 1992.

산업기술연구원, 사례분석과 예방대책, pp.69, 1992.

한국산업안전공단, 주요국의 산업재해 현황 및 통계제도, pp.18, 2001.

한국산업안전공단, 산업사회 안전문화 조성을 위한 학술 토론회 결과 보고서, pp.23, 1995, 5.

삼성전자, 설비사전 안전 인증 가이드북, pp.1999.

삼성전자, 공정안전보고서 작성 및 평가, pp.6~29, 1999.

통계청, 한국의 사회지표, pp.452~453, 1998.

삼성그룹, 기술자를 위한 안전기술의 본질, 정문사, pp.60, 1998.

안국화재 해상보험(주) 살아서 움직이는 잠재요소 발굴운동, pp.10, 1989.

高橋恒彦, "人間の 情報處理 科程カろみた 誤判斷 誤操作", 인간공학, vol.18, No.6, pp.347~350, 1979.

比川徹三(역자: 박재영, 신승우), 基本安全工學, 도서출판 세화, 서울, pp.25, 1997.

http://www.lgeri.com(주간경제 665호)

Rasmussen, J. 「A Taxonony for Describing Human Malfunction in Industrial Installation, of occupation Accident's」, vol.4 pp.311~313, 1982.

H. W. Heinrich, 「Industrial-Accident Prevention」, New York MCGREW-HILL BOOK. Company Inc, pp.36~40, 1969.

William Eugene, 「An Evaluation of the critifying industrial Accident Causal Factor」, pp.244, 1963.

Lynne Corney, 「Job satisfaction and Group industrial accident Rates」 UMI, pp.36, 1982.

Handaford, Earles S. 「The Significance of satety attitudes in industrial Accident Prevention」 UMI, pp.150, 1957.

Urian Robert K, 「Sensemaking and Knowledge creation: How organizations learn through industrial Accident team investigation」 UMI, pp.311, 2000.

Susan Goodwin Gerberich, 「Machinery-Related Injuries(RRIS)」 Accident Analysis &Prevention, Volume30, pp,793~804,Nov 1998.

Shozo Sasaki, 「Toyota's Management Strategy and It's Impact on Workers and People」 Rado-Soken Journal, pp.60~61, No.27, July. 1999.

David Holman, 「A dialogical approach to skill and skilled Activity」, Human Relation, Volume 53, Number 7, pp.957, July, 2000.

Sue Newell and Jacky Swan, 「Trust and inter-Organization Net-Working」 Human Relation, Volume 53, Number 10, pp.1287, October, 2000.

Daniel S. Goldin, 「Tools of the Future」Engineering Education, Vol.88, No1, pp.31, January, 1999.

Meharg, Andrew A, 「Development and Implementation of a Semi-Adaptive the Active Control Algorithm For Duct Noise」 Journal of Vibration and Acoustics, Vol.121, pp.123, January 1999.

M.A. Sinclair, 「Future AMT and Ergonomics: Knowledge, Organisational Issues and Human Roles」 Applied Ergonamics, 19.1, pp.49~54, 1988.

[부록 Ⅰ] 설문자료

설 문 지

업체명(   )

안전 관리자(○, ×)

　본 설문은 안전사고 대책에 대한 연구를 목적으로 하는 것입니다.
　귀하의 성의 있는 응답을 부탁드리며, 해당되는 란에 번호 혹은 자세하게 기재하여 주시기 바랍니다.

1. 귀하가 근무하고 계시는 업종은? (   )

　　1) 반도체 장비 관련　　　2) 기술부서　　　3) 화재예방관련

　　4) 배관/배기　　　　　　5) gas/chemical　　6) 기타

2. 귀하의 근무하는 부서는? (   )

　　1) 제조부서　　　2) 기술부서　　　3) 영업부서

　　4) STAFF부서/지원부서　　　　5) 기타

3. 귀하께서는 근무연수가 얼마나 되십니까? (   )

　　1) 1년 미만　　2) 1년~5년 미만　　3) 5년~10년 미만　　4) 10년 이상

4. 귀사에서는 작업 안전 수칙을 누가 제정합니까? (   )

　　1) 안전 관리 부서　　　　　2) 총무부서

　　3) 전문기관에 위탁　　　　　4) 자체부서

5. 귀하는 귀사의 작업 안전 수칙이 산업재해를 예방하는 데 기여한다
   고 생각하십니까? (　　)
   1) 조금기여 2) 많이 기여 3) 기여하지 않는다 4) 잘 모르겠다

6. 귀사는 작업(설비)안전 수칙을 어떻게 주지하고 있습니까?

7. 귀사는 안전교육에 대하여 어떻게 교육하고 있습니까? (　　)
   1) 강당에서 이론교육　　2) 현장에서 각 부서별 현장교육
   3) 둘 다 혼합해서　　　　4) 다른 방법으로
   (다른 방법은 기록을 부탁합니다:　　　　　　　　　　　　)

8. 귀하는 안전교육에 대하여 주로 어떤 교육을 받으십니까?

9. 귀사의 안전교육은 누가 합니까? (　　)
   1) 안전관리자　　　2) 외부 전문강사　　　3) 각 부서장급

10. 귀사는 안전교육을 어느 때 실시합니까? (　　)
    1) 주기적으로　　　　　　　　2) 실시하지 않는다
    3) 재해 시 불규칙적으로　　　　4) 위험 작업에서만

11. 반도체 제조공정에서의 산업재해 중 무엇이 비중이 크다고 생각하
    십니까? 해당 건에 ○표 하세요.
    (사람, 가스, 케미칼, 전기, 화재, 각종 유틸리티, 기타)

12. 귀하는 작업(설비) 안전수칙을 숙지하고 있습니까? (   )

　　1) 외우고 있다.　　　　2) 조금 알고 있다.　　　　3) 모르고 있다.

　　(모르고 있다면 어떻게 했으면 좋겠습니까:　　　　　　　　　)

13. 귀하께서는 개인적으로 반도체 제조공정에서는 D급 안전사고는
　　무엇이 제일 많다고 생각하십니까? (   )

　　1) 사람의 불안전한 행동　　　2) 가스　　　3) 케미칼

　　4) 전기　　　5) 화재요소　　　6) 각종 유틸리티

14. 귀사는 반도체 사업장에서 작업 시 어떤 안전사고의 경험이 있으
　　십니까? (   )

　　1) 인적 사고　　　2) 전기　　　3) 화재　　　4) gas/chemical

　　5) 유틸리티(배관, 배기)　　　6) 교통　　　7) 기타

　　*기타라면 어떤 부분인지 기술을 부탁합니다.(　　　　　　　　)

15. 반도체 협력업체 측면에서 볼 때 모기업이 산업재해 측면에서 제
　　일 먼저 예방 및 조치를 취할 부분이 있다면 어떤 포인트가 있겠
　　습니까? (　　　　　　)

16. 귀하께서는 산업재해가 발생하는 가장 큰 이유는 무엇이라 생각하
　　십니까?

　　1) 불안전한 상태　　　2) 불안전한 행동　　　3) 정보공유

　　4) 관리부재　　　5) 작업미숙지　　　6) 기타

　　*기타라면 어떤 부분인지 기술을 부탁합니다.

　　(　　　　　　　　　　　　　　　　　　　　　　　　　)

17. 기타 D급(잠재요소, 앗차사고, NEAR MISS)사고에 대한 대책에
    대해 귀하의 의견 및 건의사항이 있으면 기재해 주시기 바랍니다.

*설문지에 응답해 주셔서 감사드립니다.

[부록 Ⅱ]

	HAZOP 수행결과	PSM NO.	
		Rev. NO.	

■ 개선권고사항 세부내용

위험등급	Node	NO	이 탈 내 용	비고
1등급				
2등급				
3등급	1,2,4,5	5,19,37,48	유해가스 농도증가	
	7	58,59,60,61,67	조작생략, 역행, 틀린 조작, 유해가스, 누출	
4등급	1	4,6,7	틀린 조작, 정전, 감전, 누출/접촉	
	2	18,20,22,24,27	틀린 조작, 정전, 감전, 협착/말려 듬/절단, 누출/접촉	
	3	31	감전	
	4	36,38,39,43	틀린 조작, 정전, 가전, 누출/접촉	
	5	47,49,50,54	틀린 조작, 정전, 가전, 누출/접촉	
	7	62,63,66	정전, 감전, 낙하/충돌	
	8	74,75,76	감전, 협착/말려 듬/절단, 자상	
5등급	1	9,10,11	작업자세 나쁨, 화상, 낙하/충돌	
	2	23,25,26,28	작업자세 나쁨, 화상, 낙하/충돌, U/T공급불량	
	3	32	작업자세 나쁨	
	4	40,41,42	온도증가/감소, 화상, 낙하/충돌	
	5	51,52,53,55	온도증가/감소, 화상, 낙하/충돌, U/T공급불량	
	7	64,65,68	온도증가/감소, 화상, U/T공급불량	
	8	72,77	소음/진동증가, U/T공급불량	

■ 잠재위험 감소내용 결과　　(▶현장개선내용 참조)

■ 3등급→4등급:　　　건

■ 3등급→5등급:　　　건

■ 4등급→5등급:　　　건

■ 5등급→없음:　　　건

※ 잠재위험 감소율:　　　% (　건/52건×100)

[부록 Ⅲ]

	Deviation List	PSM NO.	
		Rev. NO.	

◑ 공정:　　공정

이탈(Devikation)	P &ID NO. / Node NO.	Node 1	Node 2	Node 3	Node 4	Node 5	Node 6	Node 7	Node 8	Node 9
이 송	증가/감소	×	●	×	×	×	×	×	●	×
회전속도	없음/반대	×	●	×	×	×	×	×	●	×
조 작 (STEP)	조작지연	●	●	×	●	●	●	●	×	●
	조기조작	×	×	×	×	×	×	×	×	×
	조작생략	●	●	●	●	●	●	●	×	●
	역행조작	●	●	×	●	●	●	●	×	●
	부분조작	×	×	×	×	×	×	×	×	×
	부가조작	×	×	×	×	×	×	×	×	×
	틀린 조작	●	●	×	●	●	●	●	●	●
소음/진동	소음/진동증가	×	×	×	×	×	×	×	×	×
유해가스	유해가스노출	●	●	×	●	●	●	●	×	●
정 전	정전발생	●	●	●	●	●	●	●	●	●
정전기	정전기발생	×	●	×	×	×	×	×	×	×
감 전	감전발생	●	●	●	●	●	●	●	●	●
온 도	온도증가/감소	●	●	×	●	●	●	●	×	●
작업자세	나쁜 자세	●	×	●	×	×	×	×	×	×
협착/말려 듬	있음	×	●	×	×	×	×	×	●	×
물림/자상	있음	×	×	×	×	×	×	×	●	×
절 단	있음	×	●	×	×	×	×	×	×	×
화 상	있음	●	●	×	●	●	●	●	×	●
낙하/충돌	있음	●	●	×	●	●	●	●	×	●
누출, 접촉	있음	●	●	×	●	●	●	●	×	●
U/T(Air, 진공, 냉각수, 순수 등)	공급불량	×	●	×	×	●	×	●	●	×

[부록 Ⅳ]

	위험 등급 대조표	PSM NO.	
		Rev. NO.	

위험등급표   ※ 위험도: 1 〉2 〉3 〉4 〉5

반 도 \ 치명도	중대함	치명적	보 통	경 미
최상	1	1	2	4
상	1	2	3	4
하	2	3	4	5
중	4	4	5	5

발생빈도 구분

빈 도	내 용	
	설 비 관 련	인적 / 물적 관련
최상	설비수명 기간에 3회 이상 발생함.	6개월에 1회 정도 발생함.
상	설비수명 기간에 1~2회 정도 발생함.	6개월~3년 1회 정도 발생함.
중	설비수명 기간에 1회 정도 발생함.	3년~10년 1회 정도 발생함.
하	설비수명 기간에 발생할 가능성 없음.	10년에 1회 정도 발생함.

치명도 구분

치명도	내 용	
	설비 운전정지 기간	인적 / 물적 피해
중대함	7일 이상	사망자 다수, 폭발, 화재 사고 / 5억 이상 손해
치명적	5일 이상 7일 미만	사망자, 다수부상 재해 / 1억 ~ 5억 손해
보 통	3일 이상 5일 미만	근로손실일수 4일~4주 재해 / 1천만 원~1억 손해
경 미	3일 미만	근로손실일수 4일 미만 재해 / 1천만 원 미만 손해

[부록 V]

이탈의 행렬(Matrix of Deviation)

공정변수 (Parameter)	HAZOP 가이드워드(Gulde Wards)							
	Mare	Less	NO	Reverse	Part of	As well as	Other than	기타
유 량	●	●	●	●	wrong/c	add/com	wrong/com	
온 도	●	●	결빙					
압 력	●	●	진공					
교반, 숙성, 혼합	●	●						
Level	●	●	●					
Reaction	H	L	●	분해	불완전반응	side R		
Time	much	litt	●			wrong.act		
Step	late	earl		Miss	back	partial	ext/Act	wro/Act
조성, 농도	H.com	L.com						

공정변수 (Parameter)	E-HAZOP 가이드워드(Gulde Wards)							
	증가	감소	없음	있음, 발생	반대, 역행	부분	부가	기타
이송/회전속도	●	●	●		●			
조작(STEP)	지연	조기	생략		역행	부분	부가	틀린
소 음	●							
진 동	●							
냄새, 유해가스	●			●				
분 진	●							
정 전				●				
정전기				●				
감 전				●				
힘(압력)	●	●						
작업자세, 요통								나쁜 자세
회전반경	●큰	●적은						
추 락				●				
협착/말려 듬				●				
물림/지상, 베임				●				
절 단				●				
낙 하				●				
회 상				●				
누출, 접촉				●				
충 돌				●				

[부록 Ⅵ]

공정변수 & 이탈 * 원인표(1)		
변 수	**이 탈**	**가능한 원인**
이 송/ 회전속도	속도 증가 속도 감소 속도 없음	콘베이어나 회전로봇의 이송/회전속도가 규정보다 빠르거나 늦음. 조작Panel 고장(제어계통) 모터의 고장, 회전벨트의 마모, 효율저하 점검, 정비물량으로 회전기어의 마모불량(급유, 윤활유, 청소 불량, 검사미실시……) 작동스위치 접점불량 회전기어 내 이물질이 낌(관리부실……) 휴먼에러로 작업자가 Setting오류, 스위치 잘못 작동 등 긴급 동력차단장치가 작동됨 크랭크축, 플라이휠 기타 동력전달장치의 이상 리미트스 위치, 릴레이 기타 전자제품의 불량 보울트류의 풀림 발생, 체인 등의 마모 연결부위의 이상, 부식, 균열 등
조 작 (STEP)	조작지연	운전의도보다 넓게 조작
	조기조작	운전의도보다 적게 조작
	조작생략	조작이 누락되거나 생략됨, 기계적 잘못으로 운전 불가능
	역행조작	조작이 전 단계로 역행함
	부분조작	행위가 부분적으로 완성됨
	부가조작	규정된 행위 이외의 조작이 추가로 이루어짐
	틀린 조작	규정된 행위와 다른 조작이 이루어짐
소 음	소음증가	기계소음, UT설비소음(Air, N2, 배기설비……)실내벽, 천정, 기타 시설물 반사소음 실내소음 흡수하는 장치 없음, 불균형하게 회전하는 물체, 힘의 불연속적 전달, 도구와 작업 물과의 상호 작용에 의한 소음증가, 회전, 진동에 의한 소음증가 공기 중의 소음이 규정치 초과
진 도	진동증가	공정 중의 기기진동이 증가 불균형하게 설치됨
유해가스/ 냄새	유해가스노 출 냄새증가	냄새가 운전원의 영향을 줄 정도로 발생 세정공정, 도포공정, 세척공정, 건조공정…… 등에서 발생(약품사용량 증가) 세 정탑이 가동중지(정전, 순환, 공급펌프고장, 분사노즐 막힘) 베기덕트 가동 안함(댐퍼를 막힘에 되어 있음) 유기용제를 작업장에 다량 쏟음 세 정탑 효율이 저하함(용량대비, 덕트, 후드가 많음, 설계를 잘못함, 송풍기의 능력부족 덕트가 샘발생, 송풍기 벨트이완 회전수 낮음) 닥트 내면의 마모, 부식, 분진 등이 퇴적상태 불량으로 국소배기효율저하
분 진	분진증가	분진이 규정치 초과
정 전	정전발생	공정 중에 정전이 발생
정전기	정전기발생	공정 중에 정전기 발생 가연성액체 배관 내 유동대전(밸브, 필터 부분에서 많이 발생) 분무액체 작업자 의복, 작업도구, 신발 등의 마찰, 분리에 의한 대전 파우더 원료의 접촉, 마찰, 분리 등에 의한 대전
감 전	감전발생	접지 잘못 등으로 감전발생 휴먼에러(물기 있는 손으로 누전부위 접촉) 콘센트, 플러그, 전기배선, 스위치 등 불량파손으로 인한 접촉 감전 고전류의 방전으로 인한 접촉 감전 하나의 콘센트에 여러 개의 플러그 사용하여 누전발생 휴먼에러로 점검, 정비 등의 정전작업 중 S/W ON되어 감전발생

[부록 Ⅵ]

변 수	이 탈	가능한 원인
온 도	온도증가	연료 과잉공급, 냉각불량 등 과열방지장치의 고장 작업자 setting오류
힘 (압력)	힘 증가	로봇손의 기계적 잘못으로 부속품 파괴
	힘 감소	규정된 힘보다 적은 힘 발생
작업자세	나쁜 자세	작업용 설비의 설치 잘못으로 적절한 운전자세 불가능함, 중량물을 사람 운반
회전변경	큰 변경	로봇 팔의 큰 회전 반경으로 사람과 접촉
추 락	추락발생	Lift추락(추락 시 Lift House 안에 사람이 있으면 사고)
협 착	협착발생	공정설비 운전 중에 보호용 가이드부족 등으로 운전원 협착 보수 중 s/w on하여 수선공 협착
창 상	창상발생	부품 Edg의 사용 후로 두께 얇아짐에 창상 발생 보수 중 s/w on하여 설비엔지니어 창상
절 단	절단발생	공정설비 운전 중에 보호용 가이드 부족 등으로 절단 발생 보수 중 s/w on하여 설비엔지니어 절단

안전중시 휴먼웨어 시스템의 분석 및 예방 모델 개발

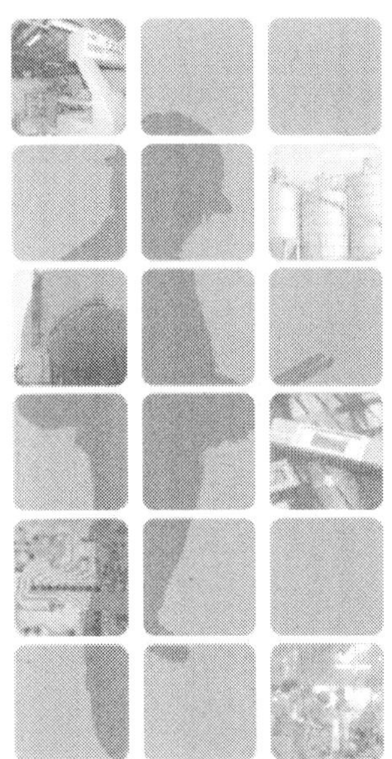

6·1 연구의 필요성

안전을 기반으로 하는 인적 오류에 대해서 1세대에서는 산업재해를 기반으로 하는 산업안전의 연구가 19세기 말부터 20세기 초에 시작되었고, 그 당시에는 산업안전의 안전 보건에 주안점을 두는 사업주 책임주의 개념으로 운영이 되어 오다가 근로자의 권익과 보호에 대한 사항으로 한 책임에 대한 한계를 인식으로 하는 한계점에서 안전에 대한 기본적인 인프라(Infra) 구축을 하게 된 것이 산업안전의 주류를 1970년대까지 유지해 온 것이며 인적 오류에 대한 분석 및 대책은 다만 교육, 훈련이 해결책의 쟁점의 일환으로 기술적, 관리적, 교육적 대책으로 유지해 왔다.

1970년 후반에 들어오면서 산업안전의 분야에서는 2세대라고 부를 수 있는 제품의 설계나 직무분석에 인간공학이 도입되었고, 이는 작업환경과 근로자의 상호관련성을 통하여 근로자 중심의 작업환경을 조성하는 가운데 선진국 중심의 도입과 더불어 인간-기계 중심의 인적 오류에 대한 안전사고의 의식이 전환되면서 인간오류에 대한 모델(Model) 중심의 적용이 필요한 시기가 대두되었다.

3세대라고 부를 수 있는 사고에 대하여 80년 초부터 다양한 이론들과 모델들이 제안되어 왔다(Firenzie et al., 1978; Heinrich, Peterson, & Roos et al., 1980). 이 중에는 사고의 발생에 기여하는 요인들만 초기에는 부분적으로 고려했지만 포괄적인 부분에는 안전의 기반 위에 시스템적 접근법 또한 인간공학 접목의 부분도 적지 않은 상호 작용도 포함되어 있다. 인적 관련 모델의 요인은 안전의 직접적인 인과 요인들과 사회, 심리적 요인과 환경적 요인들도 포함되었고, 이러한 위험요소들이 작업자의 수행능력으로 연결되기도 하고 이러한 연장선 상에서 작업장에서의 사회적 규범으로 존재하고 안전의 불안전한 행동과 인적 오류를 초래하게 되었다. 이처럼 인적 오류 분석기법들이 1980년대를 기반으로 인적 오류(Human Error)에 대한 메커니즘과 1990년대 들어오면서 초반에 사후대응 관점(Retrospective Analysis) 의 HPES(Human Performance Enhancement System: 인적 오류관리체계)가 제도 개선과 설계 개선, 작업절차, 새로운 설계에 반영, 오류사례의 전파 등 인적 오류 감소를 지향하면서 관리 중심적으로 접근했다. 이것은 그중에 가장 광범위한 기법인 THERP(Technique for Human Error Rate Prediction)가 적용되었다.

사실 HRA(Human Reliahility Analysis)가 정량적 방법의 1세대라고 하였으나 사상수(Event)들이 어떻게 모형화되고 어떻게 정량화되는지에 대한 표현과 분류체계에 대한 모델이 제한되어 있었다. 2세대라고 불리는 인지 중심의 기법인 CREAM(Cognitive Reliability and Error Analysis Method)의 사후적 오류분석과 예견적 오류분석에 모두 적용 가능한 방법이 제안(Hollnagel, E., 1998)되어, 공통수행 조건(CPCs: Common Performance Conditions)과 수행영양인자(PSFs: Performance Shaping Factors) 정보를 평가하는 것이 이 기법이다. 이것은 특히 하이라키 분류에 반대해서 분류그룹으로 사용하고 표현형에서 유전자형으로 사용하고 COCOM(Contextual Control Model)에 의존하는 것으로 인지공학적 관점에서 오류의 결과로서의 원인과 성격을 제공했으나 실제 일반적인 방법에 가까움으로 인해 적절한 분석 지침에 의한 보충이 필요했다.

3-4세대라고 불릴 수 있는 정성적 기법의 연구는 인간의 심리학적 측면에서 인적 오류에 대한 오류 유형과 발생에 대한 분석 및 이론적 해설 연구들이 작업, 조직, 설계, 개념, 개발들의 연구 영역으로 확산되어 인지적 행위로 인한 이론적인 오류특성으로 국한되어 있는 추세이고, 이러한 안전중시의 사람의 행동, 인적 요인, 인적 오류에 대한 요인의 세부추출 및 이에 대한 요인분석이 다변화되므로 정량적인 예방, 모델을 적용하기 위한 모델이 미비한 실정이다.

6 · 2 연구의 방법

사건과 사고조사에 대한 인적 오류분석은 에러 분류학과 분류계획에 반영되고 있으며, (Maddox & Reason et al., 1996) 에러의 분류는 일반적인 특성의 가장 잘못된 행동으로 분류되기도 한다. 에러의 범주는 막연하고 애매모호하여 중복됨으로(Busse et al., 1998) 인해 과소기준, 과대기준에 의해 에러에 의한 상황은 악화되고, 이로 인해 분석과 해석이 요구되는 것이며 어느 시스템이든지 자동화되었다 하더라도 작동, 관리, 유지보수 및 검사하는 데는 사람이 필요하고 이 사람들이 의사결정을 하고 다른 사람들과 상호 작용하는 데는 과실, 즉 오류가 발생되고 인적 오류에 결정적 역할을 하기도 한다. 이러한 근본적인 원인에 대한 규명이 필요하다(S. Whally Lioyd et al., 2003). 문제의 조사자와 사건과 사고에 대한 분석자에 지배적 요인으로 인적 사고요인에 대한 연결고리를 통해 인적 관련 모델에 대한 다음과 같은 접근법을 추출한다.

1) 사고원인(Accident Causation Prevent Model) 추출(ACPM)
2) 1항을 근거로 인적 요인 예방모델(Human Factor Prevent Model) 추출(HFPM)
3) 2항을 근거로 인적 오류 예방모델(Human Error Prevent Model) 추출(HEPM)
4) 3항을 근거로 휴먼웨어시스템 예방모델(Human-ware System Prevent Model) 추출(HSPM)

인적 관련 모델과 분석은 인적 오류에 대한 분석자에 따라 인간의 행동에 차이를 둘 수 있지만 종래의 안전중시의 인적 요인(Human Factor)에 대한 분석과 인적 오류에 대한 연구분석을 살펴보면 모델을 구축하는 데 필요한 기존의 시스템과 모델의 종류, 모델에 대한 분석, 인적 오류에 대한 수행능력에 따른 요소분석과 그리고 안전과 사고관점의 수행절차에 따라 적용, 분석한다. 기존의 시스템에 대한 원인별로 중요성에 대한 공정을 분석하여 인적 오류에 대하여 기존의 특화되어 있는 요구사항에 대한 분석 및 인적 오류에 대한 기능 분석한다. 또한 필요한 진행을 분석하여 기존의 원인과 새로 적용하는 원인의 순서하고 비교 분석하고, 공정을 재정립하고 한다. 안전에 근거한 기본업무를 인적 오류에 대한 상황별에 대한 기본 틀 작업 기반에서 모델을 가시화해서 비교해 보고 반도체산업에서의 기계, 화공, 전기, 기타 발생원으로 인적 오류에 대한 공정을 분석한다.

기존의 산업화에 따라 분석, 비교 발전해서 인적 오류에 대한 하드웨어, 소프트웨어, 휴먼웨어를 보완하는 것이 주목적이고 방향제시를 한다.

따라서 본 연구는 반도체산업에서의 10년간의 사고와 사건과 이상 발생을 분석하여 사고에 대한 분석을 기반으로 인적 요인, 인적 오류에 대하여 분석하여 반도체산업에서의 사고원인에 대한 에러분류를 실시하고 여기에 필요한 인적 관련 요인류에 대한 원인, 분석해서 모델을 제시하고 적용한다. 다만 적용사례 측면에서는 위험성평가방법으로 MTO, STEP를 실시하고, 반도체산업에서의 인적 관련 행동과 요인과 오류에 대하여 분석하며, 인적제어 방법을 구체화하고 반도체산업에서의 새로운 모델을 개발하고 실제 적용하여 분석한다.

따라서 연구에서는 반도체산업에서 사고의 원인에 대한 분석 결과를 추출 모델로 구체화시켜서 추출한 모델에 대한 요인을 정립하고 중요성을 상관관계로 모델을 추출한다.

이것을 근거로 인적 요인에 대한 인자를 추출해서 인적 오류에 반영하고 세부적인 요인들에 대한 반도체 산업에서의 특화 및 에러요인에 비중이 많은 부분을 휴먼웨어로 예방 추출하는 요인 중심으로 분류해 본다.

여기에 인적 오류에 대한 수행영향인자로 모델을 추출하고, 요인을 1차에서 3차까지 분석해서 쉽게 모델화하고 학문적인 접근이 아닌 현장 위주의 접근으로서 문제 해결책의 방안을 제시하고자 하며 이와 같은 인적 오류 시스템의 전체 흐름도를 〈그림 6.1〉에서 제시한다.

이들 방법론은 반도체산업에서의 인적 중심의 사고(Yoon et al., 2003; 2004a; 2004b)와 이에 따른 인적 관련 사고요인 분석을 하여 방향을 제시하고, (Yoon et al., 2005) 이것을 근거로 최종 인적 오류에 시스템을 구축하기 위한 모델을 제시한다.

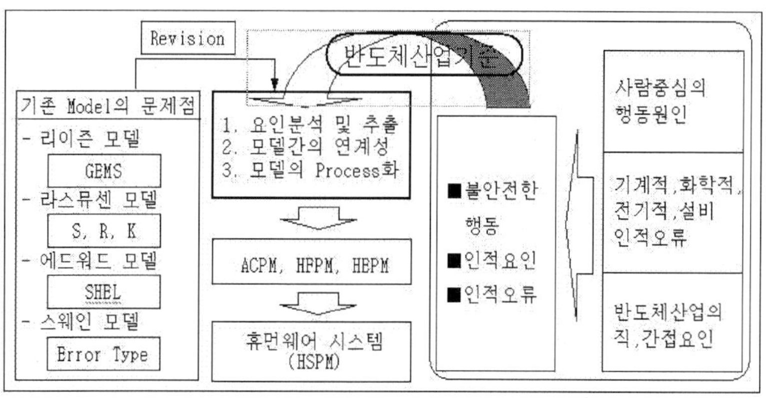

〈그림 6.1〉 인적 오류 시스템의 사전 다이어그램

6·3 인적 관련 모델 분석의 한계

  기존의 연구의 한계는 그간 사용되던 안전사고의 요인으로 사람 중심의 불안전한 행동, 인적 요인, 인적 오류로 보통 분류하지만 세 가지를 전체적으로 분석하는 모델이나 시스템은 없고 다만 각개의 기존 모델을 이용하여 분석하고 예방, 분석을 한다. 기존 모델이 각 모듈로 운영돼 행동, 요인, 오류에 대한 인적 관련된 모델 운영이 수직적으로만 치중된다. 그래서 연관되는 수평적 부분에 대한 문제점의 한계가 보인다. 이 방법 또한 안전인계 관점의 사람의 요인이 중요한 역할이 관여된다. 이렇게 급변하는 현대산업의 자동차, 선박, 항공, 화학, 기계장치에 안전운영 방법 또한 동일하게 운영되는 실정이다.

  그중 사람 중심의 불안전한 행동요인은 기본모델(사람)인 하인리히의 도미노이론과 현재모델들은 리즌(Reason) 모델로 사고분석에 이용되며 이로 인한 사고분석은 사후적 분석이고, 1차 분석으로 분석돼 있어 안전성과 사전적분석이 요구되고 사고요인에 대한 접근 및 요인분석이 필수적이어야 한다. 이러한 부분은 인적 요인 또한 주관적이고 요인추출 및 분석에 대하여 요인분석에 대한 한계가 있어 라스무센(J. Rasmussen)의 기술, 규율 지식의 모델이 보완, 운용되고 있다. 그러나 기존 모델의 사고요인들이 1차적인 발생원, 근본적인 분석을 해서 운영함으로 광범위하고 모호한 원인에 대한 요인의 한계점을 가진다.

또한 인적 오류에 대한 분석은 여러 관점에서 요인을 내포한 모델이 있지만 1차 요인만 추출되어 있어 수평적인 분석의 1차적으로 운영되고 있지만 수직요인분석에 대한 심도가 1차적으로만 운영되고 있다. 인적 오류의 중요한 요인분석에는 위험에 대한 요인의 중요도에 대한 평가는 산업체 간의 업종에 따라 요인의 중요성이 안전사고를 포함한다. 이러한 안전중시의 인적 요인을 소홀히 했을 경우 소규모의 안전재해 및 대규모의 산업재해로 이어질 수 있다. 요인에 대한 부분이 중요하지 않을 수도 있지만 산업체에서는 비중이 크고 인적에 대한 비중이 점점 중요성을 더해 가는 현대사회의 인적 요인은 더욱더 심각한 문제를 가져올 수 있다. 그래서 사람중시의 행동과 인적 요인과 인적 오류에 대한 세부분석이 실시되어야 하고 서로간의 연계된 분석 종합적인 모델이 필요하다.

인적 관련 모델 구축을 위해서는 반도체산업의 요인추출 및 세부요인의 상관관계 연구가 필요하다. 또한 사람중시의 불안전한 행동, 인적 요인, 인적 오류에 가이드라인 연구가 필요하다. 종합적인 안전중시의 휴먼웨어 분석모델 제시 및 최적화시킬 수 있는 요인이 필요하며, 기존 모델의 요인들에 대한 세부 분석이 미비하고 요인들 간의 상관관계에 대한 중요성과 긴밀성이 무시되고, 일반성 요인으로만 운영하는 한계점을 가지고 있어 이로 인해 상관관계로 인한 분석의 취약점을 나타내고 있으며, 또한 사후적 분석 및 현장을 무시한 이론적 체계만 운영해서 분석의 한계점이 된다.

휴먼웨어 시스템 분석모델이란 사후적 사고요인 분석을 통한 사람중시의 모델을 순차적으로 연계시켜 분석한 사고의 리스크를 최소화하고 산업체에서 적극적으로 유용하게 요인들에 대하여 대응할 수 있는 방법론이다.

6·4 연구의 이론적 배경과 기존 연구 분석

1) 휴먼웨어 모델에 대한 기존 연구 분석

모든 산업에서 안전중시의 인적 관련 사고의 분석에 있어 행동과 인적 요인과 인적 오류의 상호 관련성이 증대되고 있음에도 불구하고 수행영향인자, 즉 요인들에 대한 분석이 세분화되지 못하고 또한 사후적 방법으로만 산업체에 적용하고 있으며 사전적 분석방법 및 가이드라인이 중요함에도 효용과 적용은 이론적으로 치중하고 있어 현대사회의 산업체에서 안전모델을 적용하기에는 비현실적이다. 사실 사람의 불안전한 행동을 분석한 안전학자 리즌(Rea son et al., 1981)은 조직, 사람, 환경, 작업으로만 분석돼 있고, 인적 요인 관련 라스뮤센(Rasmussen et al., 1991)의 모델은 기술, 규율, 지식으로만 강조되고 있고, 인적 오류 관련하여 에드워드(Edward et al., 1992)의 모델은 소프트웨어, 하드웨어, 인바이론멘트 웨어, 라이브 웨어라고만 분석되어 있고 각 모듈마다 세부적인 2차, 3차 요인에 대한 세부요인의 분석은 무시되고 있다.

이들 간의 유기적인 분석 및 요인들 간의 상관관계에 대한 중요성이 인식되고 있어 시급한 실정이다. 이러한 연구는 부분적으로 산발적으로 되고 있으나 참고자료나 논문들이 너무 이론적이며 난해하고 명확하지도 않으며, 상세하지 않아 연계된 분석이 안 되고 있다. 기존연구의 문제는 원인의 분석이 세분화되고 사람의 행동, 요인, 오류가 연계된 분석이 요구된다.

다음 세 가지 주요한 쟁점은 사람의 불안전한 행동, 인적 요인, 인적 오류의 모델을 제시하는 데 중요한 요소이다.

첫 번째, 안전중시인 사람 중심의 사고원인에 대한 불안전한 행동 및 인적 요인, 인적 오류요인분석의 영역의 한계, 두 번째, 사람 중심의 안전모델에 대한 요인의 연계성 및 단순성, 세 번째, 인적 관련 사고에 대한 프로세스의 방법론의 적용에 대한 시스템적인 중요성이다.

이는 다시 다음과 같이 설명된다.

2) 휴먼웨어 모델의 기본요인과 모델 중심의 한계

① 사람의 불안전한 행동, 인적 요인, 인적 오류에 대한 요인분석의
  영역의 한계

안전중시의 사람 중심 불안전한 행동, 인적 요인, 인적 오류 사고분석이 1차적인 분석으로만 되어 있는 것이 안전사고요인 분석에 대한 한계이다. 기존의 연구는 실험적, 이론적 연구의 근간으로 이것은 사람의 불안전한 행동, 인적 요인, 인적 오류 사고원인을 기본원인으로만 운영되고 있어 사람에 대한 행동의 요인의 사고가 지속적으로 발생되어 2차, 3차 요인의 추출하지 않으면 기존요인으로 언제든지 잠재요인과 사고재발에 대한 발생요인이 된다.

② 사람 중심의 안전모델에 대한 요인의 연계성과 단순성

사람으로 발생되는 안전사고의 모델은 불안전한 행동과 인적 요인과 인적 오류로 연계성으로 이어지고 분석되어야 인적 관련 사고의 요인에 대한 원인의 요인추출이 되는데, 다만 가이드북을 이용하여 해당 산업의 안전모델에 접근하고 있다. 원인에 대한 모델접근이 수월치 못하고 모델의 정보 및 예방에 대한 산업체의 폭넓은 요인공유 및 행동관점과 인적 요인관점과 인적 오류 관점의 연계성 모델 및 요인에 대하여 제시받기를 원하고 있다.

③ 인적 관련 사고에 대한 프로세스의 방법론에 대한 적용

사람 중심의 불안전한 행동과 인적 요인, 인적 오류가 많은 요인들이 추출되고 사람중시의 휴먼웨어 모델이 개발된다. 그러므로 휴먼웨어 관련 사고의 원인에 대한 요인들이 지속적으로 분석되고 이론과 실험을 통해 일치가 되어야 하고 하나의 프로세스화되어야 한다. 프로세스화된 요인들은 중요한 상관관계가 평가되어 운영되어야 한다.

그러나 불안전한 행동의 사고인자 및 인적 요인 및 인적 오류의 사고 세부요인들이 상관관계 없이 운영된다면 사용성이 적을 것이며 프로세스화된 운영에 대한 방법론이 아닐 것이다. 사람중시에 대한 행동과 인적 요인과 인적 오류에 대한 안전모델이 여러 분야에서 산업체 특성에 맞게 연구가 학자들에 의해 진행되고 있다. 이들 중에 행동에 대한 리즌(Reason), 인적 요인에 대한 라스뮤센(Rasmussen), 인적 오류 관련 에드워드(Edward) 및 합킨스(Hawkins) 등의 학자들이 연구를 수행하고 있다.

6·5 연구의 내용

현재까지의 사람 중심의 사고원인요인에 대한 분석은 행동, 인적 요인, 인적 오류의 3가지 모델로 분석되고 운영되고 있다. 또한 이 3가지 모델이 특화된 산업에서도 각 개별의 모델과 1차적인 요인도 분석으로 운영됨으로써 인적 관련 휴먼웨어의 사고는 지속적으로 늘어나고 있으며, 사후예방책으로 운영되는 어려운 설정이다. 그러나 사람 중심의 사고원인은 그 요인을 세분화하여 분석해야 하며 3개의 모델이 연계성을 가진 새로운 휴먼웨어 모델로 개발되어 생산성과 효율성과 산업안전의 안전성을 추구를 목적으로 적용되어야 한다. 이것이 안전과 인지공학의 중요한 쟁점이다.

따라서 본 연구에서는 이런 휴먼웨어의 사고예방모델을 위한 기존 문제의 요인분석의 세분화(2차, 3차 요인) 모델 간의 연계성을 찾기 위한 기존 안전모델의 한계성과 모순을 보완해서 행동관점, 인적 요인관점, 인적 오류관점에서 모델제시를 하고 이러한 부분을 통합적인 프로세스 모델을 고안하여 제안한다. 연구의 세부적인 사항으로 다음과 같다.

1) 사고원인에 대한 표준화, 모델화, 프로세스화를 위한 원인분석을 체계적으로 분석한 영역의 방법론을 개발하고 아울러 모델화하기 위한 각각의 모델을 제시한다.

2) 개발된 요인의 방법론과 모델을 하나의 통합시스템으로 반도체 산업에서의 분석을 계기로 장치산업과 기계산업 및 사람 중심의 산업에서 쉽게 적용, 평가할 수 있도록 한다.

〈그림 6.2〉는 전체 연구의 흐름도이다. 본 연구에서는 기존안전 모

델이 1차 요인의 단순함을 벗어나 다변성의 요인분석을 함으로 사용성, 사전예방, 요인의 중요성 및 상관성, 모델의 연계성 위주로 분석하는 새로운 모델을 개발하였다.

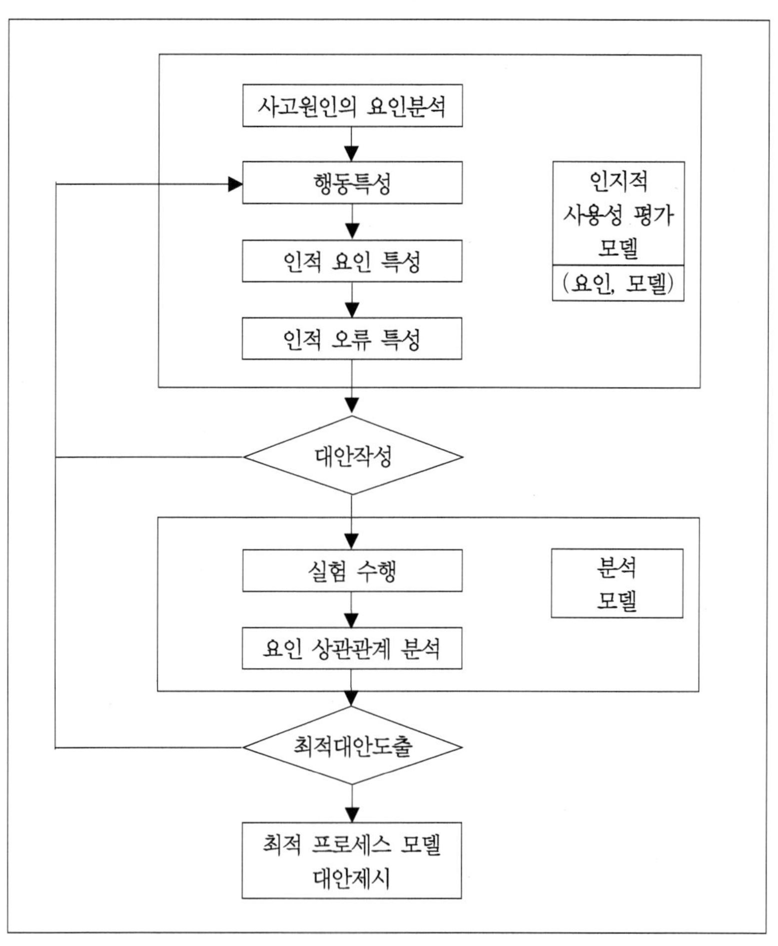

〈그림 6.2〉 본 연구의 전체적인 연구 흐름도

제7장 휴먼웨어 시스템 추출 모델 개발

7·1 ACPM(Accident Causation Prevent Model) 추출 모델 개발: 불안전한 행동 관점

7·1·1 모델 개발을 이용한 추출

1) 모델 개발

점점 전 세계가 정보화시대로 가면서 정보기술(IT), 생물기술(BT), 환경기술(ET)의 정보다양화로 가고 있고, 제조공장에서의 운영은 점점 확대되어 가고 있으며, 환경안전비중이 높아지면서 반도체의 시장성과 여기에 따른 리스크는 관리가 절실히 요구되고 있으며, 반도체 제조 생산과정에서의 안전원인에 대한 도출에 대한 방법이 필요한 실정이다. (Yoon et al., 2002) 반도체 제조공업은 유사한 형태를 가지고 운영되고 있으며, 또한 반도체는 전 세계적으로 제조공장생산의 비율이 한국이 38%(SEC: 20.9%, Hynix: 17.1%), 중국이 21.2%, 미국이 18.7%, 일본이 12.7%, 기타 9.4%를 차지하는 비율로 가동되고 있다.(Yoon et al., 2002) 이처럼 현대사회 및 미래사회가 정보화시대로 가기 위한 필수 불가품인 반도체의 제조과정 중에 사고는 없을 수는 없다.

결국 사전예방 측면의 최소화나 방지 측면이 우선되고 있다. 반도체의 외부적인 경향도 있지만 내부적인 경향으로는 반도체 공장의 가동은 종합합성체의 운영에 의해 관리 및 생산되고 있으며, 각종 자원의 공급순환 관련 모든 운영, 관리는 매트릭스에 의해 관리되고 있다. 또한 반도체 제조운영에 인자는 직접인자와 간접인자로 구분할 수 있다. 직접인자는 반도체를 제조하는 데 직접요인이 되는 인자이고 간접인자는 인프라 측면의 지원을 해 주는 역할로 이 모든 직, 간접의 요인의 모든 부분은 안전중시(Safety-Critical)되어 종합관리하고 있으며, 이 부분들이 매트릭스화되어 운영되고 있다.

2) 사고원인에 대한 조사 및 접근방법

사고 원인의 조사 및 방법은(Rasmussen et al., 1997) 상이한 종류로 인해 리스크(Risk) 관리의 전략이 상이해야 한다 해서 사고의 발생횟수와 로스에 따른 3가지 분류를 하고 첫 번째는 경험적인 안전조절(교통과 작업)과 두 번째는 환경적인 안전조절(항공기와 철도)과 세 번째는 분석적인 안전조절(원자력, 화학적 위험)을 분류한다. 단지 이것은 로스 측면의 입장과 다양한 안전사고에 대한 원인조사 방법에 대한 기틀을 잡는 방법이라고 판단한다.

사고조사를 위한 방법은 여러 분류 형태의 양상을 가져올 수 있을 것이며 다만 정확한 원인에 대한 접근은 양상이 달라도 분명한 원인과 결과에 대한 접근과 분석이 다양한 측면이라면 재발과 시간과 경제적인 손실을 최우선이라는 과제로 중심축에 있어야 한다. (Kjellen et al., 2000)은 사고의 모델을 6가지로 분류한다.

1. 원인-결과에 대한 모델, 2. 진행 모델, 3. 에너지 모델, 4. 논리적인 나무 모델, 5. 인간정보 진행 모델, 6. SHE(System-ware, Hard-ware, Environment-ware)관리 모델로 정의한다.

다만 복합적인 요인과 시스템적인 실패로 인한 문제는 더 풀어 가야 할 문제다. 안전을 위한 법령이나 규칙이 아무리 잘 정비되어 있다고 할지라도 그것을 준수하려는 의지가 없으면 재해는 방지할 수 없다. 더욱이 산업이 고도화와 다양화로 제조 및 생산현장에 사용되는 에너지의 대형화로 인하여 안전도 자연과학에 기인하는 합리성이 있는 에너지 제어이다.

(Lee et al., 1986)는 사고에 대한 발생과정의 형태에서는 사회적 환경(유전적 요인), 개인적 결함, 불안전한 행동/상태, 사고, 재해(H. W. Heinriech et al., 1932)나 통제부족(관리부재), 기초원인, 직접원인, 사고, 재해(Frank Bird et al.,1962)나 인적, 환경적 요소, 불안전한 행동/상태, 직접원인, 사고, 응급조치(Michael Zubetakis et al., 1971)나 사람, 설비, 메디아, 관리(Grose et al., 1975) 등도 사고에 대한 이론을 정립한다.

3) 사고원인에 대한 사용적인 구조

〈그림 7.1〉에서 볼 수 있듯이 반도체의 제조공정은 직접요인인 기계/설비, 화학, 원료/재료, 사람, 설비, 환경, 가스, 전기, 각종 시스템과 간접요인인 교통(물류), 기상, 보안, 자동화 등으로 나눌 수가 있는데, 이 요인들은 사고분류로 잠정적이고, 이상 발생과 사건과 사고로 나타낸다. 반도체 제조과정 역시 정상적인 흐름에서 사건이 발생되면 사고로 이어지는 사항으로 (Rasmussen et al., 1997)은 수준의 차이가 사람과 조직, 설비/기계나 각종 시스템, 환경과 작업환경 등은 표준, 규율, 지침, 법률상으로 정해진 부분에서 위험성 조절이나 물리적인 진행에 많은 수준을 가지고 있는 것과 같다고 한다.

사고요인에 대한 부분은 사용적인 구조와 기본적인 구조로 사고요인이 단층과 복합과 멀티의 구조과정과 일의 형태상이 어떤 진행과장으로 순서에 의해 위험요소를 최소화하는 상태에서 안전의 수행영향인자를 갖느냐가 일의 성격상으로 사고의 위해 요소를 처리한다. 이것을 보면 사회-기술적인 시스템에 대한 치중이 우선적으로 적용된다.

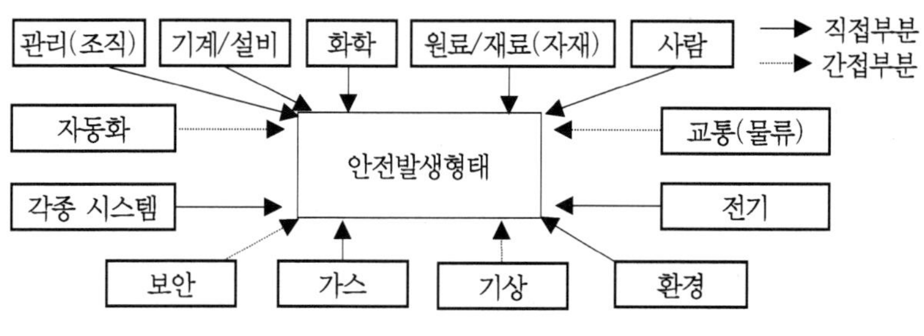

〈그림 7.1〉 반도체의 안전 발생 요인 상호적 모델

4) 사고원인모델에 대한 기본구조

반도체 사고에 대한 내용을 가지고 원인을 6개로 구체화시켜 모델로 분석한다. 모델을 유도하기 위해 사고원인에 의한 인자를 유도한다. 사고발생 상호 형태별 원인에 있어 안전영향인자(SIF: Safety Influencing Factor)는 공정 진행 시 연속으로 잠정적인 것과 본질적인 특성에 의해 구조의 심화가 된다. 이 사고인자는 영향인자의 안전 결핍인자(SDF: Safety Defect Factor)의 정량적 부분이 관리가 되어야 하나 이 요소들이 관리적인 부분에서 서로의 상호 관계에서 결점 원인을 갖게 된다.

여기서는 휴먼웨어시스템에 대한 흐름도(Flow-Sequence)는 흐름모델을 추출키 위한 〈그림 7.2〉에서와 같이 기본체계는 H. W. 하인리히의 기본 틀로 정하고, 새로운 체계는 휴먼웨어스시템을 1)단계로 사고원인에 대한 불안전한 행동을 분석해서 사고 영향을 찾고 2)단계로 인적 요인을 도출하고 3)단계로 인적 오류에 대하여 정립한다. 본 단계는 1)단계로 반도체에서의 사고원인에 대한 요인을 도출해서 재발에 대한 모델 제시를 하고자 한다. 사고원인에 앞서 사고요인들의 관계는 상관관계를 갖는다고 한다. (Wireman et al., 1991)은 사고 발생에 대한 부분은 요인과 요인과의 단결성 원인에서 복수를 거쳐 다수의 복합원인 요소로 나타난다는 것을 알 수 있으며, 이어서 이와 같은 요인이 결국 사고에서 재해로 이어지게 됨을 안다.

5) 사고요인 추출 방법

사고의 조사 방법(Marvin et al., 2002)은 많은 방법이 개발되어 있고, 방법에 따라 강점과 약점이 있다. 그중 중요한 방법은 많은 실험으로 선택돼야 되는 조건도 있지만 일에 대한 성향이나 특성에 따라 사고조사에 대한 분석이 정확해야 원인에 대한 접근으로 대책에 대한 결론이 용이해질 것이다. 그러기 위해서는 사고 조사에 대한 기본 데이터도 중요하지만 과학적인 선택적 규범이 근거하지 않고서는 많은 시행착오의 원인/대책이 될 수 있다. 이러한 사고조사 방법은 더욱더 광범위하게 사용되고 실용화됨으로 인식되고, 학문적으로 이론화됨으로 발전을 해야 된다. 일반적으로 조사방법이 다른 2가지가 있는데 하나는 (DOE et al., 1999)에서 서술한 방법과 또 하나는 (CCPS et al., 1992)에서 제시한 방법이 있다. 두 개의 분석에는 20개 이상의 방법이 있지만 일반적인 방법과 특수적인 방법이 있다.

본 연구에서는 DOE Work-Book을 참고로 핵심분석기술과 복합분석기술과 기준분석 기술방법으로 되어 있는데, 그중에 사람과 조직과 기술을 주안점으로 하는 MTO분석을 적용해서 요인을 추출한다. 또한 사고요인은 단순원인요인과 다수원인요인과 복합원인요인이 사고발생의 원인요인 관계로 반도체산업에서 이 요인의 추출 및 분석은 중요한 부분이다.

7·1·2 진행 절차

본 절차는 사고 원인에 대한 분석 절차로 정량적 분석방법으로 인간신뢰도분석(HRA), 확률적 안전성분석(PSA) 등의 안전성분석은 사건들을 확률적으로 정량화하면 오류 간에 형성되는 상호관계 인과관계를 반영치 못해 인간신뢰도 분석의 THERP, ATS, HCR 등을 생략하고 원인 분석에 대한 시스템 내부의 메커니즘과 원인을 도출하는 정성적 방법으로 해서 HEA(Human-Error Analysis)와 GEMS(Generic Error Modeling System)으로 분석절차를 응용, 제시한다.

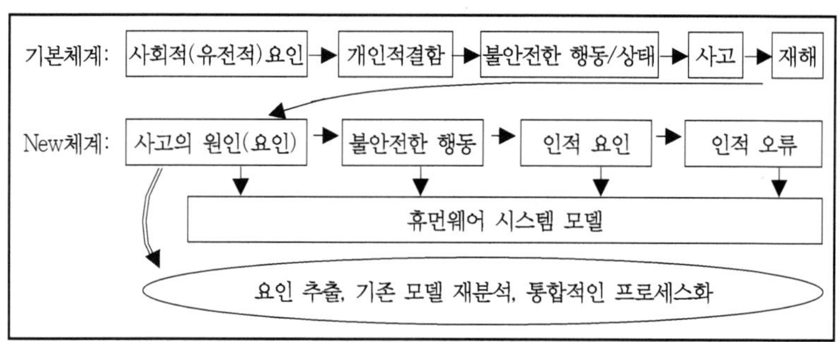

〈그림 7.2〉 AFS: 안전흐름 시이컨스

1) 절차 및 운용 현황

반도체의 운용 중인 부분은 5W1H에 해당되는 3단계로 상당한 인적 사고 및 사고에 대한 분석 보고는 절차에 대하여 간략하게 되어 있어 분석에서 상당한 취약한 부분을 가지고 있다. 그래서 원자력발전소에서 사고분석에 대하여 운영적인 부분을 복합해서 7단계로 구체화한다.

1) 사건 구성: 사건과 사고에 대한 진행과 결과에 대하여 파악 및 사실 여부를 조사한다. 이 부분은 사람 및 인적 오류는 별개로 구분되어 있지 않고 원인/결과에 대한 방법으로 접근한다.

2) 행위요인 분석: 사고/사건의 형태가 어떻게 발생되었는지 사람의 불안전한 행동 측면을 구분화하고 여기에 대한 인적 요인을 구분화한다.

3) 원인요소 분석: 사고/사건 발생의 기여인자에 대한 직, 간접요인을 찾아내고 행위요인과의 상관관계를 찾아내도록 한다.

4) 점검요소 분석: 전체 공정 중에 행위와 원인요소 분석에 주요 사건하고의 접점 포인트에 대한 사고의 중점적 요인을 찾아내도록 한다.

5) 요약보고서 작성: 2), 3), 4) 분석을 하고 코스트, 생산, 납기, 품질, 안전 측면의 원가 비용을 산출한다.

6) 시정조치 보고: 동일 개념의 사건/사고를 횡전개할 수 있도록 한다. 또한 관계부서 및 관련자와 공유한다.

7) 완료보고서: 데이터 베이스해서 분석을 종료한다.

〈표 7.1〉 반도체 사고의 세분화 원인 분류표

인간 공학적인 분류	주된 의미	유형별 분류	비고
휴먼웨어적인 측면	인간적인 측면	사　람	지식
하드웨어적인 측면	시설, 설비, 고정인 측면	설비, 자재, 작업	기술
시스템웨어적인 측면	정보공유 ,체계	환경, 디자인, 시스템	규율

2) 반도체산업의 사고원인과 요인

반도체산업에서의 사고에 대한 분석은 반도체(ISESH, SEMITECH, SEMI)에서 정량적으로 규정화되어 있는 부분은 없고, 다만 정성적으로 표현하고 있으며 그중에 안전사고에 대한 분류 분석은 전무한 상태이다. 사고에 대하여 (Kjellen et al., 2000)은 환경의 손상 및 재료의 규범으로 사람의 상해가 결국 사고로 포함한 사건의 한계와 연관된 논리적이고 연대기적인 연속성이라 한다.(DOE et al., 1997) 에너지와 환경상태를 원치 않은 전위로 장벽과 조절의 실패와 부제로 인해 사람의 상해를 낳고 공정의 출력을 줄이거나 소유에 손상을 입히는 것으로 정의한다.

반도체의 사고는 생산, 품질, 납기, 원가에 사건이나 비정상적인 발생으로 원활한 가동에 장벽요소가 내재됨으로 회사의 원활한 진행에 손상과 손해를 입히는 것이라 정의를 내려 본다. 이 중에서 장벽요소, 즉 사람의 대한 집중적인 분석으로 접근해 본다. 〈그림 7.4〉은 국내 반도체 제조업체의 전자의 〈1996~2004〉 사고를 데이터에 대한 분석 결과이다. 반도체산업에서의 사고의 유형을 분류하면 형태별로는 8개로 분류할 수 있지만 인간공학적인 측면으로 분류하면 3가지로 분류할 수 있다. 첫 번째는 휴먼웨어적인 측면과 두 번째는 하드웨어 측면, 세 번째는 시스템웨어 측면으로 분류할 수 있다. 반도체 사고 유형별로 분류해 정리를 해서 〈표 7.2〉에 나타난다. 사고 유형별 원인에 대한 세부적인 부분이다. 반도체산업에서의 사고의 유형은 원인별로 보면 휴먼웨어적인 측면 20.8%, 하드웨어적인 측면 62.3%, 시스템웨어적인 측면 16.9% 비율을 보이고 있고, 세분화 원인은 〈표 7.1〉로 구분화시킬 수 있다. 결국 사람 중심적인 불안전한 행동은 전체 1/4, 큰 비중을 차지한다.

본 내용에서 분석에 앞서 기존의 사람관점의 사고 원인 분석 모델은 조직, 일, 환경, 개인 등으로 1차적인 원인으로만 기존의 모델이 분석되어 있었다. 기존에는 조직의 관점에서 분석하여 모델화가 주된 추세지만 본 연구에서는 조직과 사람을 별개로 분석을 하였고 조직에 대한 분석은 전체 사고 유형의 조직비율은 4.4%, 사람비율은 20.8%로 독립표현을 가진다.

사람 위주의 분석을 통해 요소(2차)는 상당히 단순하게 표현했다. 다만 조직의 사고로 접근한 것과 국부적인 사건(Triggering Event)만을 언급했고, 오류와 진행의 위협인 샾앤(Sharp-End) 언급한 것으로는 좀더 세분화 분석과 검토가 필요하다.

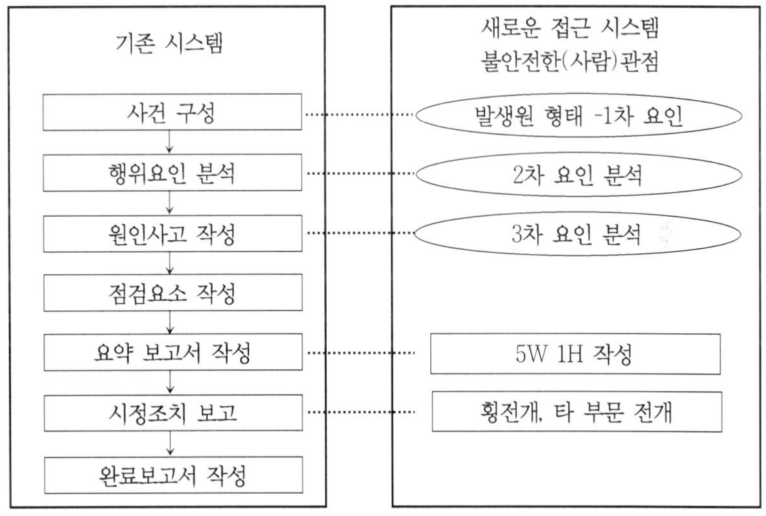

〈그림 7.3〉 원인절차 방법 도표

<표 7.2> 반도체의 사람 사고원인에 대한 분류표

1차	2차	3차	건수	1차	2차	3차	건수
사람	역 할	모호화	2	사람	작 업	부주의	2
	기 질	기질/성격	3		지 각	지각실수	10
	기 준	기준 미비	4			지각부족	2
		기준 미준수	1			지각없음	1
	교 육	교육 부족	4		지 식	지식혼돈(함정)	1
	훈 련	훈련 부족	3			지식결여	1
	조 작	오조작	5			지식미습득	1
		조작미비	1			지식미흡	5
		조작미숙	2		지 시	지시미흡	2
		조작 못함	8		착 시	착시현상	4
	이 해	이해부족	1		행 동	미준수	2
	인간공학	하중	1			불필요한 행동	12
	인 지	인지생략	3		기 타	스트레스	2
		인지부족	10			셋팅 미비	1
	판 단	판단부족	3		합		98
		임의판단	1				

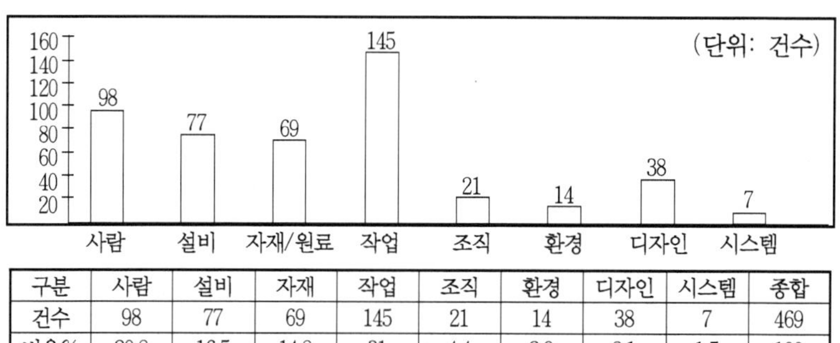

구분	사람	설비	자재	작업	조직	환경	디자인	시스템	종합
건수	98	77	69	145	21	14	38	7	469
비율%	20.8	16.5	14.8	31	4.4	2.9	8.1	1.5	100

<그림 7.4> 반도체 사고 유형별 분류

<표 7.2>을 참고로 사람 중심으로 안전원인에 대한 2차와 3차 분석을 실시해 보면 <그림 7.5>과 같다. 사고 분석 측면에서 볼 때 (DOE

et al., 1999)은 원인의 요인을 직접적인 원인(Direct－Cause), 기여적인 원인(Contributing－Cause), 근본적인 원인(Root－Cause)으로 세 가지 분류를 하는데 사람 중심의 사고요인을 반도체산업의 사람 사고요인에 대한 분류를 해 보면 근본적인 원인→1차 원인, 기여적인 원인→2차 원인, 직접적인 원인→3차 원인으로 비교해 분석하고 〈그림 7.5〉 사람 2차 요인과 〈그림 7.6〉 사람의 3차 요인을 나타낸다.

사실 근본적인 원인은 사고의 원인에 대한 중계적인 사건과 상태와 행동을 말하는 것이고, 기여적인 원인은 사건과 상태와 행동이 함께 사고와 같은 부분을 증가시킨다. 그러나 각 개인적으로는 사고가 발생할 수 없는 것으로서 볼 수 있으며, 직접적인 원인은 원인인자로 만약 정확지 않으면 사고의 재발을 막을 수 없다고 판단한다. (Erik Hollnagel et al., 2002) 사고 분석은 사고 모델이 함축되어야 한다.

결국 메카니즘을 수행하는 데 무엇이 가정되어야 하는가 등은 과거 50~70년이 지났어도 사고모델의 단순한 변화와 사고분석의 수단과 방법의 변화는 유도되고 있다.

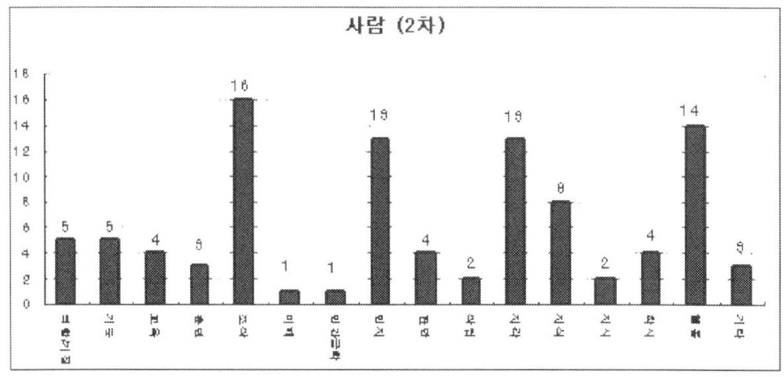

〈그림 7.5〉 사고의 사람 2차 요인

또한 인적 사고 내의 이해에 대한 평행은 인적 오류의 본질로 변한다. (Reason et al., 1990) 높은 위험, 낮은 위험 시스템에서 항공 시스템은 기술적인 순서의 사전예지 기능을 사람이나 기술적인 메커니즘 중에 택일하여 단순 실패에 대한 큰 증거를 이론화한다.

3) 불안전한 행동 분석(UBA: Unsafe Behaviour Analysis)

〈그림 7.7〉 사람의 불안전한 행동(Baker et al., 1954)은 사람의 결점을 확인하는 것이 가장 용이하다고 했으며, 의자에서 중요한 부분은 다리라고 표현했다. (Edward et al., 1981) 또한 사람이 결점이 생기면 그것을 수정하고, 훈련하고, 역동적으로 해고하고, 그것을 양여하기도 한다. (Shealy et al., 1979)은 행동분석에서 작업환경은 어떤 변화도 요구되지 않는다 한다. (Powell et al., 1971)은 근로자들의 신뢰와 관리가 불안전한 사고로 이어지는 이유이다. (Edward & Hahn et al., 1980)은 사람들의 사고는 위험의 존재와 과중한 업무로도 분석되었다. 사고의 원인에 대한 분석 수단으로는 (Kathryn Wood Cock et al., 2003)사건 모델의 사슬과 유사한 예상 계통도라고 했으며 (Johnson et al., 1975 & Leplat et al., 1978)는 에너지 모델과 정보 공정 모델(Information Process Model)로 구분해서 불안전한 행동은 사람과 연계되어 있어 정보 모델에 연계성을 가지고 있다고 한다.

결국은 〈표 7.2〉에서 사람 중심으로 사람 사고의 협의적 표현은 사람과 조직을 포함해서 전체의 25.2%를 나타내고 있으며, 광의적 표현은 사람 관점에서 보면 사람, 조직, 작업, 환경, 디자인, 시스템을 포함하면 전체 비율의 68.7%로 나타낸다. 기존모델의 지식, 기술, 규율을 포함한 사항은 광의적 해석이고, 하인리히가 사고에 대하여 사람 관점에서 언급한 내용도 동일한 내용이라 판단된다. 다만 불안전한 행동의 주체가

1차원적 사람이라는 전제를 주었지만 불안전한 상태의 주체는 하드웨어, 시스템웨어이지만 실제 정의되지 않는 사람 중심의 관점이라 표현된다. 그래서 불안전한 행동의 주체는 사람이라 정의하고 여기에 2차적인 요소, 3차적인 요소의 방해 장벽과 장애물 제거관점의 분석을 한다.

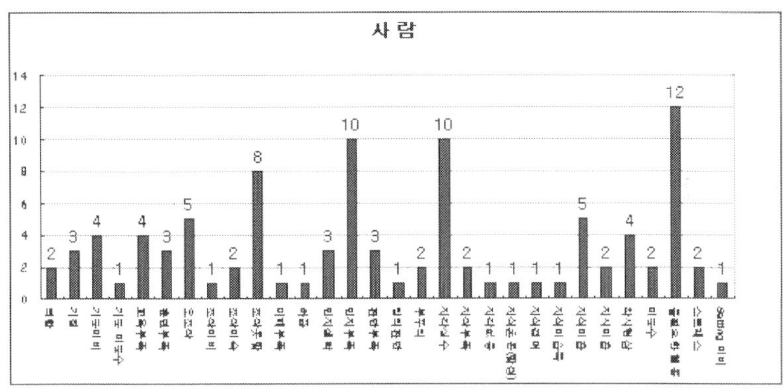

〈그림 7.6〉 사고의 사람 3차 요인

4) 분석방법: MTO(Man Technology Organization) 분석

MTO 분석은 (Rollenhagen et al., 1995 & Bento et al., 1999)가 근간이 되어 사용한 툴(Tool)로 인간과 기술과 조직의 의미를 가지고 있다.

〈그림 7.7〉 사고의 불안전한 행동과 상태 비율

1) 사건과 원인 다이어그램으로 구조화 분석한다.

2) 사건이 사전 사건과 공통 실행에 얼마만큼의 한계로 변화 분석을 가져온다.

3) 실패와 실수의 기술적, 관리적에 의해 장벽 분석을 근간으로 하고 있다.

특히 〈표 7.1〉를 근간으로 1차, 2차, 3차 원인을 근간으로 블록 다이어그램하고, 각각의 사건에 대하여 수직형 표현으로 정의하고, 사람 중심으로 다이어그램을 각각의 실패, 실수 장벽을 언급한다. 다만 사고 원인에 대한 정상 상황의 인자로부터 사고에 대한 오차와 차이를 가지고 분석하며 가장 기본적인 사항은 무엇을 사전예방하고, 과거에 사고를 예방하기 위해 무엇을 했었나가 중요하다.

MTO 분석에서 사건과 원인 – 다이어그램으로 구조화 분석하면 사건과 원인과의 다이어그램에서 사람의 불안전한 사고요인은 교육/훈련, 조작, 인지, 지각, 행동, 지식이 주요한 근간이 되고 있는 것을 〈그림 7.8〉, 〈그림 7.9〉으로 나타난다. 이 중에서 6개의 요소는 상호작용에 의한 것으로 분석될 수 있으며 이것은 장애요소의 분석으로는 미비, 미숙, 실수, 부족, 함정, 생략이 중요하게 나타나고 있는 것이다. 사건과 원인의 장애요소가 1개에서부터 4개까지 장애물 분석의 요인이 있다는 것을 안다. 이것은 각 요소마다의 요소의 빈도수가 많을수록 사고가 발생할 수 있는 발생률은 높아진다.

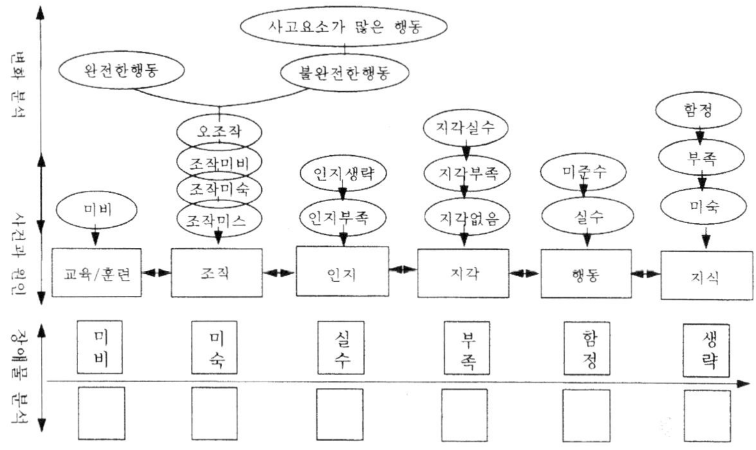

〈그림 7.8〉 반도체에서의 사람 MTO 분석

결국 상관관계는 ANOVA 분석을 해 보면 유의차는 분석될 수 있으며 또한 조직과 지식은 다른 요소보다 장애요인이 항목 비중이 높은 것으로 나타나고 있으며 (James Reason et al., 1990)은 인간행동오류 근간이 되는 의도되지 않은 행동과 의식동작 행동으로 동작의 반복으로 실수, 함정, 생략이 발생된다고 제시하고 있으며 〈그림 7.9〉에서처럼 지각실수, 인지생략(행동을 잊음) 등이 나타난다. 또한 사건이 사전 사건과 공통실행에서 얼마만큼의 한계로 변화 분석을 가져오는지를 보면 건수 4를 기본수준을 정했을 때의 공통실행의 주요 요인은 교육과 조작과 인지와 판단과 지각과 지식과 착시와 행동으로 본다.

MTO분석에 대하여 실패와 실수의 기술적, 관리적에 의해 장벽 분석을 해 보면 사람과 조직과 기술적인 분석을 위주로 하는 일종의 분석 틀로 조직과 기술적인 부분의 급에서 조직은 2차 사고요인이 안전 투자, 감시, 목표설정 및 사전준비성, 계획, 기준, 정책, 통제, 지시, 피드백의 10개의 요소를 가지고 있으며 주로 안전문화에 대한 주요 요인으로 볼 수 있으며, 3차 요인은 18개의 요인으로 나타난다. 이 요인을 MTO로 분석하면 3차 요인에 대한 장벽요인의 주된 원인은 비중이 목표설정과 계획 및 기준과 정책이 주된 장벽요소로 〈그림 7.10〉에 나타난다. 여기서의 주된 분석은 사람의 사고요인의 접근을 해 봄으로써 대책을 제시하고자 한다. 장애요소에 대한 요인은 사람에 대한 행동의 일관된 부분에서 발생요인을 가지고 있다. 결국 인적 오류로 이어지고 사고의 원인에 대한 접근을 하게 된다.

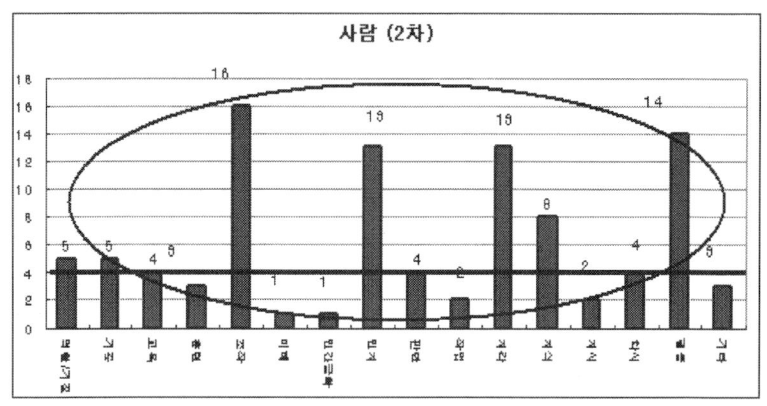

〈그림 7.9〉 사고의 사람 2차 요인에 대한 주요 공통실행 부분

MTO 분석을 통해 사람의 사고요인은 1차 요인은 사람의 주체이지만 2차 요인은 사람의 머리, 팔, 다리의 종합적인 부분이 사고의 원인의 국부적인 요소이다. 머리는 인지, 판단, 지식과 지각이 필요한 부분이고 팔은 조작과 역할과 다리는 훈련과 부주의, 행동으로 나타난다고 본다. (Yoon et al., 2002)은 불안전한 행동으로 이어지고 3가지의 행동흐름은 사전의 사고의 접점요소에 접근하게 된다.

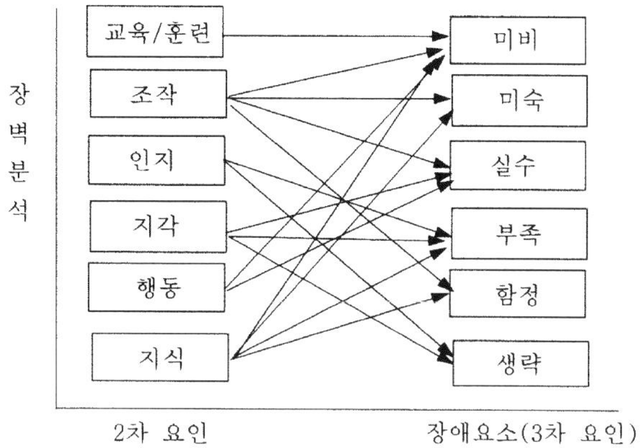

〈그림 7.10〉 사고의 3차 요인에 대한 장벽분석

　결국 사고의 접점요소에 대한 부분이 장애요소인 3차 요인과 접점이 됨으로 사고의 결과를 가져온다. 3차 사고요인은 장애요소를 가지게 되는데 사고방지를 위한 부분은 사전예방, 조절관리 및 장애요소를 제거해야 하는데 결국 이 흐름에서 사고로 이어지기 전에 블록형성을 가지고 있어야 하는 부분이 안전예방블록(Safety Prevent Block) 또는 사고예방블록(Accident Prevent Block)이라고 정의한다. 결국은 3차의 장애요소에 대한 3차 요인을 제거하는 데 역점을 두고 분석을 강화하고 여기에 맞는 대응이 사고예방의 분석결과이다. MTO 분석을 통해 리즌의 모델을 개정해서 MTO 결과를 적용하여 모델을 제시한다. 따라서 사람의 사고요소의 흐름은 3단계로 나누어 분석된 결과를 나타낸다. 1차 요인은 사고 전의 사람의 사고요인에 대한 발생요소인 중재요소와 발생원에 대한 매개체의 국부적인 요소에 대한 기능적인 요소와 사고의 접점이 되는 불안전한 행동이 된다. 2차 요인은 사고의 접점 포인트로 사람의 불안전한 행동이 접하게 되는 접점이 단계이다. 3차 요인은 사람의 사고원인인 장애물의 3차 요소가 2단계인 접점과 접하게 됨으로 결국 사고로 이어지게 됨을 알 수가 있다.

결국 개정시킨 모델을 근거로 재발방지 대안은 결국은 1차 요인은 사람요소와 국부적인 기능요소와 불안전한 행동의 가장 요소가 사고요소로 단계로 진행되고, 2차 요인은 접점의 사전 사고요소와 3차의 장벽요소와 접점되어 발생되며, 3차 요인은 안전예방블록과 사건 요인이 접점이 될 때 발생된다. 3차 요인의 장애요소에 대한 대비책과 대책이 사람관점의 사고요인에 대하여 장애요소를 어느 정도 비중에 대한 시스템웨어, 하드웨어, 스프트웨어, 환경웨어적인 부분이 구축되고, 인프라 구축이 선행되어야 함으로 모델을 제시한다.

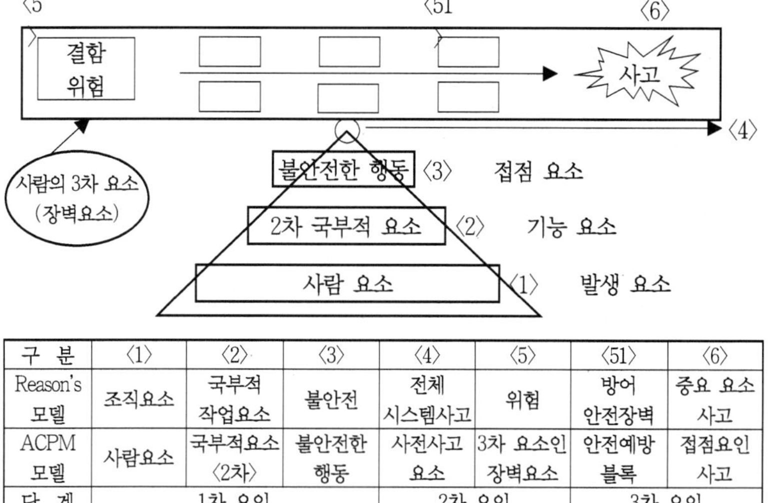

구 분	〈1〉	〈2〉	〈3〉	〈4〉	〈5〉	〈51〉	〈6〉
Reason's 모델	조직요소	국부적 작업요소	불안전	전체 시스템사고	위험	방어 안전장벽	중요 요소 사고
ACPM 모델	사람요소	국부적요소 〈2차〉	불안전한 행동	사전사고 요소	3차 요소인 장벽요소	안전예방 블록	접점요인 사고
단 계	1차 요인			2차 요인		3차 요인	

〈그림 7.11〉 개정한 ACPM 모델

7·2 HFPM(Human Factor Prevent Model) 추출 모델 개발: 인적 요인 관점

7·2·1 모델 개발을 이용한 추출

1) 모델 개발

HFPM(Human Factor Prevent Model)에 대한 추출 연구 중에 인적 요인에 대한 요인 연구의 범위는 (Gavriel Salvendy et al., 1986)의 인적 요인 핸드북에 의해 정의하면, 인적 요인의 연구범위는 광의적 표현 5개로, 협의적 표현 10개 요인의 범위로 나타난다. 광의적 표현은 기능과 근본, 분석과 디자인과 시스템, 인적 요인의 사고에 대한 원인, 결과에 대한 문제의 접근의 모델, 조절과 결정에 대한 요인, 자동적, 수동적인 것에 대한 운영에 대한 사항으로 분류를 근간으로 한다.

본 연구 중에 인간요인은 전자에서와 같이 인간의 불안전한 행동에 관점을 두고 있고, 더 나아가 휴먼웨어적인 측면에서 분석하고자 할 때 인간요인은 인적 오류로 전이되기 이전의 단계로 본다. 광의적 표현을 5가지 중에 분석과 디자인과 모델링을 이용해서 반도체에서의 사고에 대한 인적 요인을 도출하고 기존모델을 응용해 적용하도록 한다. 인간요인에 대하여 〈표 7.3〉이 언급한 내용을 요소별로 분류해서 도해한다.

<표 7.3> 인간요인의 HFPM 연구영역

① 기능(Function) ② 근간(Fundamental) ③ 분석(Analysis) ④ 디자인(Design) 　■ 일/조직 　■ 장비/직업장 　■ 환경 　■ 안전/보건 　■ 교육/훈련	⑤ 시스템-컴퓨터 　-평가-사용- 　적용 ⑥ 모델링 ⑦ 조절/결정 ⑧ 커뮤니케이션 ⑨ 자동 ⑩ 수동	-①+② -③+④+⑤	-지식(Knowledge)	근본, 본질적
		-⑥ -⑦+⑧	-규율(Rule)	매개체
		-⑨+⑩	-기술(Skill)	직, 간접요소

(협의적 세분화)　　　(광의적 세분화)　　(기존의 모델)　　(HFPM)

<표 7.4> 인간요인의 HFPM 요소별 분류

1차적인 요소	사람요인			
본직적(근본적) 요소	기능, 근본, 본질			
2차 원인(매개체 요소)	모델링, 시스템, 의사결정, 마킹, 커뮤니케이션, 평가			
3차 원인 (직접요소+간접요소)	작업, 조직, 장비, 자재, 환경, 디자인, 시스템, 관리 등			
	직접 요소	① 작업/조직 ② 장비(설비, 자재) 　/작업장 ③ 환　경 ④ 안전/보건 ⑤ 디자인 ⑥ 시스템	간접 요소	-진동, 소음, 환상 기후, 공간 -위험요소, 실내디자인 -원재료, 자동, 수동 -스트레스, 작업/현장 -작업관리

1) 1차적인 요소: 사고요인의 시발점으로 정의한다.

2) 본질적인 요소: 감각, 인지, 인식, 학습, 지식, 지각으로 인간이 가지는 인체적인 기능을 정의한다.

3) 매개체 요소: 의사결정, 평가, 교육훈련, 정보공유, 의사결정인 1차적인 요소에서 직접요소(간접요소)까지의 중간 역할의 시스템

적인 부분이다.

4) 직접요소(간접요소): 사고의 직접요인/간접요인 요소가 되는 부
   분이다.

그래서 기존모델을 응용하면 1차적인 요소는 기술, 본질적인 요소
는 규율로 매개체 요소는 지식 직/간접요소는 기술과 규율과 지식으
로 정의한다. 이처럼 인간요소에 대한 추출에 대한 분류 중에는 간접
요인에 대하여(G. H. Mowbray & J. W. Gebhard et al., 1958)는 인
간의 감각 부분과 물리적인 에너지의 자극 요인을 비교 분석한 결과
를 보면 유용하게 활용한다.

본 연구에서 반도체의 사고요인을 1차적으로 분류하면 사람, 설비,
자재, 작업, 조작, 환경, 디자인, 시스템으로 나타낸다. 특히 여기에서
는 사람과 상관관계가 있는 설비, 자재, 작업, 조직, 환경, 디자인, 시
스템은 전자 〈표 7.3〉에서 휴먼웨어, 하드웨어, 시스템웨어로 분류한
내용과 동일하게 다 상관관계가 있다.

2) 인적 요인에 대한 연구 및 추출 방법

인적 요인의 연구방법은 크게 두 가지로 분류하는데, 하나는 사전적
접근방법이며, 인적 요인에 의한 사고발생 이론을 개발하고, 이론을
바탕으로 인간, 기계, 환경, 기타 요인에 의해 극복하려는 방법이고,
다른 하나인 사후적 접근방법은 사고나 사건으로부터의 요인을 객관
적이고 과학적인 사고조사를 통해 나온 결과를 반영한다.

이처럼 반도체에서의 사고요인은 인적 요인의 요소별 분류 중에 두
가지 방법으로 사고 방지에 초점을 맞추려고 한다. 첫 번째는 사람을
(1차적인 요소)로 볼 때 인적 요인의 직, 간접요소, 즉 반도체의 사고
요인을 참고로 해서 시스템을 매개체요소로 사람, 설비, 자재, 작업,

조직, 환경, 디자인을 통해 2차, 3차 요인과의 비중에 대한 분석을 한다. 두 번째는 2차, 3차 요인의 상관관계를 찾아내어 직무의 효율적인 관리 방법의 향상을 나타내려 한다. (Stanton & Baber et al., 1991) 이 인간을 시스템의 일부로만 생각하여 시스템의 전체적 효율성을 목적으로 인간의 한계적 요소에만 초점을 맞추는 기계론적인 차원을 넘어서 인간의 사고방식, 정서, 행동 등 전반적인 심리, 행동적인 문제를 포괄적으로 고려하여야 한다고 주장한다.

결국 반도체산업의 설비와 기계가 개발, 운영되고 자동화된 고가의 설비가 산업경쟁의 승리를 좌우하는 현대의 기업전선에서 이를 가동, 작동, 운영하는 것은 주체는 인간이다. 기존 모델의 사람의 관점에서 1차 요인은 근본적 요소로, 2차는 매개체요소로, 3차는 직, 간접요인으로 추출한다.

7·2·2 진행 절차

반도체의 사고요인을 사람, 설비, 자재, 작업, 조직, 환경, 디자인, 시스템이라고 규정하고 본 장에서는 사람과의 각각의 상관관계를 분석함으로써 산점도를 그래프화, 관련성을 분석하고 이에 따른 1차 요인을 기저 단위의 요소로 볼 때 각각의 2차 요인에 대한 사고 건수를 각 처리에 따라 특성치에 대한 평균의 차이가 있는지의 여부를 검정한다.

검정결과에 따라 실험요인이 종속변수에 영향을 미치는지 여부를 판단하는 ANOVA(분산분석: Analysis of Variance)를 분석해 본다. 이를 통해 반도체의 1차적인 사고요인을 통해 유의수준을 알아보고 각 1차 요인에 따른 분산에 대한 사고의 건수가 다른지에 대해 평가한다. 이에 따라 인적 요인의 사고요인을 2차 항목에 대한 원인에 대한 분석절차를 제시화하고 피어슨의 미니탭을 이용해 분석해 보고 2차 요인의 항목을 사고 건수와의 상관관계를 절차화하고 기존모델을 개정해 기본 틀로 해서 절차화한다.

〈그림 7.12〉는 단계를 1), 2), 3), 4), 5)로 나누어 본다. 1)의 단계는 ACPM에 대하여 내용과 통일하게 1차 사고요인 6개 인자를 주요 인자로 하고, 3차 요인에 관계된 요인의 건수를 중요 인자로 해서 각 1차에서 나온 결과에 2차 요인을 출력으로 유도된 직, 간접요소의 사고요인 건수를 근거로 상관관계의 요인과 건수를 도출화하는 단계와 2)의 단계는 피어슨의 2인승 인자 도출 관계식에 1인승에 해당되는 단순 요인 방법으로 유도한다. 사람(H: Human), 설비(M: Machine), 자재(Ma : Material), 작업(W : Work), 조직(O : Organization), 환경(E : Environment), 디자인(D : Design), 시스템(S : System)이라고 하면 상관관계를 사람과의 관계, 즉 변수 간 관계의 강도를 알아보는 것으로 단순상관관계보다 다중 상관관계로 강도를 측정해서 사람과 설비, 자재, 작업, 조직, 환경, 디자인, 시스템에 대하여 분석을 한다. 각각의 1차 요인에 대하여 요인 수에 대하여 관련성을 보고, 반도체 사고요인에 대한 건수 기준으로 분석을 해서 요인에 대한 주요 기틀에 대한 관련성을 분석한다. 3) 인적의 사고요인과 사고 건수의 변수들 사이의 관련성과 상관계수를 분석해 보고 회귀분석을 신점도와 상관계수를 추출하고, 회귀분석에서는 단순 회귀분석을 실시해서 R2(결정계수)를 파악해 보고 변동에 대한 차이를 나타낸다. 4)의 단계는 나머지 8개의 1차 인자와의 직, 간접요인인 3차 요소의 사고 건수가 결국 유의 수준 차에 대하여 요인별과 사고 건수로 분석해 봄으로써 요인의 분석 결과에 대한 검증을 하고자 한다. 5)의 단계는 1차 요인의 7개 인자를 흐름 절차해 봄으로써 반도체 사고요인의 모델화해서 구축한다.

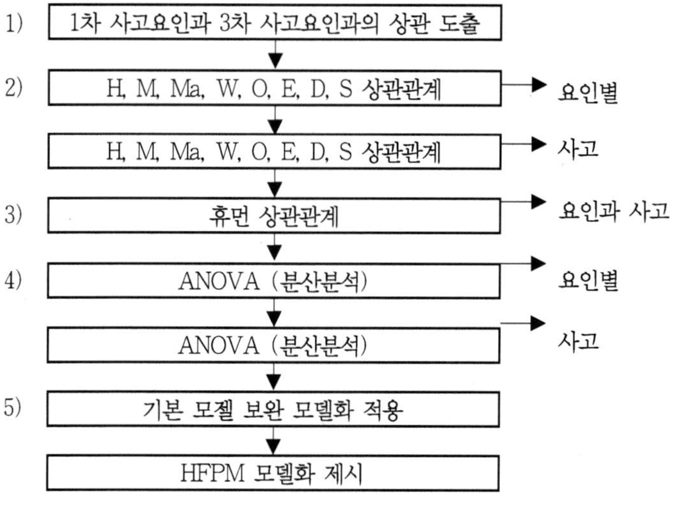

〈그림 7.12〉 HFPM 절차순서 다이어그램

7·2·3 인적 요인 예방모델(HFPM: Human Factor Prevent Model)에 대한 데이터 분석

1) 요인관계

① 상관 추출

분석자료는 반도체 사고요인의 조사자료로서 이 데이터를 반도체의 1차 사고요인 8개 요인과 2차 요인과 3차 요인을 세분화하고 그 세부 내용은 3차 요인 $n3=189$개 요인과 3차에서의 사고 건수 $n=469$개 건수를 분석하여 사고분석에 대한 인적 요인의 주요 인자 중심으로 추출하여(1차 사고요인의 3차 요인 내림차순) 선별하고 3차 요인 $n3=127$개 항목에 3차 요인의 사고 건수 $n=364$ 건수를 분류한다.

또한 사람과 요인별 분류, 설비의 요인별 분석, 자재의 요인별 분류, 작업의 요인별 분류, 조직의 요인별 분류, 환경의 요인별 분류, 디자인

요인별 분류, 시스템 요인별 분류의 내용을 근거로 아래 표는 HFPM
에 대한 사고의 2차, 3차 요인의 중요 요인의 카테고리 분류이다. 〈표
7.5〉에서 요인별로 중요 인자별로의 요인 수에 대한 상관계수를 알아
본다. 요인은 2차 요인 중에 8개의 1차 요인에서 중요한 관계요인을
상관계수라고 한다.

〈표 7.5〉 사고요인의 종합적인 분류표

1차 요인	2차 요인	3차 요인
사람	역할/기질	−부족, 미준수
	조작	−미실시, 오조작, 실수, 미숙
	인지	−미인지, 인지부족
	지각	−실수, 부족, 없음
	지식	−함정, 결여, 미습득, 미흡
	행동	−미준수, 과다행동
설비	관리	−미비, 불량, 유지 미비, 보수 미비, 변경 미비
	주기	−초과, 주기미정
	오동작	−불량
	점검	−미비, 불량, 항목관리 없음
	부품	−주기, 오작, 초과, 피로, 과부하, 막힘, Crack
	진동/하중	−무게초과
자재	안전평가	−평가항목 미비
	수명	−관리불량, 미비, 주기초과
	재질	−불량
	노후	−노후
	크랙	−금이감
	피로	−성능저하
	관리	−복잡성, 관리불량, 정리정돈
	기준	−운영 미흡, 기준 미비, 미수립, 미준수, 초과
	방법	−불량, 과부하, 속도과다, Tool 불량
작업	준비	− 사전준비 미비, 안전표식, 운영절차, 위험지식, 결여, 평가 미비, 평가부족, 인간공학 검토
	검사	− 미시행, 미준수, 불량, 절차생략, 절차부족, 표준 미비, 표준실수, 표준 미흡, 무시

1차 요인	2차 요인	3차 요인
작업	환경	- 검토 미비, 기준 미비, 기준 이탈, 비산 불량, 시설 미비, 배기문제, 냄새, 소음, 인지, 입지부족, 진동, 조명, 평가 미비, 하중, 공간협소
조직	투자	-투지 미비
	감시	-감시 미비
	직무기술	-직무기술 미비, 기술 없음
	계획	-미비, 부족, 없음
	정책	-정책 미비, 없음
	피드백	-미비
환경	물질	-혼합, 반응
	과제	-복잡성
	작업환경	-공정 미비, 오디트 미비, 규정/절차 미비, 신상필벌 미비
	평가	-사전평가 미흡
	기준	-기준 이탈
	모랄	-역할/역량 미비
디자인	적합성	-기준
	인간공학	-적용 미비
	기준	-기준 미비, 평가, 구성 미비
	시설	-설치 미비, 구성불량, 기준 미비, 실패
	사용성 평가	-사용불량, 이중장치 미비
	용량	-불량, 초과
시스템	정보공유	-채널 미비
	운영	-공감대 미비
	분석	-기능성 미비
	바이러스	-동작 안됨
	프로그램	-없음
	시스템	-기준 없음(백업), 이중장치

② H, M, Ma, W, O, E, D, S의 요인별 상관관계

영차 크로스에 의하여 상관관계의 크기를 구하면 제3의 요인의 효과를 분류한다. 첫 번째 제3의 요인이 완전한 효과는 상관관계(R^{I}, R^{II})가 0.1 미만이라 볼 때 작업과의 상관관계는 사람과 설비와 자재하고의 상관관계를 이루고 있다. 두 번째 제3의 요인의 부분적 효과의 상

관계수(R^{I}, R^{II})가 0.05 이상 0.1 미만 또는 한쪽의 차가 0.1 이상 다른 쪽의 차가 0.05 미만일 때 여기서는 없다고 보면, 세 번째 제3의 요인의 교호적 효과의 상관계수(R^{I}, R^{II})가 0.1 이상일 때 전반적인 사고요인의 1차 요인이 존재한다. 네 번째 제3의 요인이 효과를 미치지 못하는 부분은 상관계수(R^{I}, R^{II})의 차가 0.05 미만으로 디자인과 조직으로 분석되고 있다. 시스템 부분은 무한대로 전 부분에 효과를 못 미친다. 이처럼 사고요인에 대한 상관관계에서 시스템은 1차 요인의 각각의 대하여 상관계수가 없는 것으로 데이터가 나와 실제 시스템의 요인은 상관관계에서 미비한 것으로 판단되고 나머지 요인은 상관관계가 있다.

③ H, M, Ma, W, O, E, D, S의 사고 건수별 상관관계

상관관계에서 보면 사고요인의 건수별 상관관계를 보면 전반적으로 상관관계계수($R I$, $R II$)가 0.1 이상으로 교호적 관계를 가지고 있지만 일부 환경과 조직, 디자인과 설비, 디자인과 조직 또는 시스템과 사람, 시스템과 디자인은 상관관계수가 0.05 이상으로 부분적인 효과를 이루고 있다. 결론적으로 판단을 하면 사고요인 중에 전체적인 부분에 대하여 교호적 관계와 전자에서 언급한 2개 요인관계를 가지고 있어 부분적 관계이다.

④ 인적 요인과 사고원인에 대한 상관분석 및 계수

〈그림 7.13〉에서 보는 것처럼 사람의 인적 요인과 사고 건수를 시각적으로 보기 위하여 산점도를 보면 양의 상관관계로 나타나고, 이로 인해 산점도와 상관계수의 관계를 파악할 수 있으며, 회귀분석은 입력변수, 즉 사고의 요인에 대하여 출력변수, 즉 사고의 건수에 대하여

예측을 한다. 이렇게 분석하면 독립변수는 사고의 요인이 되고 종속
변수는 사고의 건수가 되는 것이다.

결국 R2(결정계수)는 0≤R2≤1의 범위에서 R2가 50%이므로 전체
산포 중 회귀식으로 50%가 설명되고 48%로는 다른 원인에 의해 설
명된다. R2(adj)는 유의하지 않은 독립변수(사고의 요인)가 회귀식에
포함되면 감소하므로 결국 P-Value와 R2(adj)와 비교해 분석하면
P-Value=0.003이므로 0.05보다 작고 R2(adj)가 R2보다 작음으로 변
동은 부분적으로 사고요인과 사고 건수에 대한 통계적 분석은 유의하
다고 본다. 따라서 인적 요인과 사고원인에 대한 상관관계는 0.719로
양의 상관계수를 가지고 P-Value는 0.003으로 유의수준 0.05보다 작
음으로 인적 요인과 사건 건수의 상관관계는 유의하다고 할 수 있다.

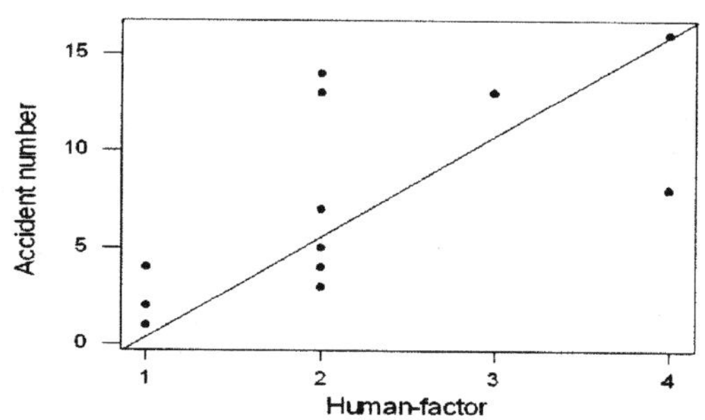

〈그림 7.13〉 휴먼의 요인과 사고에 대한 산점도

⑤ H, M, Ma, W, O, E, D, S의 요인별(3차 요인) ANOVA 분석
ANOVA는 근간의 평균값 차이가 군내에서 발생하는 변동보다 큰
지를 결정하는 것으로, 즉 8개의 1차 사고요인 중에 3차 요인을 각각
중요한 요인을 세분화해서 (H:17), (M:20),(Ma:8), (W:40), (O:10),
(E:10), (D:13), (S:6) 2차 요인 전체 n2=48개 중 3차 요인 n3=127

요인을 분석해서 각각의 3차 요인에 대한 유의한가를 One-way ANOVA(일원 배치법)으로 검증한다. 유의수준을 $\alpha=0.05$로 하고, 다만 이 분석은 1차 요인별로 3차 요인의 평균 항목에 차이가 있다고 보는 부분을 명확히 해서 독립적 정규분포가 인자의 모든 수준은 동일한 수준에서 출력 값이다. 정규성은 H의 P-Value=0.053, M의 P-Value=0.336, Ma의 P-Value=0.0000, W의 P-Value=0.336, O의 P-Value=0.092, E의 P-Value=0.0000, D의 P-Value=0.428, H, M, W, O, D의 0.05보다 P값이 크므로 정규성을 가지고 Ma, E는 정규성을 따르지 않는다.

즉 중요 인자의 3차 사고요인은 항목에 대한 부분으로 정규성 유무를 보면 Bartlett's Test 결과는 모델에 대한 가정의 유효성을 보는 것으로 P값이 0이므로 유의수준 0.05보다 작음으로 결국 가정에 대한 유효성을 분석해 보면 평균 사고요인별에 대한 수에 대하여 분산은 다르다고 할 수 있다. 이것은 반도체의 사고요인은 전체적인 요인에 대하여 일률적인 사고요인이 아니라 1차 요인에 대하여 사고요인은 동일하게 평균적인 분산의 값을 가지고 있지 않다. 또한 P값이 0.005이므로 각각의 1차 사고요인별로 요인 항목 수는 모두 같다.

결국 분석한 결과 각각의 1차 요인을 근간으로 3차 요인에 대한 항목 수는 작업/재료/설비/사람에 대한 항목이 다변화되어 있지만, 환경과 디자인과 조직, 시스템은 사고요인 항목에 대하여 산포의 차이가 적어 사고요인의 변수에 대한 연구가 지속적으로 되어야 한다.

```
Regression Analysis: Accident number versus Human-factor

The regression equation is
Accident number = -0.96+3.71 Human-factor


Predictor        Coef        SE Coef         T          P
Constant        -0.962         2.212       -0.43       0.671
Human-fa        3.7143         0.9961        3.73       0.003
S = 3.727     R-Sq = 51.7%      R-Sq(adj) = 48.0%
Analysis of Variance
Source           DF           SS          MS          F          P
Regression        1         193.14       193.14       13.90       0.003
Residual Error   13         180.59        13.89
Total            14         373.73
Unusual Observations
Obs      Human-fa      Accident      Fit      SE Fit     Residual     St Resid
14         2.00         14.000      6.467     0.962       7.533        2.09R
R denotes an observation with a large standardized residual

Residual Histogram for Accident
```

<그림 7.14> 사람의 요인별과 사고 건수와의 회귀분석

⑥ H, M, Ma, W, O, E, D, S의 사고요인(건수별) ANOVA 분석

각각의 1차 요인을 근간으로 사고 건수에 대하여 중요 요인을 중점으로 종합 (H=69), (M=51), (Ma=61), (W=121), (O=14), (E=12), (D=28), (S=7)로 각각의 2차 요인 6개 인자에서 사고 건수는 n=463건으로 해서 3차 사고요인에 대한 건수의 유의한가를 유의수준(α=0.05)으로 해서 분석을 하되 흐름순서는 전자에서 요인별과 동일하게 진행한다. 각각의 사고요인에 대한 사고 건수의 정규성을 보면 H의 P-Value=0.250, M의 P-Value=0.460, Ma의 P-Value=0.029, W의 P-Value=0.054, O의 P-Value=0.092, E의 P-Value=0.122, D의

P-Value=0.565, S의 P-Value=0.000으로 H, M, W, O, E, D는 사고 건수에 대한 P=0.05보다 크므로 정규성은 가지나 Ma, S는 P=0.05보다 작음으로 정규성을 따르지 않는다고 본다. Bartlett's Test 결과 P값이 0이므로 유의수준 0.05보다 작음으로 결국 사고요인별 사고 건수의 분산은 다르다고 할 수 있다. 반도체의 사고요인은 건수에 대한 분산의 모든 수준이 사람, 설비, 자재, 작업, 환경, 디자인, 시스템이 동일하지 않다고 말할 수 있다. 사고요인에 대한 건수는 P=0.05이므로 사고요인별 사고 건수는 모두 같다고 볼 수 없다. 산포의 범위는 사람과 설비와 재료와 작업이 크게 있고, 환경과 조직과 시스템은 산포의 차가 적다고 볼 수 있다. 결국은 사고 건수는 산포의 범위를 줄이는 것이 해당 과제인 것이다.

2) 인적 요인 예방모델(HFPM: Human Factor Prevent Model)화 제시

① 기존 모델의 문제점

인적 요인의 대표적인 모델이 크락(Kragh)의 개인-상황요인론, 하겐(Hagen)의 스트레스론, 메이스터(Meister)의 관리적 개요론, 라스뮤센(Rasmussen)의 판단-행동론이다. 인적 요인에 기인된 요인은 많은 분류 형식으로 되어 있지만 너무 포괄적이고 인간의 정보처리 과정부터 특정 과업 영역에 한정되어 있음을 강조하고 있고 특히 일반성을 띠고 있는 라스뮤센의 방법은 사람의 기술, 규율, 지식으로만 한정되어 있고 광범위하다는 비판도 있다(Rohses et al., 1983). 적절한 부분을 더 세밀하게 발전시켜 가야 한다고 제시하고 있다.

또한 이 모델은 단축경로를 인정한다는 점은 중요한 사고요인 분석에서 절차를 따르지 않음으로 인적 요인이 이어져 인적 오류까지 발생할 수 있다는 약점을 가진다. 그래서 기술, 경험, 근본적, 상황적, 의식적인 면이 중요하다는 것과 이점을 보완해야 한다는 시급함을 가지고 있다. (Whalley-Lloyd et al., 1998)는 라스뮤센의 SRK 모델을 인적행동사슬 개념으로 기술의 기본 실행에서의 인지는 활동적인 정신적 절차의 요구가 없는 것으로 분석했고, 규율/절차의 기본 실행은 계획의 상태와 직접적인 반응의 해석으로부터의 단축경로를 갖는 것이고 지식의 기본 실행은 모든 사슬의 상태에서는 활동적으로 수행을 한다고 했다.

결국 작업자의 인지할 수 있는 요인과 작업자의 행동을 수반키 위한 해석과 개인적인, 시간적인, 문화적인, 지식의 요인의 결정 부분과 절차, 훈련에 의한 계획과 해석과 인지와 계획의 연계가 되는 반응 부분은 인적 오류의 원인에 근간한다. 반도체의 인적 요인을 1차, 2차, 3차로 분류하고, 이에 앞서 사람 측면에서의 인적 요인을 모델화하면 아래 〈그림 7.15〉과 같다. HFPM 모델을 제시하면서 큰 카테고리는 세 분류로 나눈다. 인적 요인 중에 사람의 요인을 근본적인 요인, 상황적인 요인, 의식적인 요인으로 나누어 볼 수 있고, 세부사항은 〈그림 7.15〉에서 보여진다.

이처럼 사람의 요인에 대한 예방 모델인 HFPM은 다음과 같은 흐름으로 진행이 되면 사람의 활동 사슬과 연관된 요인은 예방 및 최소화한다. 흐름은 아래와 같이 나타난다.

1) 사람의 인적 요인(조사): 작업에 필요한 인적 요인의 모든 원인에 대하여 사람의 2, 3차 요인의 분류 인자 및 요인에 대하여 조사한다.

2) 본질적인 요소(관찰): 기능적인 부분과 근간이 되는 부분에 대하여 인간과 기계(장비), 인간과 인간 등으로 인적 요인에 대하여 부분적

/ 전체적 관찰을 하되, 조사보다는 한 단계 높은 차원으로 진행한다.

3) 매개체 요소(중계): 상황적인요소의 카테고리로 제시한다. 인적 요인의 인프라 측면, 인터페이스 측면에서 행동 수반에 중계역할을 할 수 있는 요인이 반영 및 설정된 부분으로 대상에 대한 전반적인 부분이 숙지되어야 한다.

4) 점검(확인): 인적 요인에 사람의 의식 부분이 접하게 되는 요인으로 확인이 필요하고, 작업하기 쉬운 부분으로 인간의 행동의 시발점이 된다.

5) 직, 간접요소(강도): 인적 요인에 모든 부분이 포함되는 것으로 인적 오류에 근본적인 원인이 되는 것으로 작업성상 및 작업의 형태, 종류가 포함된다.

6) 목표(선택): 목표 및 선택은 시스템 운영에 필요한 부분을 언급하는 것으로 언급한다.

7) 기준(수립): 작업에 필요한 기준의 절차, 흐름순서, 작업방법, 작업표준, 기준에 준하여 시행하기 위한 수립에 대한 반영 부분으로 사람의 요인에 대한 행동의 사슬에 대한 절차의 수립 부분이다.

8) 횡전개(지속, 유지): 관리적인 면, 조직적인 면, 운영에 대한 재발 방지 및 동 종류에 대한 횡전개의 요인 부분이 지속적으로 유지, 개선되는 것을 말하는 것으로 효과에 대한 대, 중, 소가 확연히 표출되는 부분이다.

9) 행동(수행): 근본적인 사람의 행동요인으로 본직적인 요소의 관찰, 접점(확인), 직, 간접요소(강도)의 단축경로로 접목될 만큼 중요한 부분이고 인간의 행동에 대한 수행이 업무 실행에 필요한 행동의 핵심 포인트다.

10) 피드백(효과)으로 효과로 목표 이후에 대한 행동(수행)에는 사

람 중심의 인증요인, 횡전개(지속, 유지)의 동 종류 전개 및 기준(수립)
의 개념적 구축은 필수 불가결한 필요충분조건이고, 접점(확인)은 행
동의 피드백 관점에서 지도, 감리, 감찰은 중요한 요인임을 알 수 있다.

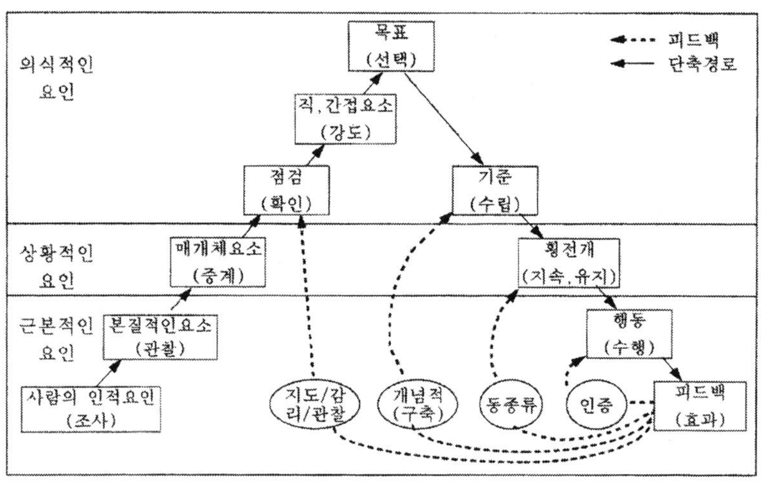

〈그림 7.15〉 인적 요인의 HFPM 모델

7·3 HEPM(Human Error Prevent Model) 추출 모델 개발: 인적 오류 관점

7·3·1 모델 개발을 이용한 추출

인적 요인에 대한 요인 분석은 수행인자의 선정기준과 선정에 대한
하부평가 인자 구축이 인적 오류 사고에 대한 데이터베이스 부재를
극복하고 특정 공정이 아닌 다양한 모델을 적용키 위해 필요하다. 또
한 인적 요인 영향 기준 선정과 하부평가 인자 구축은 발전시켜 나가

서 인적 요인에 대한 인적 오류 분석의 변별력과 인적 요인에 대한 선택이 넓어져야 되는 과제를 안고 있다. 이를 해결키 위한 세부하부 인자에 대한 분석 연구가 절실히 필요하다. 인적 오류 분석의 많은 문제점이 아래처럼 도출되고 있다. (Chris Johnson et al., 1999).

1) 표준적이고 상용되는 인적 오류 분석 방법론이 없다.

2) 인적 오류 모델링이 전문가의 주관적 해석에 의존하고 있다.

3) 인적 오류 원인을 설명하는 기술이 있지만 에러 예측을 위한 일반 에러 모델이 빈약하여 아직 실시간 예측의 지원이 없다.

4) 알려진 사고에 대해서만 인적 오류 사항을 검토하고, 경미한 사고에 대하여 간과된다.

5) 단위시스템에서 개별적인 에러만을 검토하고, 다중시스템상 에러는 등한시하는 점이다.

6) 작업자 실수에서만 검토하고, 그룹과 팀은 간과하고, 조직에 대한 애로 요인 찾기가 힘들다.

이런 방법들이 현재에서 언급한 인적 요인으로 라스뮤센의 의사결정 모형은 동적 오류 분류 체계에서 작업자의 의사결정에 따라 단계적으로 구성되어 있다. 한국원자력연구소에서는 인적 오류를 줄이기 위해 확률론적 안전성평가(PSA: Probabilistic Safety Assessment)의 일부분으로 인간신뢰성분석(HRA: Human Reliability Analysis)을 수행하고 있으며, 그 선행단계로 필요한 직무 분석의 일종인 구조적 정보 분석, 즉 직무 분석을 수행하기 위한 정보 데이터베이스 구축 일이 진행되고 있다.

이처럼 국내에서도 원자력발전소를 대상으로 PSFIS 선정 내용 분석과 인적 행위 개선 시스템이 진행되고 있기도 하다. 그리고 작업방법의 형성과 작업의 물리적 수행에도 시각적인 병행 문제가 있다. 기존인적 모델과 인적 오류 관련 분석 시스템은 인간의 오류 원인 분석과 신뢰도 측면에서 제2세대 분석 방법론이 되고 있다. HFPM을 연계해서 인적 오류를 분석한다. 특히 인적 오류의 대표적인 기존모델의 문제점이 소프트웨어, 하드웨어, 인바이론먼트 웨어, 라이브 웨어로만 분석이 되어 있고 이에 대한 요인분석을 2, 3차로 보완하고 인간공학적인 기존 인적과오 모델을 병합해서 좀더 세부적인 모델로 분석한다.

1) 인적 오류에 대한 기반 조건

인적 오류에 대한 기반(P.C.Cacciabue et al., 2005)은 인적 요인이 기술적인 시스템의 디자인과 안전평가를 고려한 가운데 기술적인 집합체의 요인과 사용자 혹은 작업자로부터 사고요인 제공자, 조정자의 광범위한 인식하에 적용하고 있다. 인적 요인의 결정 역할은 공통 인식 평가에 의해 점점 개선해 나가면서 인적 오류부터 자유스럽게 하기 위한 공감대의 필수 불가결이다. 어떠한 기술적인 시스템의 본질적인 특성을 검토한다.

안전뿐만 아니라 인적 요인의 함축적인 평가의 성취를 안전레벨로 개선키 위한 인적 오류의 예방, 회복에 대한 인적 기술과 여기에 따른 인프라가 거대한 힘을 가지고 탐험을 하듯, 오류의 연속적인 격리는 아직도 발생하고 있으며, 회복수준이 안 되고 있다.

인적 오류는 사고와 안전관리에 중점이 되어야 한다. 인적 오류 안전관리(HEAM: Human Error &Accident Management)와 인적 오류 위기관리 엔지니어링 시스템(HERMES: Human Error & Risk Management for Engineering System)은 (P. C. Cacciabue et al., 2004) 인

적 오류 관점에서 지속, 개선, 적용하기 위한 로드맵이 절대필요하다. 이와 같은 적용은 안전 결정적인 요소와 안전의 지적인(IOS: Indicator of Safety)의 기반 위에 순환 안전검사에 대한 개발이 이루어져야 하고, 미래에 대한 인적 오류와 안전 수준에 대한 지속적인 정의가 필요하다. HERMES를 통해 인적 오류는 사전 분석을 통해 평가와 정의와 평가와 할당을 통해 사후분석인 기술적인 사항과 유기적인 연계가 되어야 한다.

2) 인적 오류에 대한 발생요인 도출

(Thomas B. Sheridan et al., 1981)은 인적 오류의 발생에 관한 이론은 통일되어 있지 않고 따라서 과오에 관한 자료를 수립하는 목적 역시 의견이 일치하지 않고 있음을 지적한다. (Mark S. Sanders & Ermest J. McCormick et al., 1987)은 인적 과오의 발생에 과한 통일된 견해는 인적 오류에 관한 자료 정리와 이 자료의 평가, 결과를 이용하여 과오의 발생을 방지할 수 있는 방향으로 유용성을 제시할 수 있는 것으로 평가되기 때문에 필요한 것이다.

(A. D. Swain & H. E. Guttman et al.,1983))은 개인적이고 불연속적인 행위의 원인에 생략상의 과오(Error of Omission), 수행상의 과오(Error of Commission), 순서상의 과오(Error of Sequence), 시간상의 과오(Error of Time)로 구분하였고, (H. Kragt et al., 1978)은 인적 오류의 발생을 개인적 요인과 상황에 의한 요인으로 구분하고 만일 오류가 발생한다면 이를 사고 성향적 상황과 오류를 야기케 할 수 있는 요인들이 존재한다면 과오 성향적 상황으로 나누고 여기에 따른 세 가지의 서로 다른 수준으로 수행되어야 한다고 제시하고 있다.

이처럼 인적 오류는 하나의 요인만이 작용하여 발생하는 것으로 보이기도 하지만 보통 여러 종류의 요인들이 상호 작용하여 발생하게 된다. (A. D. Swain et al., 1972)은 인적 오류를 인적 요인에 의한 과오와 상황요인(Situation-Caused)에 의한 과오로 구분하고 있다.

또한 (F. P. Lee et al., 1973)은 인적 원인에 의한 과오가 20%, 상황에 의한 과오가 80%를 차지하고 있다고 해서 상황적 요인을 다루어야 한다고 주장한다. 인적 오류의 요인은 직, 간접요인으로 반도체 산업에서의 인적 오류요인을 추출하고, 오류에 대한 요인의 단순성의 분석과 연계성을 추가해 기존의 인적 오류 모델의 요인을 복합화를 반영한다.

7·3·2 절 차

1) 기존 인적 오류모델 (Bagnara et al., 1989)에 의해 인적 오류 분석 관점에서와 기존의 인적 요인의 일반적인 실패모형의 GEMS으로 인해 다른 툴에 의해 유사하게 분류가 포함되면서 개발되었다. 소프트웨어관점, 하드웨어관점, 환경웨어관점, 라이브웨어관점, 즉 휴먼웨어관점에서, 즉 인적 오류 사람, 하드웨어와 소프트웨어의 관계에서 사후고장을 말하는 것으로 반도체의 사고요인의 수행영향인자 8개를 2차 분류화해서 도출한다.

2) 기존 인적 오류모델을 기존 인적 요인의 불안전한 행동/의사결정 안에서 의도치 않은 행동과 의도한 행동의 기본에서 타입의 함정(Slip), 생략(Lapse), 실수(Mistake), 위협(Violation) 측면으로 반도체의 사고 내용을 수행영향인자의 2차 요인을 중심으로 분류해서 〈그림 7.16〉과 같이 분석한다.

3) 2)에서 언급한 기본 에러 타입을 근간으로 반도체의 사고 3차 요인을 근간으로 분류해서 에러의 분류화한다. 또한 불안전한 행동의

의도와 의도치 않은 부분을 개인적이고 불연속적인 행위의 원인에 대한 분류이다.

4) 오류에 대한 다변량 분석(Multivariable Analysis: 여러 분야에서 하나의 측정변수에 의하여 결과를 관찰할 수도 있지만, 여러 개의 개체와 변수와 측정해 다변량 자료에 대한 분석)을 실시해 관련 변수들의 차원이 클수록 다변량 자료를 전체 파악이 어려워 통계분석을 수행해 차원을 축소, 자료를 요약하는 주성분 분석을 함으로 오류에 대한 공분산 행렬의 고윳값과 고유 백터를 구함으로 주성분을 이용하게 된다. p개 안전요인의 변수에 n개치의 오류치로 구성되는 자료를 고차원에서 저차원으로 함으로 이상 값이나 비정상적인 관찰 값들을 찾도록 한다.

5) 4)의 절차에 의해 Mini-tab 주성분 절차를 이용해 주성분 원인을 유도함으로 하나의 주성분을 유도할 수 있다. 기존 인적 오류모델에서 사고요인의 2차 수행영향인자와 3차에 대한 오류의 인자, 즉 변수에 대하여 중요 인자를 유도한다.

결국 기존 인적 오류모델을 이용해 HEPM 관점에서 반도체의 인적 오류에 대한 최적안의 2차 요인과 3차의 오류를 모델 제시화한다.

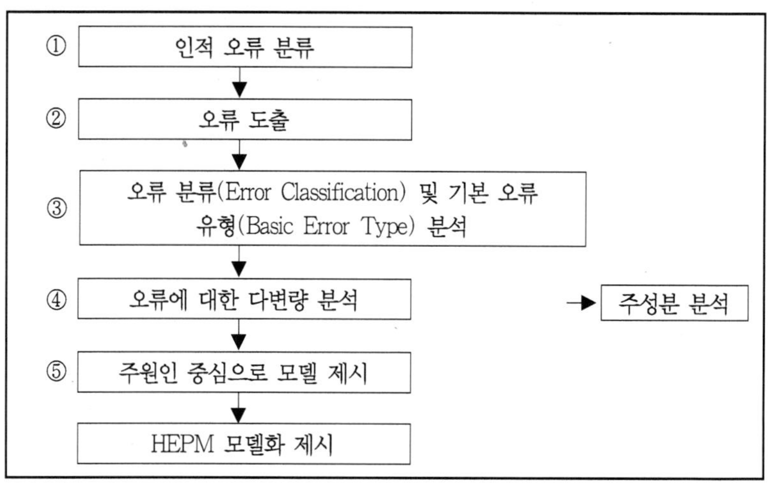

〈그림 7.16〉 HEPM 절차 순서 다이어그램

7·3·3 모델 추출

1) 요인 추출

모델의 요인 추출은 생산시스템에 분리할 수 없는 구성요소와 인간 요소의 논리적인 부분이 고려되어 있다. 기존 모델은 소프트웨어, 하드웨어, 환경웨어, 라이브웨어의 구성요소로 되어 있다. 어떠한 생산적인 절차에 의한 것이라도 하드웨어, 소프트웨어, 라이브웨어의 재원으로 결정구조의 공간에 3개의 축을 대변함으로 기준의 조합으로 정의한다.

기존 모델의 인적 오류는 인적인 요소, 하드웨어, 소프트웨어 사이의 사후고장의 생산 부분이라 보면 될 것이다. 기존 모델을 근거로 중요 요인들을 분류하기 위해서 분류의 유사점을 포함 많은 항목들이 개발되어야 하고, 많은 인적 오류 분석 분류가 일반적인 실패와 오류와 실수 등으로 많은 유사성을 체계화할 필요가 있다. 수행영향인자, 즉 사고요인의 일반성향을 보면 공통적인 일반성을 가지고 있다. 리스크의 평가 관점에서 보면 사고요인의 인자들에 대한 리스크펙터에 대한 관점으로 분류해 본다. 설비의 리스크펙터는 (Miroljub Gro zdanovic et al., 2001)

$$M = S.Ex.P.Pr \cdots\cdots\cdots (1)$$

S: 가능한 손해의 가치, Ex: 위험성의 폭로, P: 사고의 확률, Pr: 예방의 가능성과 환경의 리스크펙터 또한

$$E = Wr + Erg + Ni \cdots\cdots\cdots (2)$$

Wr: 작업 공간의 정리, Erg: 인간공학적인 상태, Ni: 다른 부정적인 영향 인적 요인의 위해요소는

$$H = Q + PS + O \cdots\cdots\cdots (3)$$

Q: 개인적인 자질, PS: 개인적인 정신적 능력, O: 일의 조작 수준 결국은 리스크 값은 $R = M.E.H(M/30)$ 으로 표현한다.

반도체산업에서의 사고인자의 1차, 2차 요인을 중심으로 기존모델을 개정해 보니 일반화된 1차 요인보다 2차 요인에 대한 부분이 세부적임을 알 수 있었고, 소프트웨어 관점보다 라이브웨어로 분석이 되어야 되는 검토가 필요하다. 다만 정보공유, 바이러스(Bug), 검사기준, 눈관리, 신뢰성, 관리, 표시, 평가/기준, 통신수단, 기준/목표, 의사소통의 유사 인자들의 2차 요인에서 이중성을 보인 것은 1차의 사고요인의 특성상 특화되어 있는 부분이 강조된다. 하드웨어 검사기준은 설비의 구성요소에 대한 리스크에 대한 설비의 인증 관점에서 검사기준이 되었고, 환경적인 측면의 평가기준은 작업환경에 필요한 작업장의 위해요소에 대한 평가기준이었고, 라이브웨어에 기준의 의미는 사람에 대한 자질 관점의 작업자 평가기준임으로 세분화되었다. 기존 인적 오류

모델은 근본적인 원인이 1차 원인으로만 광범위하게 정의되어 있는 실정의 예가 기존 오류 모델의 현 실태이다.

2) 오류 추출

오류 추출은 인간이 가지고 있는 위험에 대한 임시응변의 대응 자세를 모든 기계로 대처하기에는 어려움이 있고, 기계로 자동화시켰다 해도 인간의 능력이 개입되지 않으면 인간의 에러는 존재치 않을 수 있다.(Kim et al., 1998) 인간에러에 대한 연구는 여러 분야에서 필요하며, 각종 산업체뿐만 반도체산업에서도 인적 오류에 대한 각종 문헌이나 데이터베이스 수집이 요구되고 있다.

또한 다각적인 학문 연구를 통한 연구성과를 현장에 적용 및 응용기술이 필요하고, 반도체산업에서의 사고요인을 근거로 리즌의 에러를 도출해서 공통적인 요인을 파악하고 불안전요소를 제거시키는 것이 효율적이다. 인간과 관계된 인간-기계, 인간-인간, 인간-시스템의 부정확함으로 인한 실수나 과오 및 인지의 에러의 행동까지 반영해 도출하고 리즌 모델을 적용 및 응용토록 한다. 기존 인적 오류의 문제점을 개선키 위해 복합화, 연계키 위해 요인도출로 리즌의 GEMS는 기본 에러 유형을 함정, 생략, 실수, 위협으로 나누었고, 이 부분을 기존모델의 S.R.K 모델과 병행시켜 본다. (Rasmussen et al., 1981)은 인간 에러는 숙련도 기본 수준에 따른 실행 시의 실패에 따라 의도한 행동이 불가능하여 일어나는 함정과 생략 경우와 지식 정도의 계획에 따라 행동하고 있으나 행동 자체가 목적에 대해서 부적당하게 일어나서 실수나 실언하는 경우가 있다고 제시한다.

따라서 반도체의 사고요인, 즉 수행영향인자를 적용 시 〈표 7.6〉처럼 제시되고 있다. 소프트웨어, 하드웨어, 인바이론먼트웨어, 라이브웨어를 분류해 기본적인 에러 형태를 연계시킬 때 불안전한 행동과 상태가 내재되어 있다. 〈표 7.6〉에서 언급한 모델을 근거로 기존오류모델을 연계시켜서 유도한다. 그러나 소프트웨어는 기준에서 못 미치고 사용조건에 안전조건이 부족한 개념의 미비, 실패, 불량 등으로 다수를 이루고 있고, 하드웨어는 미비, 불량, 오동작, 피로, 과부하, 크랙, 해지, 변형, 저하 등으로 설비, 기계 및 자재 등에 많은 에러성을 제시하고, 인바이론먼트웨어는 미규정, 미절차, 미비, 과부하, 결여, 부족, 실수, 미준수 등으로 작업환경과 작업에 필요한 인프라 부분에 대한 지식, 기술, 규율에 대한 에러 형태를 보이고 있고, 라이브웨어는 사람과 조직과 연계된 영향인자로 미비, 미준수, 부족, 미숙, 생략, 부주의, 착시, 스트레스, 미통제 등으로 에러 형태로 규정을 한다.

  결국 〈표 7.6〉을 기존 인적 오류의 3차 요인을 연계시켜서 〈표 7.7〉을 제시할 수 있다. S.R.K를 근간으로 해서 연계시킨 모델 S.H.E.L의 관계와 오류를 도출시키면 기술-근거 주의 및 기억실패는 S.L과 지식에 연계된 사항으로 미주의, 과주의, 부주의 중심의 실패와 규율-근거 및 인식기본 실수는 H.E.L과 규율에 연계에 좋은 규율의 부적응이나 나쁜 규율에 대한 미준수이고, 지식근거 적용 및 일상 제외는 H.L과 발전적 학습에 대한 적용치 못한 미적용, 미숙련, 미지각, 미교육/미훈련 등이 도출됨을 알 수 있다

〈표 7.6〉 반도체산업에서의 개정된 HEPM 모델: 1, 2차 요인

	Soft-ware	Hard-ware	Environment-ware	Live-ware
1차	디자인	설비	작업	사람
	시스템	자재	환경	조직
2차	인간공학	관리/지시	검사/부하	역할/기질
	기준	검사/기준	관리	기술/목표
	구조	주기/평가/재질/노후/부식/열화/스트레스	표시	교육/훈련
	사용성평가	구조	작업방법/작업준비/작업절차/작업평가	조작/이해
	기능/용량	눈관리	포준	인간공학
	풀-프로프	신뢰성	환경	인지/판단/지각
	재질/주기	점검	작업형태	지시/착시/행동
	레이아웃	부품	툴	스트레스
	정보 공유	진동/하중	인프라	투자
	운영	바이러스	평가/기준	의식
	분석	디자인	통신수단	직무기술
	바이러스	풀-프로프	모랄	의사소통
	프로그램	인터록	모니터링	통제/문화

3) 오류분류 및 기본오류 유형

에러 분류와 기본에러타입의 분석 중에서 오류의 분류를 발생요인 측면에서 분석하면 (A. D. Swain & H. E. Guttman et al., 1983)이 제시한 개인적이고 불연속적인 행위의 원인에 대한 생략과오, 수행상

의 과오, 순서상의 과오, 시간상의 과오를 1차적으로 분석한 부분을
〈표 7.7〉에서 S.H.E.L를 근거로 적용한다. 그중에 반영하면 기존인적
오류 모델에 대한 소프트웨어, 하드웨어, 인바이론먼트웨어, 라이브웨
어를 4개의 A. D. Swain의 과오를 적용해서 전체적으로 그래프 해
보면 아래와 같이 나타남을 알 수가 있다. 전체적으로 보면 반도체 사
고요인을 오류 분류해 보면 결과 공통적으로 수행과오가 4개의 수행
영향인자 모델에 수행과오(EC)가 전반적으로 높게 수치됨으로 인간
행동 시 인적과오는 큰 비중을 차지하고 있음을 나타난다. 반도체산업
의 특성상 인적 요소의 오류요인인 수행은 곧 사람의 의존성이 크게
좌우됨을 보이고 있으며, 그다음 에러의 비중이 큰 것은 생략과오
(EO)로 나타난다.

특히 업무 특성상 시간과 신속대응에 대한 대응 및 업무로 인하여
업무에 복잡성을 가지고 있는 상태로 운영자나 작업자가 항상 긴장상
태로 인한 인적 오류로 나타남을 알 수 있다. 또한 순서과오(ES)는
전반적으로 분포함을 알 수 있고, 시간과오(ET)는 하드웨어적인 측면
에서 다수 발생하고 있으며, 이로 인해 설비에 대한 유지, 보수, 개선
에 대한 시간적인 오류가 인적 오류로 나타냄을 알 수 있다. 또한 라
이브웨어에서 시간과오는 전혀 인적 오류의 문제가 나타나지 않음으
로 인적 관리 측면에서 시간적인 관리의 오류는 없는 반면에 이중성
(EL & ES, EO & ES, EC & EO)이 다수 보임으로써 복합성이 가중
됨을 알 수 있다. 결국 전체적으로 보면 반도체에서의 사고에 대한 에
러의 분류는 생략과오 20%, 수행과오 58%, 순서과오 11%, 시간과오
11%로 나타난다. 이로 인한 업무 수행에 대한 에러가 과반수를 차지
할 때 업무에 대한 수행능력 및 수행과정에 대한 업무 영역별 연구

검토가 되어야 함을 제시한다. 기본에러 형태를 오류의 분류에서 도출한다. 이처럼 에러 분류비율을 보면 수행과오(58%), 생략과오(20%), 순서과오(11%), 시간과오(11%)가 나타난다.

<표 7.7> HEPM 모델의 오류 도출

Soft-Ware	Hard-Ware	Environment-ware	Live-Ware
사용성 미비	관리 미비/불량	복잡성	미비
기준 미비	운영/보수/변경 미비	프로세스 미비	미준수
평가 미비	기준/점검 미비	오디트 미비	부족
설치 미비	불량	미규정/미절차	미숙
실패	노후	부족	부주의
미선정	부식	생략	불필요행동
없음	저하	손실	미통제
사용불량	눈관리 미비	미시행/미준수	결여
초과	부족	실수	착시
적합성불량	미주기	분석 미비	스트레스
미동작	변형	이탈	미설정
조건 미비	오동작	미정립	함정
구성불량	피로	과부하	생략
이중장치 미비	크렉	정리정돈불량	미흡
	구조 미비	초과	
	지시 미비	과다	
	해지	정보공유 미비	
	초과	결여	
	과부하	평가 미비	
		기준	
		미비/미수립/미준수	

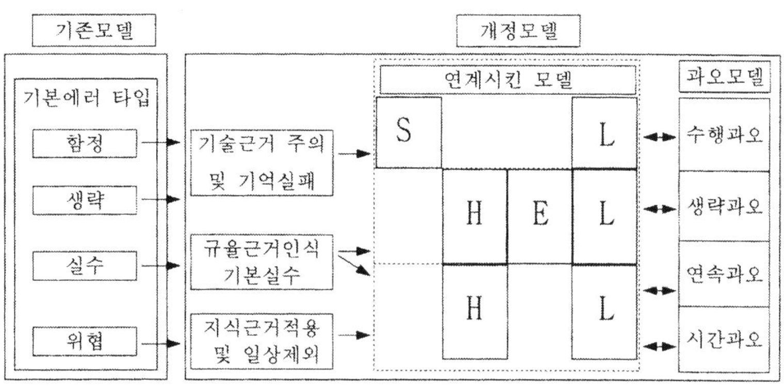

〈그림 7.17〉 복합한 HEPM 개념도

〈표 7.8〉 반도체산업에서 오류 분류

No	Soft-Ware	오류분류	Hard-Ware	오류분류	Environment-Ware	오류분류	Live-Ware	오류분류
1	사용성 미비	EC	관리 미비/불량	EC	복잡성	EO	미 비	EC
2	기준 미비	EC	운영/보수/변경 미비	EC	공정미비	EC	미준수	EC
3	평가 미비	EC	기준/점검 미비	EC	오디트 미비	EC	부 족	EC
4	설치 미비	EC	불 량	EC	미규정/미절차	ES	미 숙	EO
5	구성불량	ES	초 과	ES	평가 미비	EC	생 략	EO
6	실패	ED	미주기	ET	이 탈	ET	부주의	EC,ES
7	조건 미비	EC	구조 미비	EC	정보공유 미비	EO	함 정	EO,ES
8	사용불량	EC	눈관리 미비	EO	분석 미비	EC	결 여	EC
9	이중장치 미비	EC	부 족	EC	과부하	EC	미 흡	EC,EO
10	초 과	ET	오동작	EC	정리정돈불량	EC	착 시	EO,EC
11	미선정	EO	피 로	ET	기준 미비/미수립/미준수	EC	불필요행동	EC
12	적합성불량	EC	과부하	EC	초 과	ES	스트레스	EC,ES
13	미동작	EC	크 랙	ET	과다/결여	EC	미설정	EC
14	없 음	EO	지시 미비	EO	실 수	EC	미통제	EC
15			노후/부식	ET	부 족	EC		
16			변 형	ET	생 략	EO		

생략과오 (Error of Omission: EO), 수행과오 (Error of Commission: EC)
순서과오 (Error of Sequence: ES), 시간과오 (Error of Time: ET)

결국 생략과오의 세부분석으로 운전자, 작업자의 작업 및 설비 유지 보수 및 중앙통제실에서의 운영에 대한 모든 영역에 대한 사항에 대하여 생략(망각), 미비(눈관리, 착시현상) 및 절차 미비 및 미준수가 에러로 그래프화되는 것은 절차서, 계획서, 표준서에 대한 작업자의 자질과 능력에 대한 결여로 나타난다. 수행과오는 사용성에 대한 설치, 구조 미비 및 기준(조건) 미비 및 오동작, 관리불량 등으로 나타나는 것으로 주로 설비, 부대설비 및 부품 및 재료에 대한 신뢰성 미비로 운전자 및 작업자의 인적과오를 유발시키는 직접적인 원인으로 사전에 대한 인간-기계의 인터페이스 측면에서 사용성 평가 및 설비에 대한 신호 검출에 대한 분석 및 인간의 작업성에 대한 인증이 필요하다고 판단된다. 순서과오는 초과 및 구성, 규칙, 절차에 대한 에러가 도출되어 이에 대한 순서, 표준서에 대한 안전 검토서가 보완이 필요하며, 시각과오는 주기불량, 피로, 크랙(Crack), 노후, 변형 등이 에러 형태로 발생됨에 따라 신뢰성에 대한 모든 작업자, 운전자에 대한 전문가 육성과 하드웨어적인 수명주기 관리에 대한 시스템 보완이 절실히 필요하다.

따라서 반도체산업의 인적 오류의 활동 영역의 분류를 생략과오에서 절차, 망각의 과오, 수행과오에서 사용성 관리의 과오, 순서과오에서 초과, 구성, 초과의 과오, 시간과오에서 피로, 변형의 과오로 개념을 정의한다. (Ericsson and Kintsch et al., 1995)는 장기주기 작업기억 혹은 사용작업 기억은 여러 가지 양상의 정신적인 부분이 결정적으로 실행 수행에 중요한 기억이 된다. 기억의 함정이 되면 사고로 이어지고 (Pape et al., 2001)은 항공 교통통제에서 1985~1997 사이에 에러의 공통 형태는 주의와 기억에서 발생되었다고 제시하는 것처럼 (Cardosi et al., 2002) 망각 기억은 인적 오류의 중요한 동작과오의 요소임을 강조한다. 과오의 세부분석은 〈그림 7.18〉에서처럼 인적 오류 1차, 2차, 3차 중에 3차 요인의 직, 간접에서 추출한 요인으로 반도체 산업의 8대 수행인자 중에서 추출한 사항으로 추출시켰다.

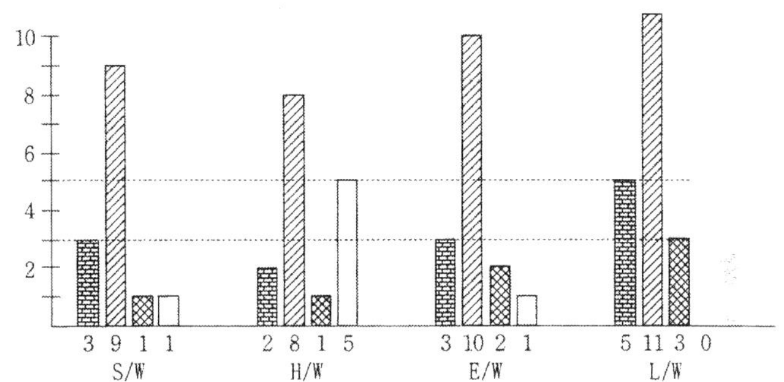

〈그림 7.18〉 과오분류

4) 오류에 대한 다변량 분석

오류에 대한 다변량 분석을 위해 K 기법을 변수들의 관계와 개체 간의 관계를 규명하는 데 이기법을 사용하고, 이기법 중에 주성분 분석(Principal Component Analysis)을 사용해서 변수들 간의 상관관계를 통하여 유사한 변수를 찾아내는데 〈그림 7.19〉에서 에러의 상관분석을 각각의 그래프상 왼쪽 내림차순의 6개만 분석인자를 Mini-Tab에 입력을 해서 분석을 한다.

분석결과 EO, EC, ES, ET의 4개 변수들의 상관 행렬에 대한 고웃값(Eigenvalue), 설명비율(Proportion) 및 누적(Cumulative) 설명비율을 알 수 있는데 1보다 큰 고웃값의 개수는 1개이며, 처음 한 개의 고윷값에 의해 전체 변동의 98.1%가 좌우됨을 안다. PC1은 제1주성분의 계수로 제1주성분은 $PC1 = -0.473 * EO - 0.507 * EC - 0.509 * ES - 0.509 * ET$가 됨을 알 수 있고, 나머지 다른 주성분도 이와 같이 유도된다.

결국 4개의 변수와 11개의 관찰치로 구성된 자료를 1개의 주성분과 11개의 관찰자료로 축약한다. PC1은 EO(생략과오), EC(수행과오), ES(순서과오), ET(시간과오)와 밀접한 관계를 가지고 있음을 알 수 있으나, 제2주성분 PC2에서 EO, EC 두 변수는 ES와 ET 간의 대비를 보여주는 것으로 나타난다. 〈그림 7.19〉에서 보여주듯 고윷값을 크기에 따라 플롯한 것으로써 고윷값의 상대적 크기를 비교하는 데 편리하지만 이 그림은 고윷값의 상대적 크기가 1에서 2로 급격하게 고윷값 번호가 작아지므로 주성분 개수를 1로 함을 결정한다. 결국 수행과오에 대한 주성분 점수가 나타난다.

5) 주성분 분석 중심으로 모델 제시

주성분 분석의 모델을 제시하기에 앞서 〈그림 7.18〉에서 에러의 분류를 도표한 기존 오류모델을 A. D. Swain의 EO, EC, ES, ET 분석한 결과에 오류 및 에러의 세부분석을 통해 수행영향인자의 항목에 대한 발생 건수를 근거로 주성분 분석으로 유도해 모델을 제시한다. 귀납법적 방법으로 유추해 보면 EO, EC, ES, ET에 대한 에러 분류의 고윷값은 분명히 EC에 대한 주성분 분석으로 나타나고 EO, ES, ET에 연관성을 가지고 있다.

따라서 에러의 세부분석의 4가지 과오를 유추한다. 에러 분류의 발생된 형태를 가지게 됨으로 주성분 분석에 도표에 〈그림 7.20〉로 나타난다. 기존의 인적 오류모델에서 Ware-System의 4개 인자를 EO,

EC, ES, ET의 〈그림 7.20〉를 근거로 연관성을 매트릭스화하고 비율은 EC (58%), EO(20%), ES(11%), ET(11%)가 나타나지만 에러의 세부 분류에서는 EO, EC에만 치우치는 경향과 ES, ET는 유사함을 나타난다. 주성분 분석을 근간으로 세부분석의 에러 중에 6개 인자들만 가지고 주성분 분석 결과 EC 분석의 주성분 분석이 나타나고 고윳값의 스크린 도표에서 보이는 것처럼 등급을 3등분해서 보면 EC, EO, ES, ET에 대한 특성을 나타난다.

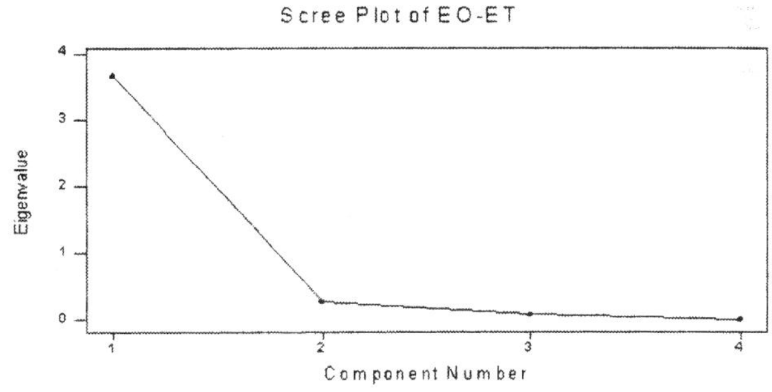

〈그림 7.19〉 고윳값의 스크린 도표

다만 수행에러(EC)에 대한 결함 사건 ECDE(Error Commission Defect Event)에 대한 분석과 기타 EO, ES, ET도 연구검토가 더 필요하다. 오류에 대한 결함 사건의 흐름을 휴먼웨어적인 에러의 지배적인 요소를 인간관점에서 제시한다. ET, ES, EO, EC는 오류비율에 EC가 높은 수치를 보이고, EO는 중간수치, ET, ES는 낮은 수치의 경향을 보이고 기존인적 오류모델에서 소프트웨어, 하드웨어, 인바이론먼트웨어, 라이브웨어로 보면 결함사건 중심으로 하면 S/W가 낮은 수치, H/W, E/W가 중간수치를 가르치고, L/W가 높은 수치를 나타남을 알 수 있다. ET(11%), ES(11%), EO(20%), EC(58%) 오류의 점유율을 가지고 있고 소프트웨어(14건), 하드웨어(16건), 인바이론먼트웨어(16건), 라이브웨어(19건)으로 결함(Defect)의 오류 형태로 〈그림 7.21〉에 나타난다. (Erin P. Collins & Jose ph R. Fragola et al., 1995)는 에러율에 대한 사건의 시발점은 원초적 사건 발생에서 약화시키는 사건(잠재에러 및 상태)에서 분리사건(예방시스템 및 행동)에서 사건의 회전체를 갖게 된다고 하면서 인지에 대한 이용을 단지 소프트웨어와 하드웨어로 분리하고 양쪽 작용을 인지와 행동과 경험과 시간과 훈련에 비중을 두었고 시간에 대한 부분을 세분화한다.

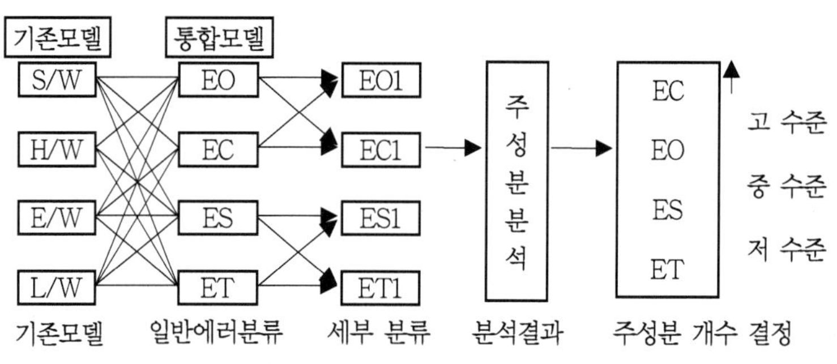

〈그림 7.20〉 주성분 분석 모델 제시

6) HEPM 모델화 제시

기존모델을 근간해 소프트웨어, 하드웨어, 인바이론먼트웨어, 라이브웨어의 일반성향으로 분석을 해서 리스크팩터의 요소, 즉 광의적인 표현으로 사고조사의 다변화 목적을 가지는 '무엇이 일어나고', '누가 일을 발생시키고', '안전을 개선시키는' 일에 초점보다 인적 오류의 예지모델을 리즌 GEMS를 추가시켜 인간의 행동에 분석의 연관을 시킨다. 이어 기존모델 오류의 결함요소를 도출해서 복합한다. 특히 쉘 모델의 오류의 요소를 스웨인의 오류로 접근시켜서 인적 오류의 모델을 혼합화, 매트릭스시켜 모델의 장단점을 보완코자 했으며, 이에 따른 기존 모델의 4가지 요소를 구분하고 오류의 분류를 기존모델 백분율화함으로 EO, EC, ES, ET의 주성분으로 고웃값의 스크린 도표를 〈그림 7.20〉로 나타내고, 기존에는 각각의 모델에 대한 인적 오류의 관점으로 분석되어 각 모델에 대한 단순적용으로만 이론과 실제 경험에 분석 사용되었다.

결국 HEPM 모델제시는 기존모델을 근간으로 기본에러 타입에 기존 인적모델의 S.R.K 모델, SHEL 모델, A. D Swain의 오류로 세분, 복합화시켜 문제점을 보완한다. 주성분 개수로 그래프화함으로 모델을 제시화하고 에러와 결함의 관계를 도해시킴으로 HEPM의 모델을 제시하고자 한다. 기존 모델의 기술, 규율, 지식의 모델을 근간으로 한 인적 요소를 반도체의 사고요인에 기존 모델을 연계시켜 봄으로써 기술→소프트웨어, 라이브웨어와 규율→하드웨어, 인바이론먼트웨어, 라이브웨어와 밀접성, 연관성이 실패(Failure), 사건(Event), 오류(Error) 형태로 보이고, 지식→하드웨어와 라이브웨어와 관계가 있다고 판단된다. 다만 인적수행의 모든 부분은 라이브웨어가 다 연관된다.

이것이 일반성의 기존인적 오류모델에서 A. D. Swain의 오류 분류로 연계시키면 EO, EC, ES, ET의 비율이 2:6:1:1의 비율을 가진다. 근간으로 HEPM 모델을 오류와 디펙트비율(Defect Rate)로 그래프화되어 나타난다. 결함 건수를 소프트웨어, 하드웨어, 인바이론먼트웨어, 라이브웨어를 표기하고 14건, 16건, 16건, 19건으로 표기해서 백분율에 따라 각각 (21.6%), (24.6%), (24.6%), (29.2%) 순으로 나타난다. 결국 〈그림 7.20〉에서처럼 반도체의 사고요인은 EC, EO, ES, ET에 대한 내림차순의 비율로 보이고, S/W, H/W, E/W, L/W의 비율은 오름차순으로 결함의 율이 된다. 따라서 반도체에 대한 인적 오류의 비중은 수행 오류의 비중에 더 많은 검토와 대책이 필요하고, 이에 따른 인적 오류에 대한 집중 보완이 필요하다.

결국 기존인적 오류의 대표적인 모델을 인용해서 요인들을 반도체 산업에 맞게 1차 요인에 대한 근본적(본질적) 부분, 2차 요인에 대한 인터페이스 부분, 3차의 직, 간접요인을 좀더 구체적으로 세분화시키고, HEPM의 추출은 과오 유형까지 추가시켜서 인적 오류 간의 연계성으로 추출시켰다.

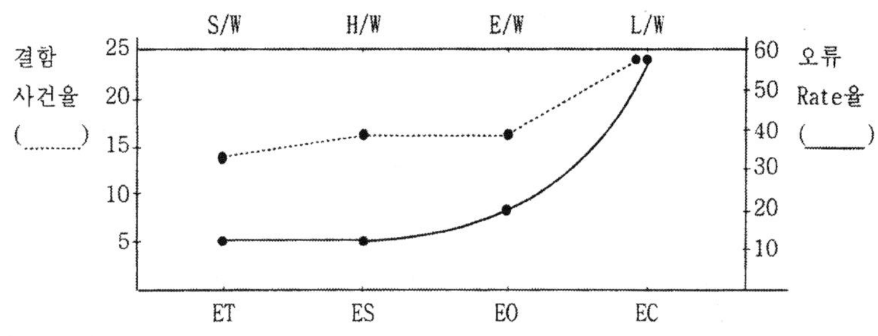

〈그림 7.21〉 에러와 결함 사건의 관계 도해

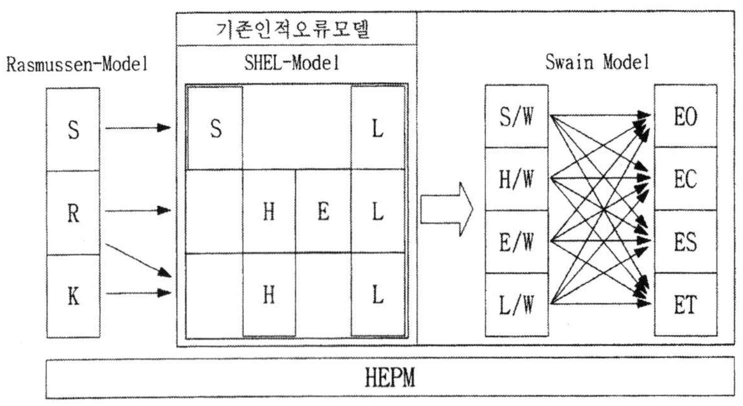

〈그림 7.22〉 HEPM 모델 제시

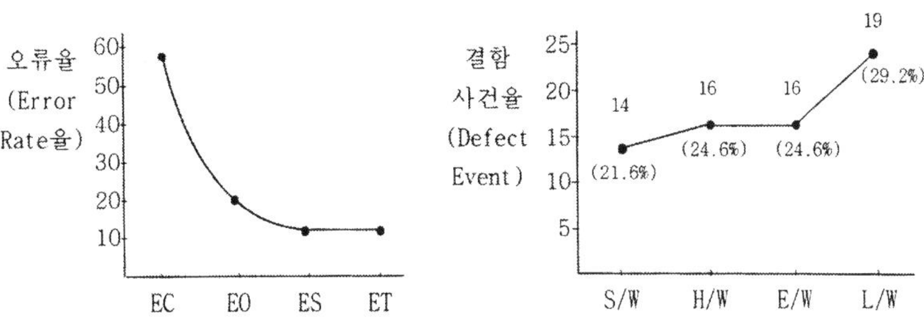

〈그림 7.23〉 오류율과 결함사건율

제8장 사례연구: 반도체산업에서의 휴먼웨어 시스템 분석 및 모델

제3장에서는 본 연구에서 제안한 ACPM 적용 모델, HFPM 모델, 그리고 HEPM 적용 모델들의 이론적 관점에서 ACPM의 실험적 검증을 다룬다. 즉 ACPM의 제안한 모델의 타당성 검증과 실제 현장의 실험 전, 후를 통한 인적 오류의 적용, 예시, 그리고 실험으로 현재 설문지의 피실험자를 통해서 검증한 내용을 제시하였다. 이로 인해서 사람 중심의 인적 오류에 대한 불안전한 행동의 수행인자에 대하여 이론과 실제를 반도체산업에서의 인적 오류에 대하여 설문지로 평가해 적용해 보고, 현장 적용에 대한 비중이 큰 부분을 개선함으로써 불안전한 행동에 대한 수행인자를 추출하고, 실험별 목적 및 내용, 결과 등에 대한 사항들을 서술한다.

8·1 [실험 1] 불안전한 행동과 인적 요인

8·1·1 실험 목적

본 실험은 반도체 사고 유형별에 대한 분석 후 사람에 대한 사고 원인에 대한 데이터를 이용 분류표를 가지고 2차, 3차 요인으로 개정된 새로운 모델을 제시한다. 사람의 사고요인은 선택과 집중을 통해 집중관리 및 사전예방의 수행인자를 사전 인지함으로써 예방인지가 있다. 즉 사람으로 인한 사고요인을 2차, 3차 요인으로 분석하여 공통 실행의 수행인자를 도출한 부분에 대하여 이론적으로 분석한 내용과 본 실험자를 통한 실험을 검증함으로써 실제 실험자들이 실험 전, 후에 예방활동의 추가적인 부분을 반영토록 했다.

즉 연구에서 분석한 요인과 수행인자의 주요 인자들을 기반으로 하여 현재 현장 생산 Line 합리화(6″→8″ 개조)를 하기 위한 TFT요인을 근간으로 사람의 인적 오류에 대한 사람의 사고요인의 비교 차이가 있으며, 어떤 관계를 가지고 있는가와 어느 수행인자에 초점을 두고 있는지를 분석한다. 사람의 사고요인을 4개의 중점요인(반도체의 사람 사고원인에 대한 분류표, 사람의 사람 2, 3차 요인)으로 집중적인 방향을 제시하고, ACPM 모델을 사용함으로써 전반적인 실험 및 분석 절차를 〈그림 8.1〉과 같이 진행했다.

본 실험자들은 생산현장 합리화를 시행하기 전에 한 라인에서 3개월 동안 모든 반도체의 안전발생요인의 모델에서 정의한 부분을 안전 예방 및 건설을 위한 라인정비하기 위해 활동한 근거로 이에 따른 사람의 불안전한 행동을 사전 설문 조사하고, 안전사고의 사람의 인적의 수행인자를 분석하고, 이에 따른 ACPM의 중요 인자(4개 인자)를 적용함으로써 안전요인을 미연에 방지하고자 수행했다.

8·1·2 실험 계획 및 방법

본 실험을 위해 현장 TFT요원의 총 30명의 남성 피실험자들이 설문에 참여했다. 참여한 피실험자들의 연령 평균은 32.5세, 표준편차 2.54이며, 연령별로 살펴보면 30대 중반(34~63세)이 15명으로 가장 많고, 30대 초반(30~33세)이 10명이었고, 20대 후반(26~29세)이 5명이었다. 실험에 참여한 피실험자들은 모두 반도체 관련된 엔지니어로 공정별(Diffusion, Photo, Etch(Wet,Dry), CVD, i2P, Metal) 설비담당자와 자동제어와 모든 유틸리티(Utility)를 설치, 운영하는 담당자로 8~16년의 경력자로 반도체 엔지니어로 평균 9.23년, 표준편차는 2.54이었다. 또한 이들은 대부분이 안전에 대한 기본지식을 보유한 담당자이다. 전체 실험의 진행은 라인 합리화하기 전에 활동 TFT 엔지니어에게 현재의 근무경력 및 작업장에서의 불안전한 행동유무 등을 포함한 설문지에 기재하도록 했다.(설문지: 직무 1)

다만 TFT 활동에 있어 시작되기 전에 사람 중심의 사고요인 중에 불안전한 행동 및 사람요인에 관한 수행인자를 분석한다. 그리고 3개월이 지난 후 현장에서의 경험해 본 내용을 근거로 재설문지(직무 2) 조사함으로 실제 경험 전과 경험 후의 사람 중심의 안전사고, 즉 수행인자의 오차 정도를 파악, 유도한다. 이것은 안전관리자 중심의 재해분석 이론하고는 다른 차원의 관점이라 판단된다. (Yoon et al., 2002) 다만 설문지(직무 2)에서는 사람의 2차 요인에 대한 공통 실행 및 사건과 원인의 변동폭 중에서 가장 레벨이 큰 조작, 인지, 지각, 행동 관점으로 11개의 3차 요인에 대한 재분석을 실시하고 오차에 대한 이론적 견해차가 생길 수 있는 중요한 역할/기질, 기준, 교육/훈련 등에 대한 분석을 추가적으로 실시했다.

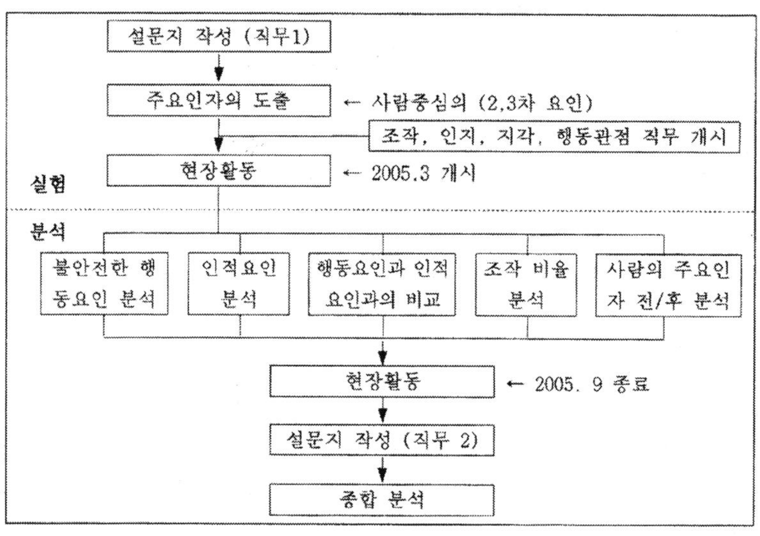

〈그림 8.1〉 실험의 진행 절차

8·1·3 실험 결과 및 분석

1) 불안전한 행동요인 분석

사고의 유형별 분류에 대한 비율을 근거로 실험 전, 후에 대한 비교 분석을 한다. 사람 측면에서의 ACPM에서 이론치와의 비교 및 실험 전후에 대한 경험 차이를 분석함으로 피실험자들이 현장에서의 중요도에 대한 인지 및 지각을 하기 위한 것이다. 〈표 7.5〉은 반도체산업에서의 사람 사고원인에 대한 분류표를 근거로 2차 원인에 대하여 피실험자에게서 2개 이상의 원인을 추출한 결과이다.

결국 전체 실험 진행에 있어 실험 전과 TFT 활동 3개월 후에 개별 설문지에 대한 결과는 현장에서의 사고 원인에 대한 부분이 차이가 있음을 알 수 있다. 다만 역할과 교육/훈련, 조직, 인지, 판단, 작업, 행동 등이 전반적인 원인에 대한 기준치 이상의 기본단위를 가지고 있음을 나타난다. 또한 사고의 사람 2차 요인의 비율이 높은 조작, 인지, 지각, 행동의 2차 요인의 원인으로 나타났음을 볼 때 실험 전, 후의 비율이 높은 조작, 판단, 행동은 공통 수행인자임이 증명되었다.

실험 전의 불안전한 행동요인의 평균은 43.57이고 표준편차 23.41이고, 실험 후의 불안전한 행동요인의 평균은 41.43이고, 표준편차 32.07이고, P-Value 값이 0.05보다 큼으로 귀무가설을 기각할 수 없다. 즉 불안전한 행동요인은 사고에 미치는 영향이 다르지 않음으로 분석된다. 따라서 불안전한 행동요인은 그 모든 요소가 사고의 요인으로 발생할 수 있다.

특히 실험 전, 후의 비율이 높은 인자에 대한 결과 역할, 교육, 훈련, 조작, 인지, 판단, 작업, 행동만으로 분석했을 때는 P-Value 값이 0.05보다 작음으로 귀무가설을 기각함으로 불안전한 행동요인은 사고에 미치는 영향이 다르다고 볼 수 있다고 실질적인 결론이 된다.

〈표 8.1〉 실험 전, 후의 유형별 및 비율

		1	2	3	4	5	6	7	8	9	10	11	12	13	14	15	16	17	18	19	20	21	22	23	24	25	26	27	28	29	30
실험 전	유형	H	E	H	W	H	M	S	En	E	W	E	O	W	M	S	H	M	E	S	En	D	W	O	S	H	En	E	D	O	E
	비율	70	65	60	65	65	75	65	55	60	55	60	70	65	50	55	65	60	65	70	65	75	65	55	60	65	70	75	70	60	55
실험 후	유형	H	H	H	E	S	H	S	E	E	H	En	O	W	H	S	En	H	E	En	H	H	W	O	S	H	H	D	W	O	E
	비율	85	75	90	65	85	85	85	75	70	85	70	90	75	90	80	85	80	70	80	80	85	75	80	75	85	90	70	70	75	80

※ Human : H, Equipment : E, Work : W, Material : M, Organization : O, Environment : En, Design : D, System : S

2) 인적 요인 분석

전체 피실험자들이 현장 활동 실행 전과 실행 후에 대한 인적 요인 분석 결과 사람의 인적 오류 유형에 대한 분석 및 유형에 대한 인적 오류 유발 사고에 대한 비율을 보여주고 있다. 빈도와 개수분석 결과 전체 30개 항목에서 〈그림 8.2〉의 실험 전, 후에서 피실험자들이 인적 요인으로 공정주기를 분석한 결과이다. 전체적으로 실험 전, 후의 사고 차이가 있음이 보인다.

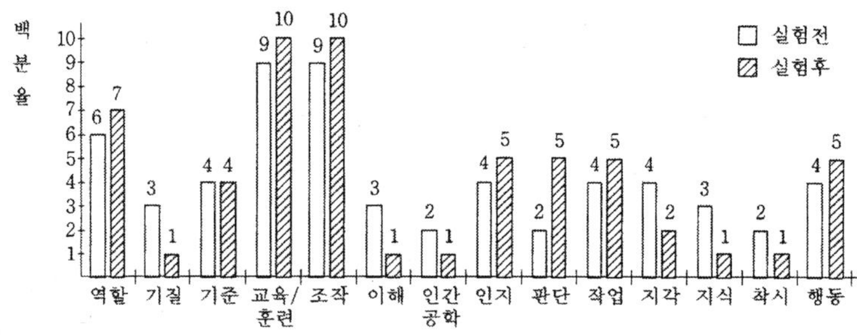

〈그림 8.2〉 실험 전, 후의 사고원인에 대한 데이터

〈표 8.2〉 실험 전, 후의 주기성향

인적 요인	실 험	
	전	후
사 람	5	11
환 경	3	3
자 재	3	1
조 직	3	3
시스템	4	3
작 업	4	3
장 비	6	5

유형별과 비율의 평균은 63.67이고, 표준편차는 6.56이었으며, 실험 후의 사고 유형별과 비율의 평균은 76.3이고, 표준편차는 5.49이었다. 즉 실험 후에 현장 활동에서의 사고 유형별에 대한 사람 측면의 사고 비율이 전반적으로 높아졌다. 독립변수의 인적 요인인 1차 요인이 8개

요인으로 실험 전, 후의 ANOVA를 이용해 분산 검정을 해서 인적 1차 요인 간에 피실험자의 사고요인에 대한 모수 차이가 있는지를 검정해 보면 8개 요인들이 모평균의 98% 신뢰구간을 가지고 겹치는 부분이 없어 평균들이 서로 다르고 P값이 0.001로써 적어도 한 개 수준의 평균은 다르다는 결론이다.

결국 귀무가설을 기각해 적어도 한 개 수준의 평균은 다르다. 귀무가설을 기각해 적어도 하나의 인적 요인인 1차 요인은 비율이 다르다고 분석할 수 있다. 종속변수인 1차 요인의 8개 항목을 비율로 분석해 보면 실험 전, 후의 ANOVA를 이용해 분산검정을 해서 인적 1차 요인 간의 피실험자의 비율에 차이가 있는지를 검정해 보면 P값이 0.061로서 P값이 0.05보다 큼으로 귀무가설을 채택해서 비율에 대한 차이는 없는 것으로 나타났다.

3) 불안전한 행동요인과 인적 요인 1차와의 비교

불안전한 행동요인은 중요한 요인으로 발생할 수 있고 특히 불안전한 행동요인으로 중요 인자는 사고에 미치는 영향이 다르다고 결론을 유출했다. 그러면 1차 요인과의 실험 전, 후의 상관관계를 보면 〈그림 8.2〉〈표 8.1〉로 도출해서 실험 전의 불안전한 행동요인과 인적 요인의 1차 요인 간에 정규성을 따르지 않아 평균검정을 해 보면 P값은 0.05보다 작음으로 F-Test 결과 귀무가설을 기각함으로 대립가설을 채택함으로, 즉 불안전한 행동요인과 인적 1차 요인 간에 미치는 영향은 다르다. 또한 실험 후의 결과는 P값은 0.05보다 작음으로 F-Test 결과 대립가설을 채택함으로 결국 불안전한 행동요인과 인적 1차 요인 간에 미치는 영향은 다르다.

4) 조작 비율 분석

상기의 사고의 사람에 대한 2, 3차 요인 중에 조작에 대한 비율이 높게 나타나고 있으며, 전체적인 비율에 대한 실험 전, 후의 설문지에서도 역시 비중과 비율이 연관되어 있다. 본 연구에서는 실험 전, 후에 대한 분석을 실시하고, 유의 검정을 실시하고, 실험 전, 후에 대한 특이점과 반도체 사고에 대한 조작의 경우에 대한 분석표를 검토하여 실험 전, 후에 대한 피실험자들의 조작에 대한 중요성에 대한 변화도이다.

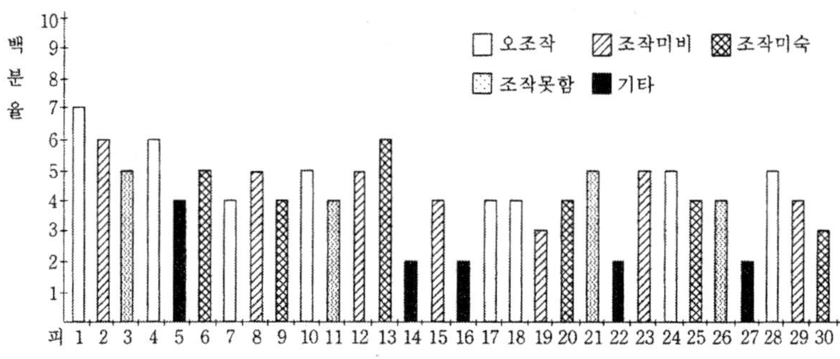

〈그림 8.3〉 실험 전의 조작 비율

〈표 8.3〉 조작의 쌍체 비교

	조작 전	조작 후
평 균	43.67	76.33
편 차	10.98	8.09
분 산	2	1.48
관측 수	30	30
90% CI	(27.30, 38.03)	
자유도	29	
T-Value	12.45	
P-Value	0.000	

조 건		α=0.05, 양측검정
분 산	F-Test	Test-Statisics 1.844, P-Value=0.105
	Levene-Test	Test-Statisics 1.195, P-Value=0.279

결국 실험 전 〈그림 8.3〉과 실험 후 〈그림 8.4〉를 보면 추이를 알 수 있다. 실험 전의 오조작은 최저/최고 40~70까지의 비율 8명이 지적했고, 조작미비는 최저/최고 30~60까지 비율 7명, 조작미숙은 최저/최고 30~60까지의 비율 6명이, 조작 못함은 최저/최고 40~50 비율 4명, 기타는 최저/최고 20~40의 비율 5명이 지적했다. 조작미비는 사람과 환경의 비율에 의해 정의했고, 조작미숙은 완전한 사람 중심으로 정의했다.

기타는 조작의 중요성, 규율과 규정으로 나타났다. 그러나 실험 후의 조작의 비중은 오조작이 최저/최고 60~90까지 16명, 조작미비 최저/최고 70~90까지 8명, 조작미숙 최저/최고 70~90까지 6명으로 나타났다. 그만큼 조작에 대한 사고에 대한 비중이 60~90%까지 상승함은 현장 활동 후 조작에 대한 사고의 비율이 높다는 것과 오조작에 대한 중요성이 강조되었다.

결국 실험 전의 조작에 대한 평균은 43.67이고, 표준편차 10.98이고, 실험 후의 조작에 대한 평균은 76.33이고, 표준편차는 8.09임을 볼 때 조작에 대한 비중이 큼을 알 수가 있다.

조작에 대한 비율 및 비중이 중요한 사항이라 판단된다. 사고의 사람 중심의 관점에서 조절에 많은 부분에 안전사고의 비율이 잠재되어 있고, 중요성이 인식되어 조작의 계통도를 구성하였다. 다만 전체 피실험자들의 전, 후 비중에서 조작의 중요성이 실험 결과 나타내고 있다. 이처럼 조작에 대한 〈그림 8.3〉〈그림 8.4〉에서 오조작과 조작미비, 조작미숙에 인간변동 차이가 있다.

5) 중요 인자의 유사 분석

ACPM에 대한 분석 중에서 〈그림 8.4〉에서 사람의 사고에 대한 2, 3차 요인은 조작과 인지와 지각과 행동이 원인으로 분석이 되었으나 실험 전의 결과에서 교육/훈련이 원인 인자로 도출되고, 실험 후의 교육/훈련, 조작, 인지, 작업, 행동의 장애요소의 결과를 보면, 실험 전은 평균: 50, 표준편차: 36.9이고 실험 후는 평균: 50이고, 표준편차는 27.6으로 실험 전, 후의 분산의 동일성을 보기 위해 ANOVA로 검정을 해 보니 P값이 0.05보다 큼으로 귀무가설을 기각할 수 없음으로 결국 교육/훈련은 동일하지 않다고 볼 수 없다는 결론이다. 특히 전반적인 실험 전의 장애요소는 미비, 미숙, 실수의 관점에서 실수, 함정, 부족 등이 나타나고 있다.

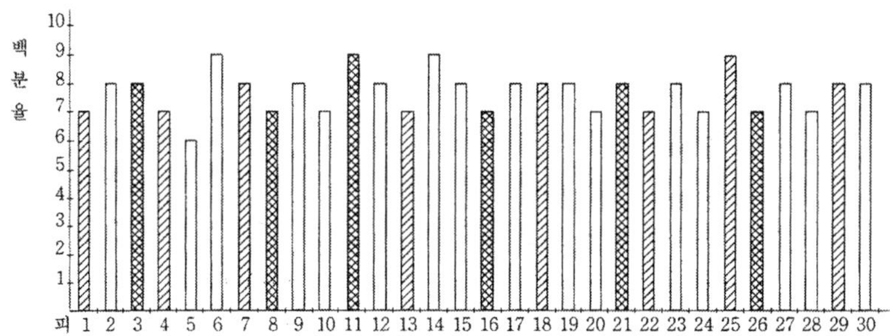

〈그림 8.4〉 실험 후의 조작 비율

이것은 수행영향인자의 중요도가 직무환경, 직무특성, 작업자특성, 조직 및 사회적 요소로 작업에 대한 상황에서의 복합화된 시스템과 작업자와 작업자 간의 영향과 의도되지 않는 실수와 함정 등이 나타난다. (Yoon et al., 2006) 행동에 대한 실험 전, 후에 대한 결과는 실험 전은 평균 : 50, 표준편차 : 21.68, 실험 후는 평균 : 56, 표준편차 :

28.8이고 분산의 동일성을 보기 위해서 ANOVA로 검정해 보니 P값이 0.05보다 큼으로 귀무가설을 기각할 수 없음으로 나타난다.

결국 실험 전, 후의 불안전한 행동은 동일하지 않다고 판단되며, 실험 후의 결과가 표준편차가 크게 나타나고 있다. 다만 〈그림 8.5〉에서 나타나듯이 실험 전에는 미교육/훈련에 대한 비중과 미준수 및 불안전 작업방법이 크게 비중을 차지했으나 실험 후에는 미인증과 미행동강령이 크게 나타남을 볼 때 조건에 대한 기준 설정 및 의식화 측면의 역할 및 기질이 추가되어야 할 부분이다.

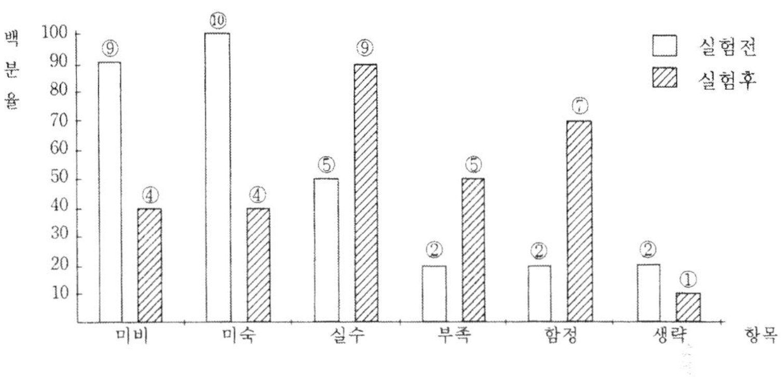

〈그림 8.5〉 실험 전, 후의 교육/훈련

인지에 대한 실험 전, 후에 대한 결과는 장애물에 대한 요소로 분석한 결과 실험 전은 평균 : 50, 표준편차 : 20.98, 실험 후는 평균 : 50, 표준편차 : 15.49로 분산의 동일성을 보기 위해서 ANOVA로 검정해 보니 P값이 0.05보다 큼으로 귀무가설을 기각할 수 없다. 결국 실험 전, 후의 인지는 동일하지 않다고 볼 수 없으며 실험 전에는 미비, 미숙, 부족에 대한 요소가 인지의 장애물로 나타났으나 실험 후에는 실수와 함정, 생략이 나타난 것으로 실험 후의 단기 경험에 의한 영향을 받은 것으로 분석할 수가 있다. 이와 같은 분석은 다른 조건과 환경이 다른 현장에서의 차이가 있겠다. 인지의 실험 전과 실험 후는 현장에서의 피실험자들의 개인 역량과 업무에 대한 기술의 차이가 있을 수도 있다는 것을 배제할 수는 없다.

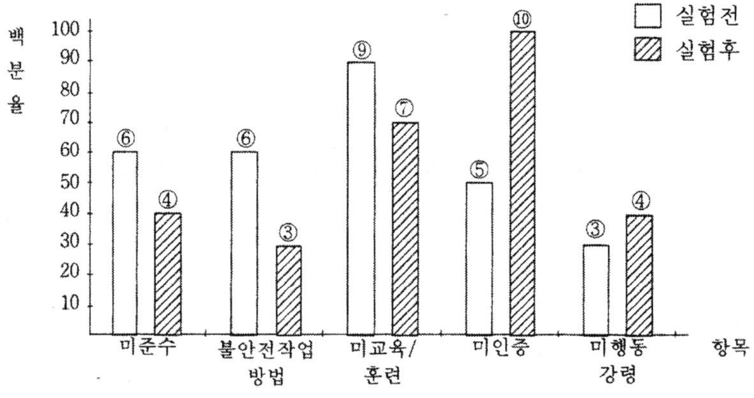

〈그림 8.6〉 실험 전, 후의 불안전한 행동

8·2 [실험 2] 인적 요인과 사고요인의 관계

8·2·1 실험 목적

[실험 1]에서는 반도체의 사고 유형별에 대한 실험 전, 후를 통하여 사람에 대한 일관성을 검증하였고, 인적 오류의 사전예방에 대한 모델 적용키 위한 타당성과 사람 사고 원인에 대한 2, 3차 요인의 일관성과 유효성에 대한 발생요인에 대하여 검증을 실시하였다. 특히 사고의 사람의 2, 3차 수행요소에 대한 원인에 대한 비율과 비중에 대하여 어떤

영향을 미치고 있는지 알아보고 불안전한 행동에 대한 중요 인자인 조작과 교육/훈련과 인지에 대한 원인에 대한 실험을 실시했다.

또한 이전의 연구 중 (Yoon et al., 2003)에는 반도체의 PSM (Process Safety Management: 공정안전관리)에서도 HAZOP 수행 결과에 대한 물리적 설계 및 제어 시스템의 변화, 운전 방법의 변화, 공정변수의 변화, 원료물질의 변화, 핵심안전항목에 대한 조사 내용 중에 일부 변수가 운영되나 반도체만이 가지는 특화 변화에 불안전한 행동 및 인적 오류에 대한 HAZOP의 수행결과에 대한 영향에 대하여 연구를 수행한다. 또한 윤 등(Yoon et al., 2003)의 연구에서는 반도체 장비의 사고 분석을 인적 요인의 연구방법으로 Peterson과 Cooper 모델을 적용하여 1차 원인요소로 과부하, 인간공학적(함정), 실수로 분석하고, 2차 원인요소로 정신적 능력, 무의식, 낮은 지각, 작업장 설계, 중앙장치의 양립성을 분석함으로 실수와 정신적 능력 및 낮은 지각으로 사고가 높게 발생됨을 연구하였다. 이로 인해 안전분위기, 행동-기초접근, 안전관리시스템 차원에서 사람, 작업, 조작에 대한 분석표를 제시한다.

또한 윤 등(Yoon et al., 2004)은 반도체산업에서의 화학공장 개념으로 접근에서 인적 요인에 대한 방법론적 분석에서 조작자에 대한 비중이 크게 발생함을 연구하였다. 인지, 판단, 행동, 감성 부분이 이들 관계에 비율과 비중에 대한 사고의 비율을 분석함으로써 대책의 기준을 인지 측면에서 색체문화, 판단 측면에서 평가제, 행동 측면에서는 기술의 기본 시퀀스로 제시한다. 반도체산업은 설비의 의존성 산업이라 FTA(Fault Tree Analysis)를 이용해서, 윤 등(Yoon et al., 2004) 설비의 안전사고를 분석함으로써 불안전한 행동의 재해요인을 Z-모델을 (Yoon et al., 2002) 근간으로 인적 요인 중에 기계적, 인위적, 환경적, 위험적/작업적으로 구분하고, 내적 요인의 수행인자를 개인, 교육, 훈련, 직장분위기, 자체특성/환경, 설계상의 결함으로 분석 책자화해서 컷셋(Cut-set) 중 기본사건의 출현횟수 및 빈도로 불안전한 행동과 인적 요인의 일부만 분석으로 해서 미비한 점과 일부 분석이 필요한 부분도 있었다.

본 실험에서는 [실험 1]의 불안전한 행동의 사람 관점에서의 사고 측면을 분석한 것을 연관시켜 인적 요인에 대한 1차 요인, 2차, 3차 요인에 대한 인적 요인의 요소별 분석을 실시했다. 따라서 본 실험은 인적 요인의 구성요소에 대하여 인관 관계의 연관성을 분석했다. HFPM(Human Factor Prevent Model)에서 제시한 인적 요인을 가지고 분석을 수행 시 STEP 모델과 [부록 Ⅲ]를 이용한다.

1) STEP 적용(STEP: Sequential Timed Events Plottings)

STEP은 CCPS에서 사고의 분석에 사용하는 방법으로 이 방법은 헨딕(Hendrick)과 배너(Benner)가 1987년에 개발한 것으로 사고현상의 진행과 다선형 사건을 연속성을 근간으로 사용하고 있고, 개념은 사고의 단순과 연속성을 동일 시점에서 보고 빌딩블록(Building-Block)을 근간으로 사고분석에 접근하며 한 개의 행위자(Actor)와 행동(Action)이 동반한다.

또한 사고의 공정이 논리 정연하고 흐름화되고 생산과 사고의 진행은 유사하게 진행하는 데 사용하고 행위자와 행동이 반복된다. 다만 STEP-워크쉬트(Work-Sheet)는 시간기준으로 언급되고 이 방법 또한 인적 요인의 사람, 행위자 관점에서 흐름과 사건의 진행에 대한 직접적인 영향을 가지고 있어 다른 행위자하고의 수용과 역동적인 균형 측면에서 유지할 수 있다. 다른 인적 요인들에 대한 연관성에 사용하기 쉽고 실험에 대한 적용이 용이해 적용한다.

결국 STEP은 화학공정 안전센터에서 주로 사용하고, 안전사고에 대한 안전과 기술적인 용이지만 실험에 대한 문제점을 해결하기 위한 구성방안으로 단순하고 용이하게 구성하여 초점을 두고 있다. 〈그림 8.7〉에서처럼 인적 요인의 8개의 척도 항목들을 분석하고 이 부분에 대한 검증을 하기 위해 실험을 통해 비율과 비중을 분석한다. 또한 인적 요인의 8개 요인을 인적 오류의 요인으로 연관시켜 보도록 하고 본 실험에서는 [부록 Ⅲ]와 같다.

8·2·2 실험 설계

본 실험을 하기 위해 전에 제1장에서 피실험자들의 현장 활동의 일부를 반영하여 인적 요인에 대한 8개 요인으로 STEP를 이용하여 실험자들에게 인적 요인 각각에 대한 HFPM 〈표 7.4〉를 이용해 본질적인 요소와 매개체 요소와 직, 간접적인 요소의 원인을 분석해 보는 것을 목표로 수행한다. 현장 TFT의 활동 내역 중에 현장의 설비 철거가 주된 업무임을 반영해 업무 흐름도를 〈그림 8.7〉의 STEP-다이어그램으로 인적 요인 8개 추정을 분석하니 8개의 안전문제를 가지고 있었다. 4, 7이 사고와 연관되는 안전사고의 유발인자가 나타난다.

결국 STEP-다이어그램에서 나타나는 것은 사람에 의한 인적 요인이 비중이 높은 안전사고로 이어지는 인적 요인의 중요한 요인으로서 세부적인 사람의 사고의 3차 요인까지 분석에 접근을 하지 않았지만 전체의 사람의 인적 요인은 분석으로 검정되었다.

다음으로 피실험자들을 통해 HFPM의 인적 요소의 구성요소를 도출하기 위해 실험 결과에 대한 분석을 실시한 결과 인적 요인의 활동 영역을 30명의 피실험자에게 인적 요인에 대한 목적에 대한 부분과 이해에 대한 설명을 추가한다. 이와 같은 설문지를 통해 요소에 대한 다양성, 구체성, 현실성을 반영한다. 이를 통해 인적 요인의 8가지 추정요인에 대한 부분에 대하여 ACPM과 연계시켜 유사점을 도출한다. 인적 요인의 활동 영역에 대한 실험은 [실험 1]에서 실시한 대상을 중심으로 전체 실험의 진행은 〈표 7.4〉에서 언급한 인간 요인의 요소별에 대한 중요도 비율을 추출하고, 사람의 인적 요인의 7개 요인을 2차, 3차 요인으로 비중화시켜 본다. 이 결과에 대한 실험의 유추는 인적 오류의 전이 전 단계의 요소분석으로 인간의 정보처리의 주된 비중을 두고자 한다.

결국 인적 요인의 활동 영역은 분석＋디자인＋시스템에 역점을 두어야 하는 곳에 비중과 모델링, 작용＋근본, 조절＋표식＋의사전달, 수동＋자동화 순으로 나타났다. 특히 분석＋디자인＋시스템은 60%의 비중이 되었고 인적 요인의 요소별 분석 중에 사고의 매개체 역할은 시스템에 대한 요인이 50% 이상으로 분석되고 모델링, 표시/표식, 의사전달, 평가로 분석되었다.

특히 직접적인 요소 또한 작업/조직이 인적 요인의 사고에 대한 비율이 70% 이상으로 분석함으로 반도체산업에서의 작업과 팀원의 조작이 중요한 비율이 차지함으로 분석되었다. 다음으로 장비/작업장이 나타났고, 안전/보건, 환경, 디자인은 동일하게 나타났고, 간접적인 요소로 위험 요소가 65%를 차지하고 있음을 나타났다.

〈표 8.5〉에서 실험 전 실험결과가 도출된다. 그러나 7개 인적 요인에 대한 2, 3차의 비율에 실험 전 주된 비중에 대한 부분이 일부 주된 요인으로 결정요인으로 볼 수 있고 7개 요인에 대한 평균의 차이에 대한 여부를 검정하는 실험을 위해 ANOVA로 2차 요인, 3차 요인 분석을 실시해 〈표 8.7〉의 결과로 나타난다. P-Value 값이 5%보다 작음으로 한계 수준의 평균은 다르다고 볼 때 (귀무가설: 동일, 대립: 적어도

하나는 다름) 적어도 하나의 인적 요인의 1차 요인은 다르다고 보고
잔차 분석결과 정규성을 갖고, 개별 잔차는 경향성을 보이고 있다.

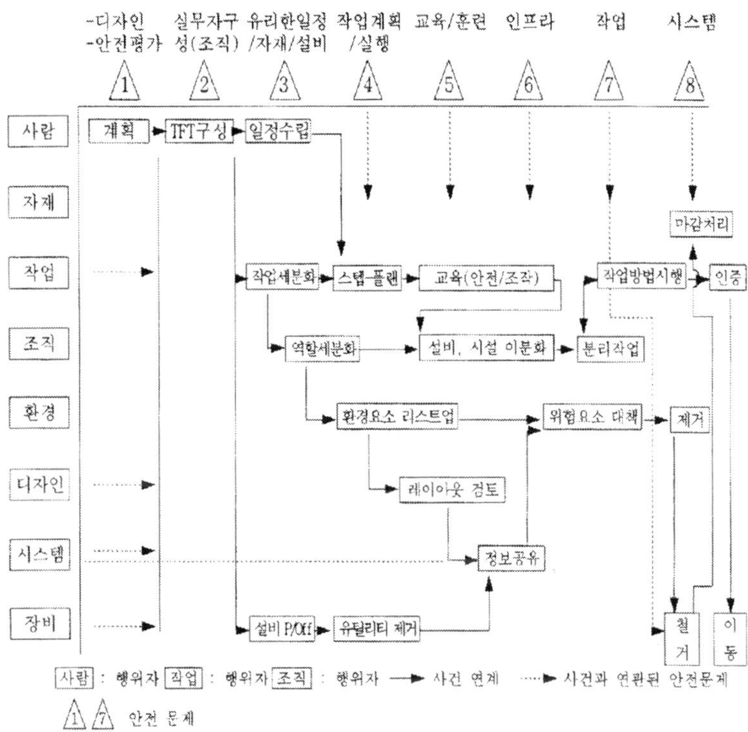

〈그림 8.7〉 반도체 산업 인적 요인의 STEP-다이어그램

〈표 8.4〉 반도체산업 인적 요인의 요소별 분석

구 분	시스템			내용(비율)	
매개체요소	모델링(55%)	모델링(25%)	표시/표식(10%)	의사전달(5%)	평가(5%)
직접적인요소	작업/조직(70%)	장비/작업장(15%)	안전/보건(5%)	환경(5%)	디자인(5%)
간접적인요소	위험요소(65%)	진동/소음/기타 (15%)	스트레스/작업 (10%)	자동/수동(5%)	작업관리(5%)

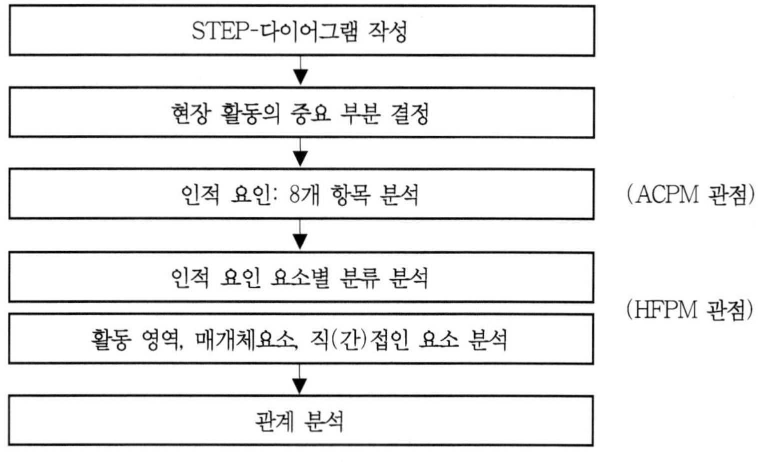

〈그림 8.8〉 요소별 분석

〈표 8.5〉 실험 전 인적 요인의 7개 항목 원인 비율

1차 요인	2차 요인	3차 요인
설비	오동작(55%), 점검(27.5%), 관리(12.5%), 주기(5%)	미비(40%), 불량(30%), 피로/과부하(20%), 초과(10%)
자재	수명(45%), 재질(30%), 방법(20%), 기준(5%)	성능저하(50%), 미비(25%), 노후(15%), 주기(10%)
작업	환경(60%), 준비(30%), 검사(10%)	평가 미비(45%), 미준수(25%), 미절차(20%), 공간(10%)
조직	직무기술(55%), 계획(30%), 감시(10%), F/D(5%)	미비(60%), 미계획(30%), 감시(10%)
환경	모랄(62.5%), 기준(22.5%), 직무(10%), 과제(5%)	공정미비(55%), 규정/절차미비(35%), 기준(5%), 역량(5%)
디자인	사용성평가(65%), 적합성(20%), 기준(10%), 인간공학(5%)	기준 미비(45%), 평가/구성 미비(25%), 실패(20%), 사용성평가(10%)
시스템	정보공유(45%), 인프라(30%), 분석(15%), 운영(45%)	기능성 미비(55%), 채널 미비(25%), 미동작(10%), 공감대 미비(10%)

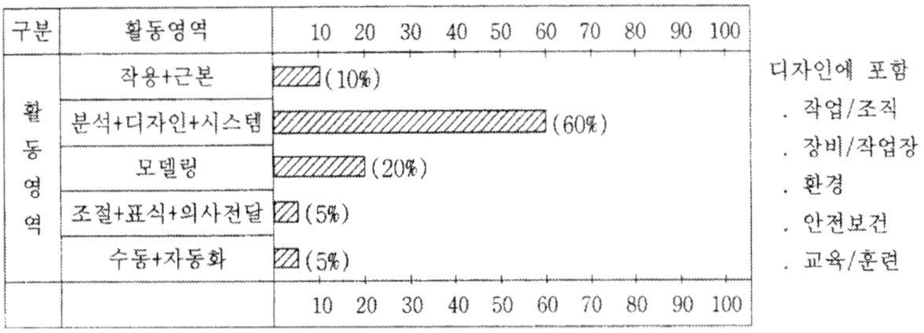

구분	활동영역	10　20　30　40　50　60　70　80　90　100
활동영역	작용+근본	(10%)
	분석+디자인+시스템	(60%)
	모델링	(20%)
	조절+표식+의사전달	(5%)
	수동+자동화	(5%)

디자인에 포함
. 작업/조직
. 장비/작업장
. 환경
. 안전보건
. 교육/훈련

〈그림 8.9〉 인적 요인의 활동 영역

〈표 8.6〉 실험 후 인적 요인의 7개 항목 원인 비율

1차 요인	2차 요인	3차 요인
설비	오동작(65%), 점검(30%), 관리(5%)	미비(50%), 불량(30%), 피로/과부하(20%)
자재	수명(55%), 재질(30%), 방법(15%)	성능저하(60%), 미비(30%), 노후(10%)
작업	환경(70%), 준비(20%), 검사(10%)	평가 미비(55%), 미준수(30%), 미절차(15%)
조직	직무기술(65%), 계획(25%), 감시(10%)	미비(60%), 미계획(35%), 감시(5%)
환경	모랄(65%), 기준(15%), 직무(10%)	공정미비(65%), 규정/절차미비(30%), 기준(5%)
디자인	사용성평가(55%), 적합성(35%), 기준(10%)	기준 미비(45%), 평가/구성 미비(30%), 실패(25%)
시스템	정보공유(65%), 인프라(20%), 운영(15%)	기능성 미비(60%), 채널 미비(30%), 공감대 미비(10%)

〈표 8.7〉 인적 요인의 2차, 3차 상관관계

	ANOVA						
	설비	자재	작업	조직	환경	디자인	시스템
정규성	0.25	0.25	0.333	0.25	0.25	0.25	0.3
검정	0.248	0.1683	0.252	0.227	0.248	0.274	0.2
Bartlett's test (등분산성)	0.274	0.871	0.565	0.451	0.274	0.117	0.631
ANOVA 자유도	Test Statistic: 0.746, P-Value: 0.003						
95% CI	평균들이 다르다고 할 수 없다						
P-Value	0.008						
F	0.07						

결국 독립성보다 7개 요인과의 연관성이 많고, Residuals vs Fits는 Random의 일부는 제로를 중심으로 보이지 않는다. 결국 전체 변동 중 7개 요인의 각 수준 간의 효과 차이로 인한 변동의 차이는 인적 요인별 발생 비율은 모두 갖지는 않다고 판단한다.

8·3 [실험 3] 인적 오류에 대한 요인 추출과 비율 (Rate)의 재구성

8·3·1 실험 목적

본 실험에서는 인적 오류에 대한 인적 요소의 구성요소인 HEPM 모델과 GEMS 모델을 사용하여 반도체에서의 실제 항목을 추출하여 이 두 모델에 적용하여 비중에 대한 요소들의 특징을 살펴보고 구성 요소에 대한 상관관계 및 회귀분석을 통하여 인적 오류에 구성요소의 2차, 3차 원인에 대한 인적 오류를 분석 수행한다. 또한 [실험 1] [실험 2]를 통한 데이터를 기반으로 피실험자의 오류에 대한 비율(Rate)을 재구성하는 것으로 했다.

8·3·2 실험 계획 및 방법

본 실험을 위해 각 부서의 환경안전담장자들로 총 30명의 남성 피실험자들이 참석했다. 참여한 피실험자들의 연령 평균은 35.46세, 표준편차는 2.99이고, 현장에서의 근무경력은 적게는 3년부터 많게는 25년까지의 피실험자로 30대 중반(34~36)의 피실험자가 14명, 30대 초반(30~33) 8명, 30세 후반(37~39) 6명, 40대 초반(40~43) 2명이었다.

실험에 참여한 피실험자는 환경안전의 경험과 이론적인 정립이 되어 있는 근무자이고, 전체 실험의 계획은 설문지 [부록 Ⅳ]를 이용하여 HEPM에서 언급한 〈그림 8.13〉〈그림 8.15〉을 참고해서, 즉 인적 오류에 대한 모델을 근거로 반도체의 인적 오류의 요소들을 도출한 비율과 불안전한 행동에서의 구성요인과 인적 요인의 인적 요인을 비교하여 비중에 대한 중요 요인을 도출하고, GEMS 모델을 근거로 인적 요인의 구성요인들을 세분화시켜 중요 요인의 관계를 도출한다. 다만 실험을 통해 나온 인적 오류의 구성요소는 인적 요인에서 도출된 요인으로 비교를 함으로 반도체에서의 인적 오류의 결과를 도출한다. 추가해 실험의 과오에 대한 (생략과오, 수행과오, 순서과오, 시간과오)는 10분 정도를 설명해서 실험의 정확도를 주지시킨다. 〈그림 8.10〉의 실험의 진행절차에 의해 실시했다.

8·3·3 실험 결과 및 분석

1) 인적 오류에 대한 구성요소 1차 요인 분석

우선 전체 피실험자들이 기존인적 오류모델에서 소프트웨어, 하드웨어, 인바이론먼트웨어, 라이브웨어에 대한 구성요인을 2개 요인으로 한정한 것은 ACPM에서 사고의 요인의 8개 요소를 기존인적 오류모델에 적용해 보니 2개의 구성요소로 분석한다. 실험으로 [부록 Ⅳ] 나온 HEPM모델 4개 구성요소 중에 8개 요소인자에 대한 결과는 〈표 8.9〉에서 보이고 있다. 피실험자의 30명의 응답으로 n=240개를 추출하였다. 인적 오류의 8개 요인을 분석을 실시하였다. 인적 오류의 상관계수를 구해서 요인들의 관계를 도출하고 소프트웨어, 하드웨어, 인바이론먼트웨어, 라이브웨어 내의 2개 인자들 간의 정규성을 분석하고 상관분석을 실시한 결과 각각의 구성요소는 양의 관계를 가져왔으나 라이브웨어의 사람과 조직은 음의 관계가 도출되었다. 상관관계가 존재한다고 해서 한 변수가 다른 변수의 원인이 되는 것은 아니고 다만 제3의 변수가 존재할 수 있다는 비교분석이다. 8개 요인들 간의 평균들 간의 차이의 분산 분석을 통해 8개 인자가 인적 오류 발생을 주는 인자라고 판단한다는 결론이다.

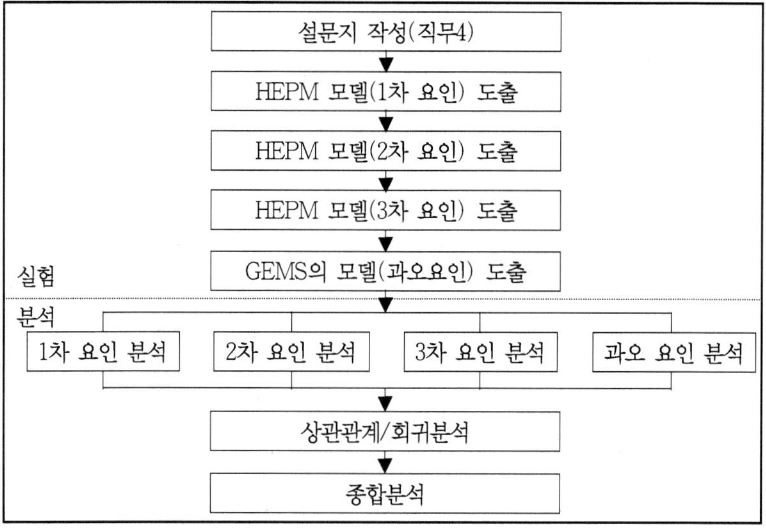

〈그림 8.10〉 실험의 진행 절차

〈표 8.8〉 실험 후의 인적 오류 1차 요인의 분석

구 분		D	S	E	M	W	En	H	O
평 균		0.2883	0.6783	0.7167	0.2217	0.69	0.37	0.845	0.5533
표준편차		0.0727	0.0838	0.0577	0.0727	0.0736	0.0596	0.0578	0.0776
정규성 P-Value		0.002	0.123	0.011	0.043	0.046	0.009	0.010	0.082
상 관	상관계수	0.155		0.178		0.087		−0.131	
분 석	P	0.413		0.347		0.649		0.491	

분 산 분 석 (ANOVA)	총자유도	239
	요인자유도	7
	오차항자유도	232
	SS	90.4%
	MS	0.343
F 통계량		313.6
P		0.000

2) 2차 요인 분석

기존인적 오류모델에서 언급한 2차 요인에 대한 항목을 발생빈도가 많은 것을 적용하여 [부록 Ⅳ]를 이용해 피실험자들이 실험한 내용을 인적 오류에서 기록한 내용을 가지고 분석을 실시한다. 다만 각각의 항목들을 제시한 내용의 내림차순으로 명기하여 상관관계 및 분산분석을 통하여 유의차를 수행하도록 실험을 진행했다.

〈표 8.9〉 실험 후의 인적 오류 2차 원인 상관 분석

구 분		S/W	H/W	E/W	L/W
평 균		5.462	4.769	6.538	7.77
표준편차		2.504	2.891	2.876	3.61
정규성 P-Value		0.071	0.118	0.018	0.177
상 관 분 석	상관계수	*	*	*	*
	P	*	*	*	*
분 산 분 석 (ANOVA)	총자유도	51			
	요인자유도	3			
	오차항자유도	48			
	SS	13.45%			
	MS	1.222			
F 통계량		2.486			
P		0.072			

기존인적 오류모델을 4개 요인의 2차 구성요인으로 분석한 결과 〈표 8.9〉, 〈그림 8.12〉에서 피실험자들의 평균의 비중은 소프트웨어에서 인바이론먼트웨어로 하드웨어로 라이브웨어로 오름차순의 경향치를 보이는 분석결과와 상관분석의 값이 도출되었다.

S/W와 H/W의 상관계수:　　−0.214, P(0.482),

S/W와 E/W의 상관계수:　　　0.564, P(0.044)

S/W와 L/W의 상관계수:　　　0.133, P(0.666),

H/W와 E/W의 상관계수:　　−0.315, P(0.295)

H/W와 L/W의 상관계수:　　−0.133, P(0.664),

E/W와 L/W의 상관계수:　　　0.206, P(0.500)으로 분석되었다.

또한 P값에 대한 2차 요인은 영향을 줄 수 있는 인자의 도출로 결론을 내린다.

3) 3차 요인 분석

다음으로 기존인적 오류모델에서 3차 요인에 대한 구성요인에 인적 오류에 대한 실험결과를 실시한다. 세부의 발생한 3차 요인을 4개 유형으로 부합시켜 실험을 진행하였다. 실험 중에는 구체적인 세부항목에 대한 추가 설명을 실시하여 좀 더 실험에 대한 정확도를 더한다. 피실험자 30명에 대한 성실한 작성으로 좀 더 실험 분석에 심도를 더한다. 다만 분석 시 4개의 기존인적 오류모델을 분석 [부록 Ⅳ]의 내림차순 기호화하여 피실험자들의 3차 요인에 대한 인적 오류의 분석은 〈그림 8.12〉 결과에 대하여 〈표 8.11〉에서 보이고 있다.

HEPM 3차 요인 결과 비중에 대한 평균값의 결과로 라이브웨어, 인바이론먼트웨어, 하드웨어, 시스템웨어 순으로 내림차순의 결과가 도출되고, 평균의 비율은 낮은 시스템웨어보다 라이브웨어가 1.57배

정도 높게 값으로 나타난다. 또한 상관계수와 값의 분석을 위해 n=13
으로 정리해서 분석했다.

S/W와 H/W의 상관계수:　　0.142, P(0.643),

S/W와 E/W의 상관계수:　　−0.068, P(0.826)

S/W와 L/W의 상관계수:　　−0.069, P(0.822),

H/W와 E/W의 상관계수:　　0.265, P(0.381)

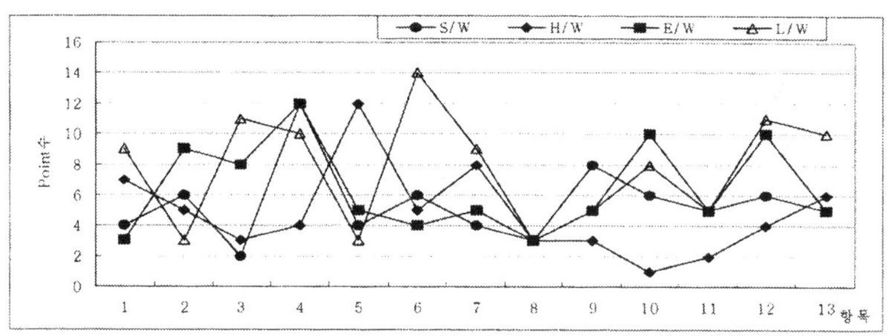

〈그림 8.11〉 실험 후 인적 오류 2차 원인 분석 점수표

〈표 8.10〉 실험 후의 인적 오류 3차 원인 상관 분석

구　　분		S/W	H/W	E/W	L/W
n=		14	19	20	13
평　　균		7.857	9.053	9.6	12.385
표준편차		1.916	2.677	1.903	1.895
정규성 P-Value		0.182	0.176	0.117	0.227
상　관 분　석	상관계수	*	*	*	*
	P	*	*	*	*
분　산 분　석 (ANOVA)	총자유도	51			
	요인자유도	3			
	오차항자유도	48			
	SS	35.11%			
	MS	11.61			
F 통계량		8.66			
P		0.000			

4) 과오에 대한 분석

HEPM 대한 인적 오류에 대한 1차 원인은 4개 구성요소에 8개로 양분해 실시했고, 2차 요인으로 분석한 것은 4개의 중심요인을 n=52로 양분해 실시하고 3차 요인은 동일하게 4개의 중심요인에서 n=67개로 분석을 실시한다. 본 실험은 GEMS 모델에 근거해 3차 요인을 일일이 4개 과오로 분석해 HEPM과 GEMS 모델 근거로 비율분석을 통해 실험을 실시한다. 실험의 분석 점수표는 〈그림 8.12〉에서 나타나고, 〈표 8.11〉에서 상관관계를 나타난다. GEMS의 과오에 대한 분석결과 순서과오, 생략과오, 시간과오, 수행과오의 내림차순으로 피실험자들의 비중을 두고 있음으로 나타났고 상관계수와 P값의 분석 결과 정리 분석해 보면 다음과 같다.

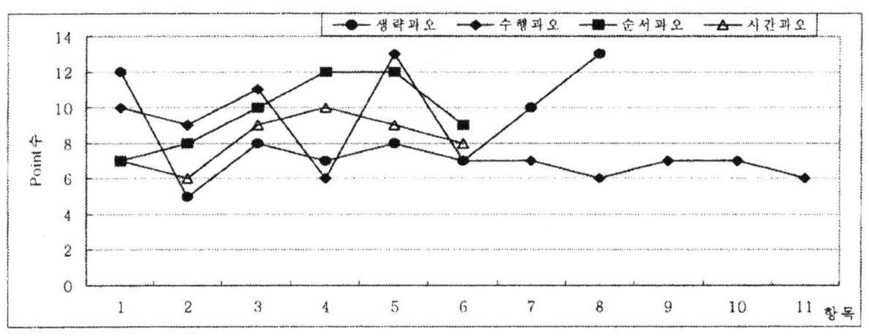

〈그림 8.12〉 실험 후 과오에 대한 분석 점수표

〈표 8.11〉 실험 후 과오에 대한 상관 분석

구　　분	생략과오	수행과오	순서과오	시간과오
n=	8	11	6	6
평　　균	8.75	8.091	9.667	8.167
표준편차	2.712	2.343	2.066	1.472
정규성 P-Value	0.464	0.026	0.554	0.708

구　분		생략과오	수행과오	순서과오	시간과오
상　관 분　석	상관계수	*	*	*	*
	P	*	*	*	*
분　산 분　석 (ANOVA)	총자유도	23			
	과오자유도	3			
	오차항자유도	20			
	SS	13.30%			
	MS	4.72			
F　통계량		1.02			
P		0.404			

생략과오와 수행과오의 상관계수:　0.312, P(0.547)

생략과오와 순서과오의 상관계수:　−0.307, P(0.555)

생략과오와 시간과오의 상관계수:　0.010, P(0.985)

수행과오와 순서과오의 상관계수:　0.063, P(0.906)

수행과오와 시간과오의 상관계수:　−0.070, P(0.895)

순서과오와 시간과오의 상관계수:　0.877, P(0.022)

음의 상관관계가 생략과오와 순서과오와 수행과오와 시간과오 간에 나타남을 알 수 있다.

<표 8.12> 불안전한 행동(1,2, 3차) 상관계수 분석 결과

사고원인 (불안전한 행동) : 2차 요인

		역할	기질	기준	교육/훈련	조작	이해	인.공	인지	판단	작업	지각	지식	착시	행동
실험 전	사람	-0.655	-0.619	-0.768	-0.792	0.803	0.982	0.993	0.619	-0.352	-0.792	0.35	0.682	0.791	0.982
	설비	-0.929	-0.108	0.434	0.545	-0.772	-0.5	-0.327	0.989	0.54	0.468	-0.999	0.756	0.997	0.058
	자재	-	-	-	-	-	-	-	-	-	-	-	-	-	-
	작업	-0.189	0.997	0.803	0.721	0.770	-0.756	0.044	0.044	-0.929	-0.859	0.143	-0.786	-0.115	-0.991
	조직	-0.5	0.969	0.954	0.808	0.519	-0.929	-0.285	-0.285	-0.756	-0.808	-0.189	-0.54	0.217	-0.980
	환경	-0.945	0.569	0.918	0.961	-0.167	-0.945	-0.843	-0.843	-0.143	-0.225	-0.786	0.143	0.803	-0.61
	디자인	-	-	-	-	-	-	-	-	-	-	-	-	-	-
	시스템	0.143	0.915	0.564	0.454	0.986	-0.5	0.639	0.369	-0.999	-0.999	0.459	-0.945	-0.434	-0.893
실험 후	사람	0.961	-0.982	0.217	0.982	0.991	0.975	0.971	0.997	0.954	0.945	0.866	0.945	0.991	0.997
	설비	0.993	0.655	0.961	0.189	0.997	0.961	0.132	-0.327	0.945	0.397	0.963	-0.721	0.803	0.693
	자재	-	-	-	-	-	-	-	-	-	-	-	-	-	-
	작업	-0.588	0.945	-0.693	-0.655	-0.822	-0.971	-0.988	-0.189	-0.982	-0.989	-0.918	-0.610	-0.993	-0.961
	조직	0.977	0.945	0.693	0.655	0.822	0.971	0.988	0.189	0.982	0.820	0.918	0.610	0.993	0.961
	환경	0.672	0.756	-0.277	0.982	-0.082	0.277	0.359	0.945	0.327	0.143	0.803	0.991	0.596	0.721
	디자인	-	-	-	-	-	-	-	-	-	-	-	-	-	-
	시스템	0.741	0.655	0.961	0.189	0.997	0.961	0.989	-0.327	0.945	0.990	0.596	0.132	0.803	0.693

3차 요인 (실험 전)

사람 (조작)		사람 (교/훈)		사람 (행동)		사람 (인지)	
오조작	0.981	미비	0.240	미준수	0.971	미비	-0.866
조작미비	0.982	미숙	-0.924	불안전	-0.945	미숙	-0.971
조작미숙	0.982	실수	-0.655	방법		실수	-0.982
조작못함	0.866	부족	-0.982	미실시	-0.993	부족	-0.993
		함정	-0.983	미인증	-0.997	함정	-0.983
		생략	-0.778	미행동	-0.982	생략	-0.918
				강령			

3차 요인 (실험 후)

사람 (조작)		사람 (교/훈)		사람 (행동)		사람 (인지)	
오조작	0.982	미비	-0.143	미준수	-0.891	미비	-0.866
조작미비	0.982	미숙	-0.963	불안전	-0.994	미숙	-0.954
조작미숙	0.982	실수	-0.996	방법		실수	0.971
조작못함	-	부족	-0.849	미실시	-0.654	부족	-0.997

8·3·4 종합적인 분석

1) 불안전한 행동과 인적 요인의 분석

본 실험에서는 인적 오류에 대한 구성요인을 HEPM 모델 적용해서 1차 요인과 2차 요인과 3차 요인의 데이터 및 GEMS에서 주요 인자들을 도출화시켜 연계된 부분으로 분석한다. 이에 따른 요인들은 <실험 1>, <실험 2>에서 불안전한 행동으로 연계된 1차로 정의를 내리고 10년간의 사고를 분석한 결과로 2차, 3차와의 상관 및 연계의 자료를 확보하고 구성요인을 세부적으로 도출시키고, 비중이 큰 요인들에 대한 집중적인 분석을 실시했다.

다만 실험<1, 2, 3>을 통해 종합적인 분석을 함으로 사고의 자료와 실험을 통한 자료가 구분되어 추출한다. 이 부분은 종합적인 정리를 실시해서 구체화시키기 위해 <실험 1>은 TFT활동의 엔지니어의 피실험자와 <실험 2>는 협력업체의 환경안전담당자들로 데이터를 분석한다. 피실험자들의 데이터를 가지고 실험 전과 실험 후의 사고원인에 대한 불안전한 행동과 2차 요인에 대하여 3차례의 실험결과를 통한 상관관계를 분석한 결과 〈표 8.12〉이다.

〈표 8.13〉 실험 전 인적 요인 2차, 3차 요인 간의 상관계수 결과

2차 요인			3차 요인											
			미비 (성능,평가,규정,기능)	저하	불량 (주기)	미기준	피로,노후 과부차	미준수	미결차	미감시	실패	미공감대	미채널	미계획
실험 전	설비	오동작	-0.896	-	0.992	-	0.064	-	-	-	-	-	-	-
		점검	0.327	-	0.324	-	-0.866	-	-	-	-	-	-	-
		관리	-0.655	-	-0.639	-	-0.861	-	-	-	-	-	-	-
	자재	수명	0.999	0.945	-	-	0.756	-	-	-	-	-	-	-
		재질	0.982	0.961	-	-	0.945	-	-	-	-	-	-	-
		방법	0.784	0.943	-	-	0.721	-	-	-	-	-	-	-
	작업	환경	0.755	-	-	-	-	-0.982	0.365	-	-	-	-	-
		준비	-0.866	-	-	-	-	-0.655	-0.756	-	-	-	-	-
		절차	-0.596	-	-	-	-	-0.866	-0.866	-	-	-	-	-
	조직	직무	-0.945	-	-	-	-	-	-	-0.982	-	-	-	-0.961
		계획	0.866	-	-	-	-	-	-	0.756	-	-	-	-0.345
		감시	-0.693	-	-	-	-	-	-	-0.693	-	-	-	0.189
	환경	모랄	-0.891	-	-	0.989	-	-0.866	-	-	-	-	-	-
		기준	0.693	-	-	-0.934	-	0.865	-	-	-	-	-	-
		업무	0.756	-	-	0.655	-	0.499	-	-	-	-	-	-
	디자인	사용성	0.866	-	-	0.786	-	-	-	-	0.929	-	-	-
		적합성	-0.993	-	-	0.982	-	-	-	-	0.327	-	-	-
		기준	-0.945	-	-	-0.655	-	-	-	-	0.786	-	-	-
	시스템	정/공	0.996	-	-	-	-	-	-	-	-	0.127	-0.693	-
		인프라	-0.327	-	-	-	-	-	-	-	-	-0.434	0.143	-
		분석	-0.786	-	-	-	-	-	-	-	-	-0.619	0.996	-

또한 추출된 데이터들이 불안전한 행동의 사고요인의 주요 인자와 2차 세부요인과의 어떤 관계가 있는지 분석함으로 이들 관계는 실험 전, 후 각각 8개의 주요 인자와 2차 요인의 14개 인자 간에 피어슨 상관계수(Pearson Correlation Coefficient) 분석을 실시하였으나, ACPM 에서 주요 인자였던 자재와 디자인은 실험 시 대상의 데이터에 대한 모수가 적어 미반영하고 제외하고 없어 분석에서 제외하고 상관관계 는 5%에서 유의한 값을 가지는 결과들이 보이고 있지만 실험 전, 후

204 안전중시 휴먼웨어 시스템의 분석 및 예방 모델 개발

에서 사고원인에 대한 상관관계 결과 실험 전의 사람, 설비에 대한 부분에 대하여 낮고, 실험 후의 작업, 조직, 환경은 약간의 낮은 상관관계를 보이나 나머지는 실험 전, 후에 상관관계가 있고 특히 사람과 설비에 대한 실험 후의 상관관계는 높다. 또한 3차 세부요인은 사람에서의 실험 전, 후는 상관관계가 높게 나타나고 있다.

〈표 8.14〉 실험 후 인적 요인 2차, 3차 요인과의 상관계수 분석 결과

2차 요인			3차 요인											
			미비 (성능,평가,규정,기능)	저하	불량 (주기)	미기준	피로,노후 과부하	미준수	미절차	미감시	실패	미공감대	미채널	미계획
실험후	설비	오동작	0.371	–	-0.982	–	-0.996	–	–	–	–	–	–	–
		점검	-0.327	–	-0.655	–	0.961	–	–	–	–	–	–	–
		관리	0.655	–	0.143	–	-0.189	–	–	–	–	–	–	–
	자재	수명	0.929	-0.142	–	–	0.986	–	–	–	–	–	–	–
		재질	0.143	0.434	–	–	0.327	–	–	–	–	–	–	–
		방법	-0.989	0.577	–	–	-0.693	–	–	–	–	–	–	–
	작업	환경	-0.655	–	–	–	–	0.982	0.929	–	–	–	–	–
		준비	0.721	–	–	–	–	0.969	0.996	–	–	–	–	–
		절차	0.996	–	–	–	–	0.143	-0.982	–	–	–	–	–
	조직	직무	-0.577	–	–	–	–	–	–	0.945	–	–	–	0.996
		계획	0.35	–	–	–	–	–	–	0.971	–	–	–	0.923
		감시	0.795	–	–	–	–	–	–	0.996	–	–	–	0.846
	환경	모랄	0.619	–	–	0.826	–	0.545	–	–	–	–	–	–
		기준	0.974	–	–	0.954	–	0.986	–	–	–	–	–	–
		업무	0.901	–	–	0.999	–	0.189	–	–	–	–	–	–
	디자인	사용성	-0.183	–	–	0.997	–	–	–	–	0.99	–	–	–
		적합성	0.99	–	–	0.982	–	–	–	–	0.866	–	–	–
		기준	0.976	–	–	0.993	–	–	–	–	0.976	–	–	–
	시스템	정/공	0.564	–	–	–	–	–	–	–	–	0.954	0.993	–
		인프라	0.945	–	–	–	–	–	–	–	–	0.982	0.976	–
		분석	0.866	–	–	–	–	–	–	–	–	0.997	0.993	–

*$\alpha = 0.05$(상관분석)

2) 인적 요인과 인적 오류의 분석 결과

다음은 인적 요인과 인적 오류를 분석기 위해 사고원인은 8개의 항목에서 사람을 제외한 설비, 자재, 작업, 조직, 환경 디자인, 시스템을

2차 요인과 3차 요인과의 관계를 살펴보기 위해 피어슨 상관계수 (Pearson Correlation Coefficient) 분석을 수행한다. 사람에 대한 분석은 〈표 8.12〉에서 상관계수를 분석해 보아서 제외한다. 이 분석 결과에서도 유의수준 5%에서 유의한 값을 가지는 결과들이 보이지만 실험 전, 후의 설비, 자재, 작업, 조직의 미비점을 제외하고는 전반적으로 2차 요인과 3차 요인과의 상관관계가 높음을 〈표 8.13〉, 〈표 8.14〉에서 알 수 있다.

특히 설비 오동작의 주기, 자재 수명의 미비, 작업환경의 미준수, 미절차, 조직의 미감시, 환경 모랄의 기준, 디자인 사용성의 실패, 시스템 정보 공유의 미비는 실험 전, 후 상관관계가 높게 나타난다.

3) HEPM의 인적 오류와 과오 분석 결과

① 1, 2차 요인

HEPM 모델에서 소프트웨어: 디자인, 시스템, 하드웨어: 설비, 자재, 인바이론먼트웨어: 작업, 환경, 라이브웨어: 사람과 조직으로 1차 원인을 두고 2차, 3차 요인의 상관관계를 전자에서 분석을 하였다. 과오에 대한 상관관계 분석은 피어슨 상관계수(Pearson Correlation Coefficient) 분석으로 수행하고, 〈표 8.15〉을 제시하였다. 피실험자들에게 소프트웨어, 하드웨어, 인바이론먼트웨어, 라이브웨어에서 각각의 1차 요인의 2개 요소와 과오의 생략과오, 수행과오, 순서과오, 시간과오와의 3차 요인으로 피어슨의 상관계수는 〈표 8.16〉에서 추출하였다.

본 실험에서는 인적 요인과 인적 오류의 중요 인자들을 연관시켜 1차 요인들을 분류해서 과오 유형을 각각 중요 인자 3개 요인, 즉 3차 요인들의 주요 인자들의 상관계수를 추출한다. Soft-ware의 시스템에 순서과오인 함정 부분을 제외하고는 높은 상관관계가 구성된다.

<표 8.15> 인적 오류(1차)와 과오와의 상관계수 결과

		생략과오			수행과오			순서과오			시간과오		
		생략	미비 (착시)	절차 (미비)	사용 성	기준/조 건 미비	실수	함정	구성 불량	규칙/절 차 미비	노후/ 부식	변형	피로
S/W	디자인	0.996	0.973	0.995	0.999	0.981	0.842	0.812	0.973	0.896	0.973	0.94	0.896
	시스템	0.998	0.998	0.991	0.941	0.987	0.824	0.793	0.95	0.909	0.997	0.941	0.994
H/W	설비	0.984	0.996	0.933	0.951	0.999	0.962	0.975	0.988	0.981	0.951	0.981	0.992
	자재	0.967	0.993	0.899	0.923	0.988	0.937	0.954	0.997	0.994	0.923	0.994	0.978
E/W	작업	0.996	0.996	0.961	0.975	0.985	0.983	0.991	0.969	0.96	0.975	0.96	0.999
	환경	0.993	0.993	0.951	0.967	0.998	0.976	0.986	0.977	0.969	0.967	0.969	0.997
L/W	사람	0.993	0.992	0.853	0.968	0.985	0.977	0.987	0.976	0.967	0.968	0.967	0.998
	조직	0.988	0.996	0.941	0.958	0.998	0.968	0.98	0.984	0.977	0.958	0.977	.0994

따라서 1차 요인에서 분류한 8개의 중요 인자와 2차 요인인 인적 요인과 3차 요인의 인적 오류 상관관계를 도출했고 불안전한 행동의 사람관점의 8개 요인의 분류가 동일하고, 다만 과오 유형을 3차 요인과의 관계를 상관계수를 보았기 때문에 HEPM(2차) 요인과 과오 유형의 상태를 보면 <표 8.15>에서 나타난다. 따라서 소프트웨어 관점, 하드웨어 관점, 인바이론먼트웨어 관점, 라이브웨어 관점과 생략과오, 수행과오, 순서과오, 시간과오의 요인들의 상관계수는 인바이론먼트웨어의 문화를 제외하고는 높다.

먼저 분석을 위해 인적 요인들에 대한 연관성을 보기 위해 덴드로그램(Dendrogram)을 통하여 그래프적으로 분석한 결과는 <그림 8.13>과 같다. 인적 요인의 구성요소에 대한 정도의 차이(비율과 비중)는 있으나 이들 간의 군집의 형태를 판별해 봄으로써 본 실험에서는 맥퀸(Mac Queen., 1967)에 의해 제안된 K-평균법(K-means Clustering Method)을 사용하려 했으나 대량의 데이터가 부족하여 다른 방법보다 수용성이 좋고 적합한 방법론은 적용(Afifi et al.,1990)치 못하고 계측 정방법(Hierarchical Method)인 병합적(Agglomerative)과 분할적 방법

(Divisive) 중에 병합적 방법인 단일연결법, 완전연결법, 평균연결법 중에 평균연결법을 군집방법을 사용한다.

〈그림 8.14〉에서 실험 전의 불안전한 행동요인을 펙터 1에는 인적요인 최적치, 펙터 2에는 2차 요인, 펙터 3에는 3차 요인을 입력하고 디자인, 시스템, 설비, 자재, 작업, 환경, 사람, 조직과 과오 유형에는 생략과오와 수행과오, 순서과오와 시간과오로 입력을 하고난 후의 도출이 된다.

〈표 8.16〉 인적 오류(2차)와 과오와의 상관계수 결과

		생략과오			수행과오			순서과오			시간과오		
		생략	미비	절차	사용성	기준/조건	실수	함정	구성불량	규칙/절차	노후/부식	변형	이탈
S/W	기준	0.979	0.999	0.92	0.941	0.997	0.992	0.968	0.992	0.987	0.941	0.987	0.987
	운영	0.998	0.964	0.963	0.98	0.975	0.987	0.994	0.963	0.953	0.98	0.953	0.999
	실행	0.991	0.93	0.999	-0.671	0.861	0.989	0.98	0.836	0.815	0.994	0.815	0.983
H/W	검사/기준	0.99	0.995	0.994	0.961	0.99	0.971	0.982	0.982	0.974	0.961	0.974	0.995
	매뉴얼	0.99	0.995	0.945	0.961	0.99	0.971	0.982	0.982	0.974	0.961	0.99	0.995
	Tool	0.982	0.99	0.957	0.972	0.982	0.98	0.939	0.973	0.963	0.972	0.963	0.999
E/W	작업절차/방법	0.888	-0.387	0.783	0.817	0.982	0.839	0.866	0.99	0.994	0.817	0.982	0.909
	환경	0.991	0.93	0.998	1.000	0.911	0.999	0.996	0.891	0.874	1.000	0.874	0.911
	문화	0.786	0.91	0.652	0.693	0.929	0.721	0.756	0.945	0.956	0.693	0.956	0.814
L/W	인지/판/지	0.965	0.875	0.997	0.992	0.851	0.986	0.976	0.826	0.805	0.992	0.805	0.952
	의식	0.999	0.982	0.971	0.91	0.972	0.989	0.996	0.958	0.948	0.983	0.948	1.000
	팀/집단	0.904	0.98	0.804	0.837	0.988	0.857	0.883	0.994	0.997	0.837	0.997	0.923

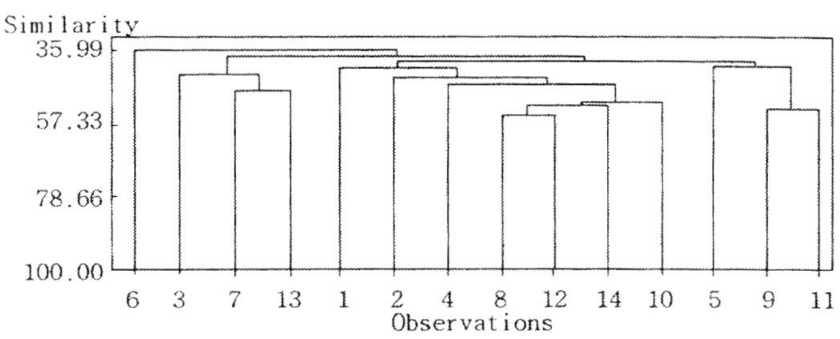

〈그림 8.13〉 실험 전의 휴먼웨어 시스템 덴드로그램

덴드로그램에서 분석 결과 불안전한 행동과 펙터 1, 불안전한 행동과 펙터 2, 펙터 2와 펙터 3, 디자인과 펙터 2, 펙터 2와 장비, 시스템과 작업, 펙터 3과 인간과 펙터 1 등의 상관관계를 나타내고 있고, 과오 유형에는 시스템과 장비의 상관관계가 높은 것으로 도출된다. 또한 〈그림 8.13〉에서는 실험 후의 결과도 실험 전과 동일하게 요인을 반영한 결과가 도출된다. 다만 실험의 데이터가 불안전한 행동요인과 펙터 1, 펙터 2, 펙터 3은 실험 후의 데이터를 반영하고 그 밖의 인적요인과 인적 오류는 실험에 반영한 데이터를 운영한다.

분석결과 덴드로그램에서 도출되었듯이 군집은 3개의 군집으로 나누어진다. 펙터 1과 불안전한 행동, 펙터 1과 펙터 3, 장비와 디자인, 자재와 디자인, 작업과 시스템, 조직과 펙터 1, 사람 간에 과오 유형에는 시스템과 장비 간에 상관계수가 높음을 나타나고 있다.

4) 휴먼웨어의 전체를 분석한 요인의 추출

덴드로그램을 적용한 요인 간의 재현상화의 모델을 추출하기 위해 분석한 결과 불안전한 행동의 요인(14개), 1차 요인(7개), 2차 요인(14개), 3차 요인(14개), S/W, H/W, E/W, L/W(8개)와 과오종류(12개)와의 상관계수들이 높고 낮음에 대하여 나타났으며, 분석 결과는 〈그림 8.16〉에서와 같다. 다만 소프트웨어, 하드웨어, 인바이론먼트웨어, 라이브웨어는 (D,S), (E,M), (W,En), (H,O)로 대신한다.

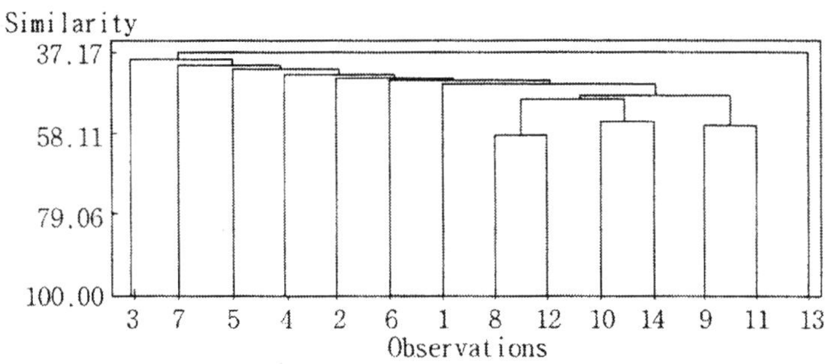

〈그림 8.14〉 실험 후의 휴먼웨어 시스템 덴드로그램

요인 항목의 상관관계는

  ◪: 불안전한 행동(2차)과 인적 요인(1차)

  ◩: 인적 요인(1차)과 인적 오류(3차)

  ▦: 인적 요인(1차)과 Human, Organization

  ▥: System과 Equipment, 과오 유형

  ◈: System과 Work를 나타난다.

펙터 1은 불안전한 행동의 원인 분석 시 1차 요인으로 도출되었고, 펙터 2(2차 요인)은 인적 요인의 7개 항목으로 주요 인자 2개 요인 수를 반영하였고, 펙터 3(3차 요인)은 인적 오류의 7개 항목의 주요 인자 2개의 비율 높은 요인 수를 적용하였으나 미진 비율의 요인 수는 반영치 못했다. 다만 디자인과 시스템과 설비(E : Equipment), 재료(M : Material), 작업(W : Work), 환경(E : Environment), 사람(H : Human), 조직(O : Organization)과 오류타입은 실험에 대한 요인 수를 반영했지만 주요 인자만 반영해서 검증해 본다. 또한 펙터 2와 환경은 어느 요인 항목과는 상관관계가 없는 것으로 정리한다.

210 안전중시 휴먼웨어 시스템의 분석 및 예방 모델 개발

〈그림 8.15〉 휴먼웨어의 상관관계 분석 결과

불안전한 행동(1차)	인적요인(1차)	인적요인(2차)	인적오류(3차)	D	S	E	M	W	En	H	O		과오유형
역활	설비	오동작	미비		O	O						생략	O 생략
기질		점검	불량		O	O							O 미비(착시)
기준	자재	수명	성능저하		O	O							O 절차(미비)
교육/훈련		재질	저하		O	O						수행	O 사용성
조작	작업	환경	평가		O	O							O 기준/조건미비
이해		준비	미준수		O	O							O 실수
인간공학	조직	직무	미흡		O	O						순서	O 함정
인지		계획	미계획		O	O							O 구성불량
판단	환경	모랄	공정		O	O							O 규칙
작업		기준	규정/절차		O	O						시간	O 노후/부식
지각	디자인	사용성평가	기준		O	O							O 변형
저석		적합성	평가		O	O							O 피로
착시	시스템	정보공유	기능		O	O						수행	O 4인자
행동		Infra	채널		O	O							O 5인자

(Design: D, System: S, Equipment: E, Material: M, Work: W,
Environment: En, Human: H, Organization: O)

〈표 8.17〉 휴먼웨어의 χ^2 검증결과

범 주		T-검정	P값	결 과
x	y			
불안전한 행동	1차 요인	1.25	크다	귀무가설 채택
1차 요인	3차 요인	−0.7	크다	귀무가설 채택
1차 요인	사람, 조직	18.7	낮음	대립가설 채택
시스템	장비, 과오 유형	13.1	작음	대립가설 채택
시스템	작업	0.05	크다	귀무가설 채택

H_0: 각 요인별 빈도는 이론빈도와 다르지 않다.

H_1: 각 요인별 빈도는 이론빈도와 차이를 가진다.

다음으로 〈그림 8.15〉에서 분석한 결과 상관관계에서 도출된 결과에 대하여 두 개 이상의 모집단에 대한 비율 검정으로 카이제곱 검정을 해서 독립성검정과 동일성검정이 있지만 검정 통계량은 결국 같으

므로 일반적인 동일성으로 보고 χ^2 검증결과가 된다. 〈그림 8.15〉을 근거로 95% 신뢰구간에서 $\alpha=0.05$에서 불안전한 행동과 펙터 1(1차 요인)의 검정결과 검정 통계량 값 1.25와 P값이 0.05보다 큼으로 귀무가설을 기각할 수 없어 이론 빈도와 다르지 않음의 결과가 나타났다.

결국은 펙터 1(1차 요인)과 펙터 3(3차 요인)에서 검정 통계량 −0.7과 P값이 역시 0.05보다 큼으로 귀무가설을 기각할 수 없이 이론 빈도와 다르지 않음의 결과가 도출되었고, 펙터 1(1차 요인)과 사람과 조직 간에도 검정 통계량은 18.7이고 P값이 0.05보다 작음으로 귀무가설을 기각, 이론빈도가 차이를 가진다고 도출되고 시스템과 장비, 과오 유형에는 T-검정결과 13.1 P값이 0.05보다 작음으로 귀무가설을 기각 이론빈도가 차이를 가진다고 나타났고, 시스템과 작업은 T-검정량이 0.05이고 P값이 0.05보다 크므로 이론빈도와 다르지 않음이 결과가 도출됨으로 아래와 같은 χ^2 검증결과를 유추한다.

따라서 본 실험에서는 불안전한 행동의 원인과 사람을 중심으로 한 인적 요인 1, 인적 요인으로 인터페이스적 역할인 인적 요인 2, 인적 오류인 인적 요인 3과 System-ware와 과오 유형과의 상관관계를 비교하여 판단하였다. 분석 결과에 대한 상관계수를 요인과의 관계로 검정 결과를 기반으로 휴먼웨어시스템(Human-ware System)이란 형태를 구축해 보았다. 구축하는 절차는 〈그림 8.16〉, 〈표 8.17〉로 분석 결과를 봄으로써 인적 요인 2와 환경은 결과로는 무시되고 나머지의 관계는 모델을 구축시키는 결과를 유도에 따른다.

결국 같은 절차에 따라 최종적으로 통합하여 재구성한 피실험자의 집단의 휴먼웨어 시스템의 모델형태는 반도체산업에서의 불안전한 행동과 인적 요인 1, 인적 요인 3과 디자인과 시스템과 장비와 재료와 작업, 사람, 조직과 과오 유형과는 중요한 관계로 볼 수 있고 다만 웨어유형(Ware-type)의 시스템웨어, 하드웨어, 환경웨어, 라이브웨어는 디자인과 시스템, 장비, 재료, 작업, 환경, 사람, 조직에 포함되어 이중 분석이 됨으로 모델을 형성화 중요한 부분으로 반영했다.

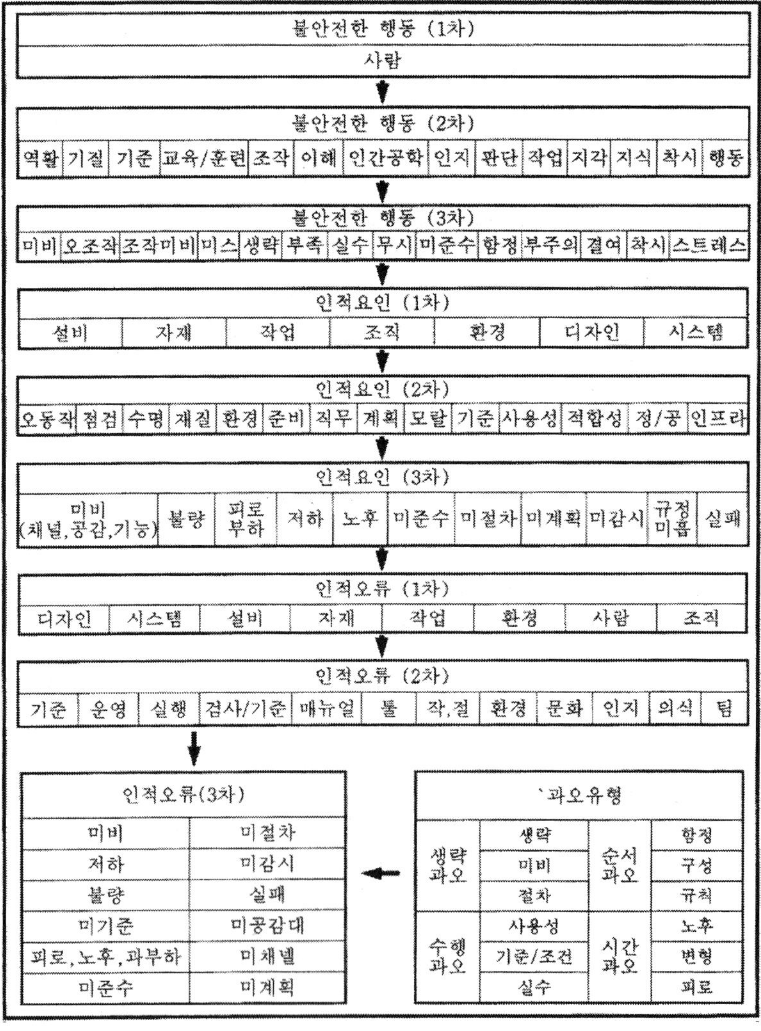

〈그림 8.16〉 이론적 구성된 휴먼웨어 시스템 예방 모델

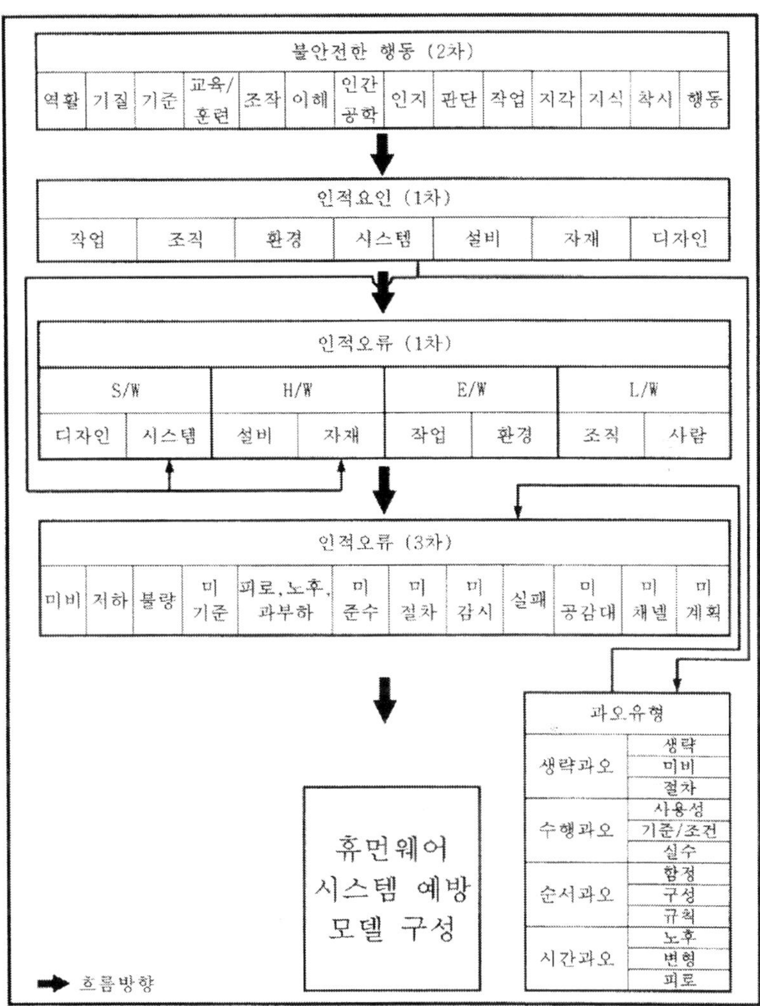

〈그림 8.17〉 상관관계와 이론으로 재구성된 휴먼웨어 시스템 예방 모델

결국 〈그림 8.17〉에서 행동과 인적 요인과 인적 오류의 1차, 2차, 3차 요인에 대한 결과는 행동 측면에서는 2차 부분이 인적 요인 1차로 연계가 되어야 하고, 인적 오류 1차는 과오 유형을 거쳐 인적의 3차

요소로 연계가 된다. 또한 흐름의 방향에서 인적 요인 1차 내의 시스템요인은 인적 오류의 시스템 하드웨어에 필히 반영이 되어야 한다. 또한 과오 유형과 유연한 상관관계를 갖게 된다. 이런 프로세스화된 루트를 거치면서 휴먼웨어의 시스템 예방의 모델을 추출했다.

제9장 휴먼웨어 시스템 예방 모델 분석 및 평가

9·1 분 석

인적 관련된 사전예방 발생원, 인터페이스, 직, 간접 요인을 분석하기 위하여 새로운 방식의 HSPM(Human-ware System Prevent-Model)을 제안한다. 이 모델을 MTO와 STEP, 즉 사고요인 분석기법을 응용한 방법으로 기존의 발생원으로 분석된 상태에서 모듈(불안전한 행동, 인적 요인, 인적 오류)로만 각각 운영되고 요인에 대한 사고요인의 세부분석이 어렵고, 모듈 간에 있어 요인과 요인 간의 정량화 및 연계성의 어려움이 있다.

따라서 이 점을 극복하기 위하여 사람의 사고를 개별로 보지 않고 종합적으로 연계 및 요인분석을 세부화하고 업무특성, 개인적인 차이, 환경 및 안전 관련된 사회적인 차이에 달라질 수 있다. 사고를 고려하여 요인 분석의 모델에 대한 인자중심으로 휴먼웨어의 연산집합의 공식을 유도키 위해 각 항목의 요인 집합으로 통일해서 신뢰성 측면으로 공식화한다.

> 1) ACPM(1차, 2차, 3차)→ACPM = 1차 요인+2차 요인+3차 요인
> 2) HFPM(1차, 2차, 3차)→HFPM = 1차 요인+2차 요인+3차 요인
> 3) HEPM(1차, 2차, 3차)→HEPM = 1차 요인+2차 요인+3차 요인
> 4) HSPM = ACPM+HFPM+HEPM

결국 인적 오류의 인자 유도 공식은

$$P(F) = P(F/E)P(E) + P(F/\overline{E})P(\overline{E}) \quad\cdots\cdots\cdots (1)$$

(E: 인적 오류가 발생하는 사건, $\overline{E}$: 인적 오류가 발생하지 않는 사건,

F: 결함수가 발생하는 사건)

(1)식을 다시 쓰면

$$P(F/E)P(E) = P(E/F)P(F) \quad\cdots\cdots\cdots (2)$$

$$P(F) = H \cdot E \cdot P(F/\overline{E}) \quad\cdots\cdots\cdots (3)$$

$$HE(Human-Error) = \frac{P(\overline{E})}{1 - P(E/F)(E)} \quad\cdots\cdots\cdots (4)$$

($P(F/\overline{E})$: 인간 실수가 없다고 가정한 파괴 가능성)

($P(E/F)$: 인간 실수에 의한 발생 가능성)

HE $>$ 1이기 때문에 인적 오류의 효과는 결합, 실수가 발생하는 가능성은 $P(F/\overline{E})$보다 클 것이다.

인적 오류의 가능성은

$$P(\overline{E}) = \exp\{-(f_1+f_2+f_3)\} \quad\cdots\cdots\cdots (5)$$

f1, f2, f3는 인적 오류의 1차, 2차, 3차 요인으로 평균 발생요인의 비율이다.

다음과 같이 구한다.

HE 계수는 $HE = \dfrac{1}{1 - P(E/F)}$ 로 구한다. $\quad\cdots\cdots\cdots (6)$

본 개념으로 작업 전, 후에 대한 응답의 결과치로 통합하고 상관관계수를 통해 중요도를 추출, 연계한다.

1) 요인 도출기법

각 모듈의 원인에 대한 분해를 사고의 데이터로 1차 요인을 분석하고, 1차 요인에 대한 인터페이스 및 직, 간접요인으로 2, 3차를 도출하고, 실험 전, 후로 해서 비중을 비율로 계산해서 표현한다. 이와 같이 정리된 요인들을 이론으로 정립하고, 순위에 나온 요인들에 대해 상관관계 계수를 구한다. 상관관계 계수의 중요도로 불안전한 행동 인적 요인과 인적 오류의 중요 인자로 결정해서 표현한다.

2) 요인 추출로 인한 상관관계 분석

각 모듈(불안전한 행동, 인적 요인, 인적 오류)에서 비율의 중요성을 1차, 2차, 3차 요인으로 분석하고, 각 요인 간의 0.9 이상의 상관관계 계수를 표시화하고 각 모듈에서 중요 인자들을 RC(Relation-Chart)를 이용하여 피어슨의 미니탭으로 분석 관계를 추출한다. 다만 0.8 이상으로 할 수 있으나 각 요인들의 안전 임계의 관점에서 기준을 높게 잡고 연관성을 표시했다. 인적 관련 요인은 사고 원인, 즉 발생원을 시발점으로 해 2차는 인터페이스 관점과 3차 직, 간접 관점에서 각 모듈별로 근접화하여 요인을 추출화하는 방법을 제시한다.

3) 상관관계 분석으로 각 Model 연계성

각 모듈은 불안전한 행동, 인적 요인, 인적 오류의 모델 관점으로만 단독적이고 연계성이 없이 되어 있는 부분을 각 모듈마다의 연계성을 프로세스화해서 불안전한 행동→인적 요인→인적 오류를 연계시켜 전체적인 통합화, 공용화, 표준화로 운영돼야 한다.

9 · 2 평가 및 검토

본 연구에서 실행된 실험은 크게 3분류로 나누어 볼 수 있다.

첫 번째, 실험 1은 불안전한 행동의 사람 관점에서의 실험을 통해 관계된 주요 인자를 도출해서 상관계수를 보는 실험이다. 이들 실험의 목적은 설문을 통해 사고요인이 되는 요인에 대한 유형별 및 비율을 통해 피실험자들이 현장에서의 사고에 대한 비율의 재평가됨을 검증하였고, 이에 따른 불안전한 행동요인을 실험 전, 후를 통해 검증해 보았다.

이로 인해 교육/훈련, 조작, 인지, 판단 등이 중요한 인자로 추출되었다. 본 실험에 대한 분석 결과는 사람의 중요 요인인 부분에 대한 세부분석을 실시 중에 조작에 대한 검정결과 실험 전보다 0.57배 정도의 평균값이 올라감으로 불안전 요인의 비중이 높아졌고, 평균점수가 백분율 대비 76.3%로 상당히 높은 수치이고 요인은 오조작, 조작미비, 조작미숙으로 분석되었다. 교육/훈련의 결과는 6개의 요인으로 분석한 결과 실수와 부족과 함정이 교육/훈련의 큰 요인으로 나타났고 이에 따른 평균은 50% 정도로 불안전한 행동의 요인의 결과로 분석되었다. 불안전한 행동은 5개 요인으로 분류를 해서 실시한 결과 미실시 및 미인증과 미행동강령의 전체 비율의 75%를 차지하고 있음으로 나타났다. 그중에 실수와 함정, 생략이 전체의 50% 이상을 차지하고 있어 피실험자들의 개인 역량과 업무의 스킬이 우선되어야 함을 나타내었다. 이상의 결과에서 나타나듯이 실험 전, 후로 나타난 불안전한 요인과 사람의 요인의 중요 요소 비율은 단기 경험과 단기 기억에 의해 약간의 판단 오차는 발생하지만 피실험자들의 특성에 따른 업무의 연관성은 동일하게 분석되었다.

따라서 본 실험에 참여한 피실험자들에 대한 실험 결과의 행동요인과 사람의 인적 요인은 크게 다른 업무와는 판이하지 않으며 다만 중요의 수행인자에 대한 집중 정형화는 필요하다는 사실을 나타내고 있다. 요인에 대한 수행요소는 반도체산업에서만이 특화는 일부 비율로 분석되었기에 불안전한 요인과 사람의 중요 인자는 타당성을 입증하였다.

또한 실험 2를 통해 피실험자들에게 STEP에 대한 사고의 분석 방법을 실시해서 1차 요인, 2차, 3차 인적 요인과의 요인에 대한 비율과 인적 요인의 활동 영역을 비율화 분석함으로 평균에 대한 차이를 통해 검증을 실시함으로 1차 요인과 2차, 3차 요인과의 상관관계 분석을 함으로 이들 요인에 대한 상관관계는 다르지 않음으로 이들의 연관성을 나타나고, 이 분석을 통해 (Yoon et al., 2004a, 2004b)로 결과에 대한 반도체산업에서의 인적 요인에 결과를 추출할 수 있었다. 또한 인적 요인의 1차 요인은 이론적으로 2차와 연관이 있어 보이나 상관계수를 연관시켜 보면 무관하고 인적 오류의 3차 요인과 관련성이 높은 것으로 나타났다.

실험 3을 수행하는 데 인적 요인의 1차, 3차 요인으로 반도체산업에서의 시스템웨어 기준으로 요인을 도출한 요인과 1차 요인에서 분류하고, 오류 유형과의 상관관계를 분석함으로 상관계수는 P값이 0.05보다 큼으로 4개의 인적 요인들 간에 즉 S/W, H/W, E/W, L/W의 요인들은 차이가 나지 않음으로 결론지어지고, 과오 유형 간에는 생략과오와 시간과오를 제외하고는 생략, 수행, 시간, 순서과오는 P값이 0.05보다 큼으로 귀무가설을 기각할 수 없음으로 이들 과오 유형 간에는 차이가 없는 것으로 실질적 결론을 도출하였다.

결국 종합적인 분석으로 보면 불안전한 행동과 인적의 1차 요인 간에는 모든 요인들이 상관관계가 있는 것으로 나타났다. 특히 사람과 설비에 대한 상관관계가 높은 것으로 나타나, 반도체산업에서 사람, 설비에 대한 불안전한 행동과 인적 요인에 대한 시스템이 보완되고, 인적 요인에 대한 더 많은 연구가 강구되어야 한다.

인적의 2차 요인과 3차 요인의 상관관계는 설비, 자재, 작업환경, 조직, 사람, 디자인, 시스템에 연관된 인적 요인의 중요 인자들을 도출됨을 유도했다. 시스템웨어의 인지와 오류의 관계는 덴드로그램으로 분석 결과 소프트웨어의 시스템과 순서과오의 생략을 제외하고는 상관관계가 있음으로 도출되었다. 불안전한 행동과 인적 요인과는 차이가 있고, 인적 요인 1차와 인적 오류1차와도 차이가 있고, 시스템과 작업에도 인적 오류외도 차이가 있고, 다만 1차 요인과 사람, 조직과 시스템의 장비와 과오 유형에는 차이가 있다고 결론을 유출하였다.

인적 오류의 3차 요인은 인간오류의 가변의 요인을 보강 및 오류율을 감소키 위해 기존 모델의 과오 유형을 반도체 유형 차원으로 분석/적용해 보니 상관관계가 높은 것으로 분석됐다. 이와 같이 본 연구를 통하여 불안전한 행동과 인적 요인과 인적 오류 간의 연계성을 도출함으로 현재까지의 각개 요인별로 분석, 운영해 왔던 제약적인, 비효율적인 미비점을 보강하고, 현장에서의 사고요인으로 인적 요인과 오류를 사전 예방하는 공정모델로 기반이 될 수 있을 것이다. 본 연구를 통해 불안전한 행동과 인적 요인과 인적 오류와 안전학자들이 제시한 시스템웨어 과오 유형을 반도체산업 중심으로 연계시킴으로 사람 중심으로 한 안전사고의 예방의 기틀이 가능할 것이라 예측된다.

제10장 결 론

    본 연구에서는 반도체산업에서의 문제되었던 인적 관련 모델 및 요인에 대하여 사람중시의 인적 관련 사고요인에 휴먼웨어 시스템 예방 모델을 발생원으로만 분석되었던 상황 및 각각의 모듈로 분석되어 운영되었던 모델을 통합하여 종합적인 시스템 모델을 인적 관련 사고예방을 우선으로 하고, 사고원인을 분석을 효율적으로 할 수 있는 모델을 제안하였다. 아울러 각각의 모듈을 통합하고, 요인별 세분화하고 모듈의 요인 간에 상관관계를 통해 인적 사고 예방하는 HSPM을 제안하였다. 반도체산업에서는 이로 인하여 ACPM, HFPM, HEPM의 각각 모델에 대한 기존 모델을 보완함으로 별도의 분석 단계를 거치지 않고, 요인을 근본적, 인터페이스 및 직, 간접으로 분석함으로 시간적으로 쉽게 적용하기 위한 가이드라인을 제시함으로 분석과정에 적용하기에 보다 용이하도록 하였다.

    본 연구 결과를 요약하면

    첫째, 반도체산업에서 사람의 안전사고요인에 인지성, 안전성, 리스크성을 고려한 요인분석을 사람행동, 인적 요인, 인적 오류 관점의 요인 470개를 추출하고, 각각의 상관관계를 통해 70개의 중요 인자를 추출해 체계화하는 요인 분류를 했다. 또한 1차 요인, 2차 요인, 3차 요인으로 제안하고, 각각의 가이드라인을 피실험자를 통해 평가하여 추출하였다.

둘째, 반도체산업에서 불안전한 행동과 인적 요인, 인적 오류의 요인들을 실험 전, 후에 피실험자 각각 90명을 대상으로 요인들에 대한 중요도를 계수화해서 산출하였다. 이러한 계수치의 중요도의 요인들은 각각의 모듈의 1차, 2차, 3차 요인으로 해서 RC(Relation-Map)를 구성했다. 각각의 모듈 안에 요인들은 MTO, STEP 분석을 통해 접근을 함으로 요인 분석을 예측할 수 있도록 하였다.

셋째, 반도체산업에서 기존의 인적 관련 모델들이 각각의 모듈로 되었던 부분을 사람의 불안전한 행동 관점, 인적 요인 관점, 인적 오류 관점의 모델을 요인의 중요도, 상관관계를 연산하여 발생원에서 인터페이스, 직, 간접으로 정량화하고 모델을 개발함으로 기존 모델의 요인분석의 취약점을 분석, 보완, 개발하여 행동과 인적 요인과 인적 오류가 연계된 통합시스템을 구축함으로 시간 및 분석의 오류를 줄일 수 있는 기법을 개발하였다.

넷째, 반도체산업에서 기존의 모델에 대한 3 모듈로 평가 실험을 실시하였다. 사람 관점의 행동에서는 조작, 교육/훈련, 인지, 행동이 다른 평가치보다 비중이 높게 나타나고 상관계수는 실험 전, 후 0.9 이상이 나타남으로 요인들 간의 비교평가를 할 수 있게 하였다.

다섯째, 반도체산업에서 제안된 기법을 이용하여 3 모듈(ACPM, HFPM, HEPM)을 연계시스템을 구축하였다. 안전공학과 인지공학 측면에서 기존 모델의 적용이 수직적 분석은 되어 있지만 수평적 연계성이 없어 그 단점을 보완해 행동, 인적 요인, 인적 오류 관점의 수평적 연계시스템을 제시함으로 인적 관련 사고 모델에 대한 전체적인 연계를 할 수 있는 계기가 됨으로 간과할 수 있는 모델의 단점을 보완하는 프로세스화를 구축하였다.

여섯째, 반도체산업에서 제안된 모델을 인적 관련된 사고 모델을 통한 시이컨스 세 개와 모듈 관점으로 평가하는 요인 차원을 정의하고, 중복되거나 이중화될 수 있는 모델 평가를 통합적인 방법론을 제안하였다. 보통 행동 관점의 사고요인은 발생원으로 분석이 되어 많은 요인이나 모델의 적용 오차를 보였으나 이어진 불안전한 행동과 인적 요인, 인적 오류를 행동관점, 사람관점, 사람의 인프라관점으로 모델을 체계화해서 효율적인 인적 관련 사고원인에 대한 모델 적용을 할 수 있게 하였다.

일곱 번째, 반도체산업에서 종합적인 예방 모델의 시이컨스의 요인에 대한 중요도를 평가하는 방법론을 제안하였다. 이를 위해 실험을 통한 이론적 요인들을 추출하고 정립해서 행동관점, 인적 요인, 인적 오류관점으로 상관관계계수를 통해 도출해서 요인의 신뢰성 평가적용한 덴드로그램 테스트 결과 인적 요인의 중요도는 0.4 이하로 떨어지고, 불안전한 행동과 인적 오류의 연계성과 시스템웨어적인 사람, 설비의 중요도와 과오의 수행 전체가 인적 오류와 연계성이 나타남을 보이고 있고, 0.9 이상의 동질성을 보임으로 요인의 타당성을 증명하였다.

여덟 번째, 반도체산업에서 휴먼웨어 시스템예방모델의 이론적 요인으로 도출된 부분에서 상관관계로 복합화시켜 추출된 결과 행동관점에서는 2차 요인으로, 인적 요인에서는 1차 요인으로, 인적 오류에서는 1차와 3차가 중요한 흐름을 시이컨스로 정립됨을 알 수 있고, 요인의 중요 부분으로 불안전한 행동에서는 사람, 조직, 인적 요인에서는 시스템 측면으로 에러유형과 디자인, 시스템, 설비, 자재가 나타났고 인적 오류에는 과오 유형을 검증화시켜 모델을 제시하였다.

아홉 번째, 인적 오류의 1차 요인과 인적 오류의 3차 요인과의 분석 결과 기존 모델을 복합화시켜 인적 오류의 결함율과 오류율의 관계를 추출해 보니 사람적인 부분과 수행과오 측면의 상관관계가 강하게 양의 관계를 갖고, 과오 유형에서 2.5배 정도가 높게 나타남을 볼 때 인적 오류의 3차 요인의 중요성이 추출하였다.

현재 반도체산업에서 인적 관련 사고의 원인에 대한 요인 분석과 사전예방에 본 연구의 결과를 적용한다면 보다 안전성, 인지성, 효율성과 동시에 산업체의 안전예방에 주력할 수 있을 것이다. 아울러 인지공학과 인간공학을 통하여 안전성을 최우선으로 고려함으로 향후 사고요인 분석 및 모델 사용에 잠재적인 사고의 위험을 감소시킬 수 있을 것이다. 안전의 모델이나 요인에 대한 개발은 모델은 수직적이나 인적 사고 분야 관점에서 수평적이지 못하고 사고에 대한 원인의 요인 분석은 수평적이나 수직적이지 못함으로 운영되고 있는 실정이다.

또한 반도체산업은 일부 나라에서만 국한, 생산하고 있고 인적 관련된 사고요인 및 모델에 대한 재조명할 능력이 없다. 그러므로 본 연구에서는 모델과 요인에 대하여 수평적 관계, 수직적 관계를 통합하고, 세분화해서 사용자들이 쉽게 시이컨스 및 프로세스화해서 의사결정을 할 수 있다. 이를 통하여 앞으로 발생할 수 있는 인적인 사고요인을 최소화하고 산업재해 예방에 사용할 수 있는 기반을 구축하였다.

본 반도체산업에서 연구에서는 반도체산업을 중심으로 사고요인 및 모델을 적용하였으나 반도체산업과 유사한 장치산업의 연구 확대가 필요하다. 또한 사고원인에 대한 요인의 인지도를 정확히 분석할 수 있는 기법의 연구가 지속되어야 할 것이다.

ABS(American Bureau of Shipping)., ABS Review And Analysis of Accident Data Bases: 1991, 2002, pp.4~10, 2004.

Ayeko, M., "Integrated Safety Investigation Methodology(ISIM) −Investigating for Risk Mitigation", Transportation Safety Board(TSB), 2003.

BAARS, B. J., "Experimental Slips and Human Errors Exploring the Archiecture of Volition", Plenum Press, pp.256~315, 1980.

Bennett, G. F., "Industrial Hazards and Plant Safety", Journal of Hazardous Materials, Vol.99. issue2, pp.222~223, 2003.

Besco, R. O., "Human performance breakdowns are rarely accidents; they are usually very poor choices with disastrous results", Journal of Hazardous Material, pp.1/10~10/10, 2004.

Blom, H. A. P., Daams, J., Nijhuis, H. B., "Human cognition modelling in ATM safety assessment", 3 th USA/Europe Air Traffic Management R&D Seminar, 2000.

Bridges, J. E., "Electrical Safety and Implementation", Annual International Conference of the IEEE Engineering in Medicine and Biology, Vol.13, No.2, 1991.

Busse, D. K., "Cognitive Error Analysis in Accident and Incident Investigation in Safety −Critical Domains", University of Glasgow, pp.14~25, and pp.41~46, 2002.

Cacciabue, P. C., "Human error risk management methodology for safety audit of a large railway organisation", Applied Ergonomics, Vol.36, Issue6, pp.709~718, 2005.

Cagno, E., Caron, F., Mancini, M., "Risk analysis in plant commissioning; the Multilevel Hazop", Reliability Engineering and System Safety, pp.309~323, 2002.

Cepin, M., "Optimization of safety equipment outages improves safety", Reliability Engineering and Syfety Safety, Vol.77, pp.71~80, 2002.

Coope, M. D., Phillips, R. A., "Exploratory analysis of the safety climate and safety behavior relationship", Journal of Safety Research Vol.35, pp.497~512, 2004.

Coope, S. E., Thompson, C. M., and Bley, D. C., "The Application Of ATHEANA: A Technique for Human Error Analysis", Proceeding of the 1997 IEEE Sixth conference, pp.9/13~ 9/17, 1997.

Coyle, I. R., Sleeman, S. D., and Adams, N., "Safety Climate", Journal of Safety Research, Vol.26 No.4, pp.247~254, 1995.

Dejoy, D. M., "Development of a work behavior taxonomy for the safety function in industry", Accident Analysis and prevent, Vol.25, issue4, pp.365~374, 1993.

Depasquale, J. P., and Geller, E. S., "Critical Success Factors for Behavior -Based Safety: A Study of Twenty Industry-wide Application", Journal of Safety Research, Vol.30, no.4, pp.237~249, 1999.

Dhillon, B. S., Rajendran, M., "Human Error in Health Care Systems: Bibliography", International Journal of Reliability, Quality and Safety Engineering Vol.10, No.1, pp.99~117, 2003.

Doos, M., Backstrom, T., Sunstrom, F. C., "Human-actions and errors in risk handling－an empirically grounded discussion of cognitive action －regulation levels", Safety Science Vol.42, Issue3, pp.185-204, 2004.

Doose, M., Backstorm, T., Sundstorm, F. C., "Human action and errors in risk handling －an empirically grounded discussion of cognitive action － regulation levels", Safety Science, Vol.42, Issue3, pp.185～204, 2004.

Duffcy, R. B., and Saull, J. W., "Errors in Technological Systems", Human Factors and Ergonomics in Manufactufacturing, Vol.13(4), pp.279-285, 2003.

Embrey, D. E., "The Use of Performance Shaping Factors and Quantified Expert Judgement in the Evaluation of Human Reliability：An Initial Appraisai", NURGE/CR-2986,Washing, DC(USA), pp.121～130, and 170～180, 1983.

Fadie, E., Garza, C. L., and Didelot, A., "Safe design and human activity： construction of a theoretical framework from an analysis of a printing sectro", Safety Science, Vol.41, pp.759～789, 2003.

Flin, R., "Danger－Men at Work： Management Influence on Safety", Human Factors and Ergonomics in Manufacturing, Vol.13(4), pp.261～268, 2003.

Foster, M., Beasley, J., Davis, B., Kryska, P., Lie, E., Mclntyr, A., Sherman, M., Stringer, B., Wright, J., "Hazard Analysis： A Reference Manual for Analyzing Safety Hazard on Semiconductor Manufacturing Equipment", SEMATECH, pp.13-36, 2000.

Fujimoto, H., Fukuda, M., "Sensitivity Study of Human errors as a basis for Human Error Reductions on new Safety System Design", Reliability Engineering and System Safety, Vol.45, pp.215～221, 1994.

Gaches, R., Chaumont, M., "Model－based analysis of the health, safety and environment domain in the process industry", Computers in Industry, pp.231~242, 1999.

Ghosh, S. T., Apostolakis, G. E., "Organizational Contributions to Nuclear Power Plant Safety", Nuclear Engineering and Technology, Vol.37(3), pp.207~220, 2005.

Goetsch, D. G., "Industrial Safety and Health in the Age of High Technology for Technologies, Engineers, and Managers", Merrill, an imprint of Macmillan Publishing Company New York, pp.29~37, 1993.

Gordon, R., Flin, R., Mearns, K., "Designing and evaluating a human factors investigation tool (HFIT) for accident analysis", Safety Science, Vol.43, issue3, pp.147~171, 2005.

Grozdanovi, M., "human Factor And Preventive Engineering", Working and Living Environmental Protection, Vol.2, No.1, pp.39~50, 2001.

Hale, A. R., "Safety Management in Production", Human Factors and Manufacturing, Vol.13(3), pp.185-201, 2003.

Hess, S. M., Albano, A. M., Gaertner, J. P., "Development of a dynamical systems model of plant programmatic performance on nuclear plant safety risk", reliability Engineering & System Safety, pp.1~13, 2004.

Hollnage,l. E., "Understanding Accident −From Root Cause to Performance Variability", IEEE 7th Human Factors Meeting, pp.1-1~1-6, 2002.

Hollnagel, E., "Earriers and Accident prevention", pp.2~3, 2004.

Horrock, S. S., "The two−fold path to human error analysis: TRACEr lite retrospection and prediction", Safety Systems, 11(3), 2002.

Hughes, G., Kornowa−Weichel, M., "Whose fault is it anyway A practical illustration of human factors in process safety", Journal of Hazardous Materials 115, pp.127~132, 2004.

Iiffe, R. E., Chung, P. W. H., Kletz, T. A., and Presto, M., "The Application of Active Databases to the Problems of Human Error in industry", Journal of Loss Prevention in the Preocess Industries, Vol.13, Issue1, pp.19~26, 2000.

Jacinto, C., Aspunwall, E., "Work Accidents Investigation Technique (WAIT) -Part 1", Safety Science monitor, vol.7(1), pp.1~17, 2003.

Javaux, D., "Human error, safety, and systems development inaviation", Reliability Engineering & System Safety, Vol.75, Issue2, pp.115~119, 2002.

Johnson, C., "Why Human error modeling has failed to help systems development", Interacting with Computers11, pp.517~524, 1999.

Johnson, C. W., "integrating Human Factors And Systems Engineering To Reduce The Risk Of Operator Error", Safety Science, Vol.22, pp.195~214, 1996.

Karitun, J., "Change Processes and Ergonomic Improvements in Small and Medium Enterprises", Human Factors and Ergonomics in Manufacturing, Vol.14(2), pp.135~155, 2004.

KEPRI., "Development of Korea HEPS(Human Performance Enhancement System for Nuclear Power Plants(Ⅱ)", Tenical Rep: TR.95ZJ04.J1998, pp.80~89, 1998.

Kim, J. N., "The Development of K-HEPS: a Korea-version Human Performance Enhancement System", IEEE Sixth Annual Human Factors Meeting, pp.1-16~16-16, 1997.

Laflamme, L., "A better understanding of occupational accident genesis to improve in the workplace", Journal of Occupation Accidents, Vol.4, Issue2-4, pp.155-165, 1990.

Lepla, T. J., Rasmussen, J., "Analysis of human errors in industrial incidents and accidents for improvement of work safety", Accident Analysis and Prevention, Vol.16, issue2, pp.77~88, 1984.

Levenson, N. G., "A New Accident Model for Engineering Safer System", Safety Science, Vol.42.4, pp.237~270, 2004.

Levenson, N. G., "A New Approach To System Safety Engineering", Aeronautics and Astron autics Masachusetts Institute of Technology, pp.36~40, 2002.

Lindell, M. K., "Occupational safety and health inspection scores predict rates of workers' lost-time injuries", Accid. Anal. and rev., Vol.29, No.5, pp.563~571, 1997.

Linou, N., Kontogiannis, T., "The Effect of Training Systemic Information on the Retention of Fault-Finding Skills in Manufacturing Industries", Human factors and Ergonomics in Manufacturing, Vol.14(2), pp.197~217, 2004.

Lund, J., Aaro, L. E., "accident prevention. presentation of a model placing emphasis on human, structural and cultural factors", safety science, Vol.42, issue4, pp.271-324, 2004.

Meister, D., "Human Factors Testing and Evaluation", ELSEVIER, Amsterdam-Oxford-New York, pp.157-180, 1986.

Meitser, D., "Human Reliability Database and Future System", Proceedings Annual Reliability and Mainainability, pp.276~280, 1993.

Miller, D., & Swain, A., "Human error and human reliability", In G. Salvendy(Ed.) Handbook of Human Factor, pp.219~252. 1986.

Mullen, J., "Investigating factors that influence individual safety behavior at work", Journal of Safety Research, Vol.35, pp.275~285, 2004.

Munson, S., "Assessment Of Accident Investigation Methods", University Of Montana, 1999.

Muschara, T., "A Dual Human Performance Strategy: Error Management and Defence-in-Depth", IEEE 7 TH Human Factors Meeting, pp.8-30~8-36, 2002.

Newman, J. S., Wander, S. M., "The Knowledge Path to Mission Success: Overview of the NASA PBMA-KMS", Proceedings Annual Reliability and Maintainability Symposium, pp.601~606, 2002.

Norman, D. A., "Design Rules Based on Analyses of Human Error", Communications of the ACM, Vol.26, Number4, pp.254~258, 1983.

O'Hara, J., and Stubler, W. F., "Human Factor Consideration in Control Room Modernization: Trends and Personnel Performance Issues", IEEE Sixth Annual Human Factors Meeting, pp.4-7~4-10, 1997.

O'Hara, J. M., Brown, W. S., Higgins, J. C., "Updating the NRC's Guidance for Human Factors Engineering Reviews", IEEE 7th Human Factors Meeting, pp.4-22~4-27, 2002.

O'Toole, M., "The relationship between employees' perceptions of safety and Organizational culture", Journal of Safety Research, Vol.33, pp.231~243, 2002.

Park, K. S., "Human Reliability Analysis, Prediction, and Prevention of Human Error", ELSEVIER, Amsterdam-Oxford-New York, pp.48~62, 1987.

Prussia, G. E., Brown, K. A., Willis, P. G., "Mental models of safety; do managers and employees see eye to eye?", Journal of Safety Research, pp.143~156, 2003.

Pyy, P., "Human reliability analysis methods for probabilitic safetyasse ssment", VTT Publication 422, pp.16~21, 2000.

Pyy, P., Laakso, K., "A study on Human Errors Related to NPP maintenance Activities", IEEE Sixth Annual Human Factors Meeting, pp.12-23~12-28, 1997.

Rasmussen, J., "Risk Management in a Dynamic Society: A Modeling Problem", Safety Science, Vol.27, pp.183~213, 1997.

Rasmussen, J., "A taxonomy for describing human malfuntion in industrial installation", Journal Occupational Accident, pp.311~333, 1982.

Rasmussen, J., Klein, G., Orasanu, R., "Decision making in action: Models and Methods", Norwood, pp.158~171, 1993.

Reason, J., "Errors, Outcomes and Circumvention: a Reply to Dougherty", Reliability Engineering and System Safety Vol.46, pp.297~298, 1994.

Reason, J., "Human Error", Cambridge, U.K: Cambridge University Press, 1990.

Redmill, F., "Human Factors In Risk Analysis", Engineering management Journal, pp.171~176, 2002.

Richardson, S. M., "Knowledge Management and the Design of Disributed Cognition System", Proceeding of the 38 th Hawaii International Conference on System Science, pp.1~10, 2005.

Rouse, W. B., and Rouse, S. H., "Analysis and Classification of Human Error", IEEE-SMC, 13, pp.539~549, 1983.

Rouse, W. B., "Need to Know-Information, Knowledge, and Decision Making", IEEE Transactions on Systems, Man, and Cybernetics-part C: APPLICATIONS AND REVIEWS, Vol.32. No.4, pp.282~290, 2002.

Rundmo, T., Hale, A. R., "Managers, attitudes towards safety accident prevention", Safety Science, Vol.41, pp.557-574, 2003.

Salzano, E., Cozzani, V., "The analysis of domino accidents triggered by vapor cloud explosions", Reliability Engineering and System Safety, Vol.20, pp.1~14, 2005.

Sanders, M. S., McCormick, E. J., "human Factors In Engineering And Design", McGraw-Hill, pp.620~635, 1993.

Sayre, K., Kenner, J., Jones, P. L., "Safety Models: An Analytical Tool for Risk Analysis of Medical Device Systems", IEEE, 445~451, 2001.

Schaaf, T. W., "Nearnmiss Repirting in the Chemical Process Industry: an Overview", Microelectrom. Reliab, Vol.35, Nos.9-10, pp.1233~1243, 1995.

SEMATECH, "S70 Design for Environment, Safety, and Health (DFESH) Implementation Strategy for the Semiconductor Industry", pp.1~20, 1995.

Singleton, W. T., "Accident and Progress of Technlogy", Journal of Occupation Accidents, Vol.4. Issue2-4, pp.91-102, 1982.

Smith, M. J., and Salvendy, Gavriel., "Work with Computer: Organization, Management, Stress and Health Aspect", Advances in Human Factor/Ergonomics, 12A, pp.371~373, 1989.

Stepphenson, J., "system Safety 2000 A Practical Giude for Planning, Managing, and Conducting System Safety Program", Van Nostrand Reinhold, pp.131~137, 1991.

Stin, W. W., Lewis, C. M., "Hidden Dependence in Human Errors", IEEE Transactions on Reliability, Vol.38, No.3, pp.296~300, 1989.

St-Vincent, M., Lortie, M., Chicoine, D., "Participatory Ergonomics Training in the Manufacturing Sector and Ergonomic Analysis Tools", Rerations Industrielles, summer 2001: Vol.56(3), pp.491, 2001.

Swain, A. D., Guttman, H. E., "Handbook of Human Reliability Analysis with Emphasis on Nuclear Power Plant Application (NUREG/CR-1278)", 1983.

Tanej, N., "human Factors in Aircraft Accidents: A Holistic Approach to intervention Strategies", Proceeding of the 46th Annual Meeting of the Human Factors and Ergonomics Society. pp.1~5, 2002.

Taylo, J. C., "15.0 The Role of Communication in the Reduction of Human Error", 14 the Annual Human Factors in Aviation Maintenance Symposium, pp.1~27, 2000.

Vanderhaegen, F., "A non-probabilistic prospective and retrospective human reliability analysis method-application to railway system", Reliability Engineering and System Safety, 71, pp.1~13, 2001.

Whalley, L. S., "Reducing the Impact of Human Error", The Safety & Health Practitioner, pp.20~24, 1998.

Wickens, C. D., Gordo, S. E., Liu, Y., "An Introduction to Human Factors Engineering", Wesley Educational Publishers Inc, pp.175~180, 1998.

Wiegmann, D. A., Aaron, M., "Human Error and Accident Causation Theories, Frameworks and Analytical Techniques: An Annotated Bibliography", Aviation Research Lab, Technical report ARL-00-12/FAA-00-7, 2000.

Wiegmann, D. A., Rantanen, E. M., "Defining the Relationship Between Human Error Classes and Technology Intervention Strategies", Final Technical Report AHFD-03-15/ NASA-03-5, pp.1~30, 2003.

Williams, J. C., "A Data-based Method for Assessing and Reducing Human Error to Improve Operational Performance", IEEE Fourth Conference on Human Factors and Power Plants, 1997.

Wischmeyer, E., "Pilot Mindset in Accident Analysis and the Peembo Model", Embry-Riddle Aeronautical University, pp.5~10, 2000.

Woods, D. D., Roth, E. M., Hanes, L. F., "Model of Cogniive Behavior in Nuclear Power Plant Personnel(NURGE/CR-4532)", Westinghouse Research and Development center, 1986.

Yoon, Y. G., "A Model development of Analysis and prevent for injury in the Semiconductor Industry", Master Degree at Ajou University, pp.34~36, 2002.

Yoon, Y. G., Hong, S. M., Park, P., "A study for Human Error Prevention of Chemical Plant", Journal of the Safety Management & science, vol.6(2), pp.1~6, 2004(a).

Yoon, Y. G., Park, P., "A Fault-Tree analysis for an End-pointed Equipment ARM-safety accident", spring season conference Journal of the Safety Management & Science, session (6: safety reliability estimate), 2005(a).

Yoon, Y. G., Park, P., "A method and analysis of human-error management of a semiconductor", industry Journal of the Safety Management & Science, vol.8(1), pp.21~26, 2006(a).

Yoon, Y. G., Park, P., "A safety accident analysis pattern model research of a end-pointed industry", fall season conference Journal of the Safety Management & Science, (session 2: safety management), 2005(b).

Yoon, Y. G., Park, P., "The Accident Analyze of a Pointed-End Equipment for Human Error", Journal of the Safety Management & Science, vol.6(4), pp.1~6, 2004(b).

[부록 Ⅰ] 피실험자에 대한 ACPM 설문양식

※ ACPM(Accident Causation Prevent Model)

설 문 지

안녕하십니까? 본 설문지는 아주대학교 산업공학과 인간공학실에서 주관하는 실험을 위한 응답 설문지입니다. 다음 질문들은 피실험자(참여자)의 인적 오류에 관한 질문입니다. 각 항목들을 단순히 실험 결과에 참고할 목적으로 조사되는 사항뿐이오니 성의껏 답변해 주시기 바랍니다. 기록해 주신 설문지는 순수한 학문적 이론에만 적용 및 사용할 뿐 절대로 외부 유출이 없도록 약속드립니다. 감사합니다.

1. 성 명:
2. 성 별: 남, 여
3. 나 이: 세
4. 현재사업장은?
   1) 기계, 가스, 전자, 전기, 화학, 건설, 서비스, 통신, 철강, 석유정제, 섬유, 플라스틱, 운수, 창고, 기타
   2) 근무 경력은? (년)
   3) 안전관리부서 (있다, 없다)
   4) 현재의 작업장에서의 불안전한 행동 유무 (있다, 없다)
   5) 현재의 잡은 (구체적으로 언급해 주시기 바랍니다)? (   )
      ① 기계/설비   ② 화학   ③ 원료/재료   ④ 전기   ⑤ 환경   ⑥ 가스
      ⑦ 보안   ⑧ 각종 시스템   ⑨ 자동화   ⑩ Facility 운영
   6) 사고의 인적 오류 유형별 분류 중에 어느 부분이 제일 비중이 크다고 생각하십니까? (   )
      ① 사람   ② 설비   ③ 자재   ④ 작업   ⑤ 조직
      ⑥ 환경   ⑦ 디자인   ⑧ 시스템

   그러면 비중은 어느 정도라 생각하십니까? (   )%: 백분율로 표시해 주시기 바랍니다.

5. 반도체의 사람 사고 원인에 대한 분류에 대한 질문입니다. 어느 부분이 비중이 큰가? 우선순위로 2개를 선택하시오 (,   )
   ① 역할   ② 기질   ③ 기준   ④ 교육/훈련   ⑤ 조작
   ⑥ 이해   ⑦ 인간공학   ⑧ 인지   ⑨ 판단   ⑩ 작업
   ⑪ 지각   ⑫ 지식   ⑬ 착시   ⑭ 행동   ⑮ 기타

6. 사람에 대한 사고의 2차 요인의 어느 것이 크다고 생각하십니까? (   )
   ① 조작   ② 인지   ③ 지각(知覺)   ④ 행동
   그러면 비중은 어느 정도라 생각하십니까? (   )%: 백분율로 표시해 주시기 바랍니다.

※ 2차 요인: 기능요소(인터페이스), 3차 요인: 장벽요소(직/간접 요소)

7. 사람 사고의 3차 요인은 근본적으로 무엇이라 생각하십니까? (　)
   ① 불안전한 행동　② 실수　③ 부족　④ 조작 미숙(미비)　⑤ 기타
   그러면 비중은 어느 정도라 생각하십니까? (　)%: 백분율로 표시해 주시기 바랍니다.

8. 불안전한 행동의 조작의 비중이 크다. 그 이유는 무엇이라 생각하십니까? (　)
   ① 오조작　② 조작 미비　③ 조작 미숙　④ 조작 못함　⑤ 기타
   ※ 기타라고 기록하셨다면 그 이유는 무엇인지 기록을 부탁합니다.
   (　　　　　　　　　　　　　　　　　　　　　　　　　　　　　　　　)

9. MTO(Human Technology Organization) 분석 결과 사람의 사고요인은 조작, 인지,
   지각, 행동으로 나타났다. 장애요소는 무엇인지 생각하시는 부분별 선택해 주시기
   바랍니다. (　,　,　)
   ① 미비　② 미숙　③ 실수　④ 부족　⑤ 함정　⑥ 생략

10. 사람의 불안전한 행동을 제거하기 위한 대안을 기록해 주시기 바랍니다.
    1)

    2) TFT 활동을 하게 될 경우 인적 오류의 어느 부분에 역점을 두시겠습니까?
       (무작위로 선택하십시오) (　,　,　,　,　,　,　)
       ① 역할　② 기질　③ 기준　④ 교육/훈련　⑤ 조작　⑥ 이해　⑦ 인간공학
       ⑧ 인지　⑨ 판단　⑩ 작업　⑪ 지각　⑫ 지식　⑬ 착시　⑭ 행동　⑮ 기타

11. TFT 활동을 할 시 불안전한 행동이 사고의 비율이 높을 것이라 생각한다. 무엇
    이라 생각하십니까? (　)
    ① 미준수　② 불안전한 작업방법　③ 미교육/미훈련　④ 미인증　⑤ 미행동강령

12. 반도체 사고 중에 인지 부분의 비율이 높다. 원인은 무엇인가? (　)
    ① 인지 생략　② 인지 부족　③ 인지 미비　④ 인지 부지

    또한 인지는 어디에 역점을 두어야 사전예방이 가능할까요. 기록해 주시기 바랍니다.
    (　　　　　　　　　　　　　　　　　　　　　　　　　　　　　　　　)

                              ※ 설문에 응답해 주셔서 대단히 감사합니다.

[부록 Ⅱ] 수정된 ACPM 평가지

불안전한 행동에 대한 사람의 사고요인 정도 및 사람의 작업 분석

성명: __________　　나이: _____세　　근무경력: ________　　성별: 남 / 여

TFT 활동을 하기 전에 설문지에 응했던 내용을 Revision한 내용이니 설문을 해 주시기 바랍니다. 아래 설문은 TFT 활동 후 현재의 시점에서 0 ～ 10점 사이로 표시해 주시기 바랍니다. 비중이 큰 부분일수록 높은 점수가 부과됩니다.

□ 본 설문지는 [설문지 Ⅰ]에 응답 후 TFT 활동 후 [설문지 Ⅱ]에 응하시는 분입니다.

1. 사고의 인적 오류 유형별 분류 중에 어느 부분이 제일 비중이 크다고 생각하십니까? (　)
　① 사람　② 설비　③ 자재　④ 작업　⑤ 조직　⑥ 환경　⑦ 디자인　⑧ 시스템
　그러면 어느 정도의 비중이라고 생각하십니까?

비중 적음	0　10　20　30　40　50　60　70　80　90　100	비중 많음

2. 현재 TFT 활동 후 반도체의 사람 사고 원인과 분류에 대한 질문입니다. 어느 부분이 비중이 크다고 생각하십니까? 두 개만 선택하시오 (　,　)
　① 역할　② 기질　③ 기준　④ 교육/훈련　⑤ 조작　⑥ 이해　⑦ 인간공학
　⑧ 인지　⑨ 판단　⑩ 작업　⑪ 지각　⑫ 지식　⑬ 착시　⑭ 행동　⑮ 기타

3. 사람에 대한 사고의 2차 요인 비중은 무엇이며 비중은 어느 정도라고 생각하십니까? (　)
　① 조작　② 인지　③ 지각　④ 행동

비중 적음	0　10　20　30　40　50　60　70　80　90　100	비중 많음

4. 사람에 대한 사고의 3차 요인의 비중은 무엇이며 비중은 어느 정도라고 생각하십니까? (　)
　① 불안전한 행동　② 실수　③ 부족　④ 조작 (미숙, 미비)

비중 적음	0　10　20　30　40　50　60　70　80　90　100	비중 많음

5. 반도체의 사람의 불안전한 행동 중에 조작의 비율이 높습니다. 어디가 문제라고 생각하십니까? (　)
　① 오조작　② 조작미비　③ 조작미숙　④ 조작 못함　⑤ 기타

　그 부분은 어디라고 생각하십니까? (　)
　① Valve류　② Switch류　③ Fitting류　④ Knob류(키보드)
　해결책은 무엇이라고 생각하십니까? (　)
　① 색체(눈관리)　② 교육/훈련　③ 인증　④ Inter-lock　⑤ 행동강령

　해결책을 추진한다면 어느 정도 해결된다고 생각하십니까? (　)

비중 적음	0　10　20　30　40　50　60　70　80　90　100	비중 많음

6. [설문지 Ⅰ] 후 사람의 사고요인은 교육/훈련, 조작, 인지, 작업, 행동에 대한 결과가 사고의 원인으로 나타났다. 장애요소는 무엇이라 생각하십니까? (　　)
① 미비　　② 미숙　　③ 실수　　④ 부족　　⑤ 함정　　⑥ 생략

선택하신 것에 해결책은 무엇이라고 생각하십니까? (　　)
① 색체(눈관리)　　② 차별화　　③ 인증　　④ 사전 PLAN　　⑤ 행동강령

선택하신 항목으로 추진한다면 어느 정도 해결책이 될까요? (　　)

비중 적음	0　10　20　30　40　50　60　70　80　90　100	비중 많음

7. 반도체의 사람의 불안전한 행동이 사고의 비율이 높습니다. 무엇이라고 생각하십니까? (　　)
① 미준수　　② 불안전한 작업방법　　③ 미교육/미훈련　　④ 미인증　　⑤ 미행동강령

원인의 해결책은 무엇이라고 생각하십니까? (　　)
① 색체(눈관리)　　② 교육/훈련　　③ 인증　　④ 관리감독　　⑤ 행동강령

선택하신 항목으로 추진한다면 어느 정도 해결책이 될까요? (　　)

비중 적음	0　10　20　30　40　50　60　70　80　90　100	비중 많음

8. 반도체의 사람의 불안전한 사고 중에 인지에 대한 비율이 높습니다. 무엇이라고 생각하십니까? (　　)
① 인지 생략　　② 인지 부족　　③ 인지 미비　　④ 인지 부지

선택하신 것에 해결책은 무엇이라고 생각하십니까? (　　)
① 색체(눈관리)　　② 교육/훈련　　③ 인증　　④ 사고 PLAN　　⑤ 행동강령
선택하신 항목으로 추진한다면 어느 정도 해결책이 될까요? (　　)

비중 적음	0　10　20　30　40　50　60　70　80　90　100	비중 많음

※ 설문에 응답해 주셔서 대단히 감사합니다.

[부록 Ⅲ] HFPM(Human Factor Prevent Model) 분석

업체: ________ 성명: ______ 나이: ___세 근무경력: ______ 성별: 남 / 여

1. 인적 요인 중에 1차적인 요소는 사람관점입니다. 인적 요인의 사고에 대한 인적 오류로 전이되기 전에 전 단계를 설문하기 위한 것이다. 본질적인 요소의 문제는 무엇이라 생각하십니까? ( )
   ① 작용＋근본   ② 근본   ③ 분석＋디자인＋시스템   ④ 의사결정
   ⑤ 의사전달＋수동＋자동화   ⑥ 환경

2. 인적 요인의 사고에 대한 예방 측면의 매개체요소는 무엇이라 생각하십니까? ( )
   ① 모델링   ② 시스템   ③ 의사결정   ④ 의사전달   ⑤ 평가

3. 인적 요인 중에 사전예방의 직접적인 요소는 무엇이라 생각하십니까? ( )
   ① 작업/조직   ② 장비/작업장   ③ 환경   ④ 안전/보건   ⑤ 디자인

4. 인적 요인 중에 사전예방의 간접적인 요소는 무엇이라 생각하십니까? ( )
   ① 진동, 소음, 환상, 기후, 공간   ② 위험요소   ③ 자동/수동
   ④ 스트레스/작업   ⑤ 작업관리

5. 인적 요인에 상관관계가 있는 1차, 2차, 3차 요인에 대한 질문입니다. 1차 요인이 설비일 때 2차 요인과 3차 요인이 무엇인지 기록해 주시기 바랍니다. ( )

2차 요인	3차 요인
관리( ), 주기( ), 오동작( )	미비( ), 불량/초과( ), 주기미정( )
점검( ), 부품( ), 진동/하중( )	피로/과부하( ), 크랙( ), 미관리( )

6. 인적 요인에 상관관계가 있는 1차, 2차, 3차 요인에 대한 질문입니다. 1차 요인이 설비일 때 2차 요인과 3차 요인이 무엇인지 기록해 주시기 바랍니다. ( )

2차 요인	3차 요인
안전평가( ), 수명( ), 재질( )	미비( ), 주기초과( ), 노후( )
크랙( ), 피로( )	성능저하( ), 관리분량( ), 정리정돈( )

7. 인적 요인에 상관관계가 있는 1차, 2차, 3차 요인에 대한 질문입니다. 1차 요인이 작업일 때 2차 요인과 3차 요인이 무엇인지 기록해 주시기 바랍니다. ( )

2차 요인	3차 요인
준비( ), 검사( ), 환경( )	미운영( ), 평가 미비( ), 부족( ) 미시행( ), 미준수( ), 미절차( ) 기준 미비( ), 시설미비( ) 진동/소음( ), 공간( ), 인간공학( )

8. 인적 요인에 상관관계가 있는 1차, 2차, 3차 요인에 대한 질문입니다. 1차 요인이 조직일 때 2차 요인과 3차 요인이 무엇인지 기록해 주시기 바랍니다. (　)

2차 요인	3차 요인
투자(　), 감시(　), 직무기술(　) 계획(　), 정책(　), 피드 백(　)	투자미비(　), 감시미비(　) 직무기술미비(　), 무계획(　) 정책미비(　), F/B없음(　)

9. 인적 요인에 상관관계가 있는 1차, 2차, 3차 요인에 대한 질문입니다. 1차 요인이 환경일 때 2차 요인과 3차 요인이 무엇인지 기록해 주시기 바랍니다. (　)

2차 요인	3차 요인
물질(　), 과재(　), 작업환경(　) 평가(　), 기준(　), 모랄(　)	혼합반응(　), 복잡성(　) 공정 미비(　), 오디트 미비(　) 규정/절차미비(　), 평가 미비(　) 기준 미비(　), 초과불량(　)

10. 인적 요인에 상관관계가 있는 1차, 2차, 3차 요인에 대한 질문입니다. 1차 요인이 디자인일 때 2차 요인과 3차 요인이 무엇인지 기록해 주시기 바랍니다. (　)

2차 요인	3차 요인
적합성(　), 인간공학(　), 기준(　), Facility(　), 용량(　), 사용성평가(　)	기준 미비(　), 적용미비(　), 실패(　), 평가/구성 미비(　), 설치 미비(　), 사용불량(　), 초과불량 (　)

11. 인적 요인에 상관관계가 있는 1차, 2차, 3차 요인에 대한 질문입니다. 1차 요인이 시스템일 때 2차 요인과 3차 요인이 무엇인지 기록해 주시기 바랍니다. (　)

2차 요인	3차 요인
정보공유(　), 운영(　) 분석 버그(　), 프로그램(　) 시스템(　)	채널미비(　), 공감대 미비(　) 기능성 미비(　), 동작 안됨(　) 프로그램미비(　), 기준 미비(　)

※ 설문에 응답해 주셔서 대단히 감사합니다.

[부록 Ⅳ] HEPM(Human Error Prevent Model)

인적 오류에 대한 설문지로 성실히 응답해 주시길 바랍니다.

Job: _________ 성명: _______ 나이: ___세 근무경력: _______ 성별: 남 / 여

본 항의 설문 내용은 Human Error의 Model로 제시된 항목을 반도체산업에 맞게 세부 항목에 대한 구성요인을 제시한 것이다.

1. 주 항목에 해당되는 항목을 선정하고 1차 요인으로 제시한 1개 항목을 지정하고, 인적 오류에 해당되는 비율을 기록해 주시기 바랍니다.

Soft-ware	Hard-ware	Environment-ware	Live-ware
디자인	설비	작업	사람
1 2 3 4 5 6 7 8 9 10	1 2 3 4 5 6 7 8 9 10	1 2 3 4 5 6 7 8 9 10	1 2 3 4 5 6 7 8 9 10
System	자재	환경	조직
1 2 3 4 5 6 7 8 9 10	1 2 3 4 5 6 7 8 9 10	1 2 3 4 5 6 7 8 9 10	1 2 3 4 5 6 7 8 9 10

2. 인적 오류의 원인은 무엇인가 (10분율로 기록해 주시기 바랍니다)
   S/W, H/W, E/W, L/W에서 각각 선택해서 기록을 해 주시기 바랍니다.
   (예: 6 인간공학, 3 기준, 1 구조)

S/W	H/W	E/W	L/W
☐ 인간공학	☐ 관리/지시	☐ 검사/부하	☐ 역할/기질
☐ 기준	☐ 검사/기준	☐ 관리	☐ 기술/목표
☐ 구조	☐ 주기/평가/재질/	☐ 표시	☐ 교육/훈련
☐ 사용성평가	노후/부식/열화/	☐ 작업방법/작업준비/	☐ 조작/이해
☐ 기능/용량	Stress	작업절차/작업평가	☐ 인간공학
☐ Fool Proof	☐ 구조	☐ 표준	☐ 인지/판단/지각
☐ 재질/주기	☐ 눈관리	☐ 환경	☐ 지시/착시/행동
☐ Lay-out	☐ 신뢰성	☐ 작업 형태	☐ 스트레스
☐ 정보 공유	☐ 점검	☐ Tool	☐ 투자
☐ 운영	☐ 부품	☐ Infra	☐ 의식
☐ 분석	☐ 진동/하중	☐ 평가/기준	☐ 직무기술
☐ Bug	☐ Bug	☐ 통신수단	☐ 의사소통
☐ 프로그램	☐ Design	☐ Morale	☐ 통제/문화
	☐ Fool Proof	☐ 모니터링	
	☐ Interlock		

3. 본 항목에 대한 부분도 2번처럼 동일하게 S/W, H/W, E/W, L/W 에서 각각 선택해서 10분율로 기록해 주세요.

S/W	H/W	E/W	L/W
사용성미비	관리미비/불량	복잡성	미비
기준미비	운영/보수/변경미비	프로세스미비	미준수
평가미비	기준/점검미비	Audit 미비	부족
설치미비	불량	미규정/미절차	미숙
구성불량	초과	평가미비	생략
실패	미주기	이탈	부주의
조건미비	구조미비	정보공유미비	함정
사용불량	눈관리미비	분석미비	결여
이중장치미비	부족	과부하	미흡
초과	오동작	정리정돈	착시
미선정	피로	기준미비/미수립/미준수	불필요행동
적합성불량	과부하	초과	Stress
미동작	Crack	과다	미설정
없음	지시미비	결여	미통제
	해지	부족	
	노후	생략	
	부식	Loss	
	변형	미정립	
	저하	미시행/미준수	
		실수	

4. 본 항목은 인적 오류에 대한 과오의 분류입니다.(과오에 대한 설명) 항목별로 과오에 대한 중요치를 10분율로 기록을 해 주시기 바랍니다.

1) 생략과오

생략	미비(착시)	절차미비	자시미비	공유미비	미선정	미숙련	함정

2) 수행과오

사용성	기준/조건미비	오동작	관리불량	실수	과부하	접합성미비	I/L미비	보수불량	정리정돈	미비

3) 순서과오

초과불량	구성불량	규칙/절차미비	부주의	함정	Stress

4) 시간과오

노후/부식	변형	이탈	피로	주기	초과

※ 설문에 응답해 주셔서 대단히 감사합니다.

• 저자 •

윤용구   **•약 력•**

이주대학교 산업대학원 산업공학 졸업(석사)
이주대학교 일반대학원 산업공학 졸업(박사)

現 삼성전자(반도체 System. LSI)사업부 환경안전 그룹장

•주요논저•

- 국내 학술 대회
「Reason's Model을 응용한 불안전한 행동(사람)에 대한 사고 원인 예방모델
　(ACPM)」
「사고로 인한 불안전한 행동의 요인과 인적 요인과의 변화관계」
「Fault Tree Analysis에 의한 첨단설비 Arm 안전사고 분석」
「첨단산업에서의 안전사고 분석패턴 추출 모델 연구」
「Human Error에 의한 첨단장비의 사고분석 연구」
「Chemical 공장안전사고에 Human−Error 방지에 대한 연구」

- 국내 논문(연구) 보고서
「반도체 산업에서의 안전사고 분석 패턴 추출모델 연구」
「반도체 산업에서의 인적 오류제어 방법 및 연구」
「FTA에 의한 첨단설비의 ARM 안전사고의 분석」
「Human Error에 의한 첨단장비의 사고 분석 연구」
「Chemical 공장안전사고에 Human−Error방지에 대한 연구」
「건설재해예방 기술지도 결과 분석을 통한 중·소현장의 잠재사고 유발요인
　개선방안 연구」
「PSM을 적용한 반도체 산업에서의 재해예방 사례연구」
「반도체 산업에서의 재해예방 모델」

- 국제 학술 대회
「Excutive Sysetm Construction for Equipment(Safety Management
　System Construction for Equipment)」
「Semiconductor Equipment−heat Prevention System Management」

외 다수

산업 재해에 대한
인적요인의 분석 및 모델
– 반도체 산업 중심으로 –

• 초판 인쇄	2007년 6월 30일
• 초판 발행	2007년 6월 30일
• 지 은 이	윤용구
• 펴 낸 이	채종준
• 펴 낸 곳	한국학술정보㈜
	경기도 파주시 교하읍 문발리 526-2
	파주출판문화정보산업단지
	전화 031) 908-3181(대표) · 팩스 031) 908-3189
	홈페이지 http://www.kstudy.com
	e-mail(출판사업부) publish@kstudy.com
• 등 록	제일산-115호(2000. 6. 19)
• 가 격	16,000원

ISBN 978-89-534-6941-9 93320 (Paper Book)
      978-89-534-6942-6 98320 (e-Book)